Michael Groß

Mediation im gewerblichen Rechtsschutz und Urheberrecht

Mediation im gewerblichen Rechtsschutz und Urheberrecht

von

Dr. Michael Groß

Rechtsanwalt und Mediator in München
Leiter der Lizenzabteilung der Fraunhofer-Gesellschaft, München

Verlag C. H. Beck München 2009

Verlag C. H. Beck im Internet:
beck.de

ISBN 978 3 406 56880 0

Wilhelmstraße 9, 80801 München
Druck und Bindung: Nomos Verlagsgesellschaft
In den Lissen 12, 76547 Sinzheim

Satz: Druckerei: C. H. Beck Nördlingen
(Adresse wie Verlag)

Gedruckt auf säurefreiem, alterungsbeständigem Papier
(hergestellt aus chlorfrei gebleichtem Zellstoff)

Vorwort

Intellectual Property Rights and Mediation – A New Challenge or „Nice to Have?“ hieß die Überschrift des Editorials des Verfassers in der Novemberausgabe 2005 der Zeitschrift IDR. In diesem Editorial wurden nicht nur summarisch die Vor- und Nachteile von Schieds- und staatlichen Gerichtsverfahren und der Mediation, sondern auch die Ergebnisse einer Konferenz der WIPO am 25./26. 4. 2005 in Genf in Kurzform dargestellt.[1] Die ca. 40 Referenten dieser Konferenz,[2] zu denen auch der Verfasser zählte, kamen letztlich zu zwei Aussagen:

In einigen europäischen Unternehmen gibt es Vorstandsbeschlüsse, wonach bei IPR-Streitigkeiten

- als bevorzugte Variante, und zwar vor(!) Schiedsverfahren und staatlichen Gerichtsverfahren die Mediation zur Streitschlichtung verwandt wird und
- von diesen Firmen nur noch Kanzleien mandatiert werden, die in der Lage sind, in allen Arten der Streitschlichtung (z.B. Verhandeln, staatliche Gerichtsverfahren, Schiedsverfahren, Mediation) beraten zu können.

Diese Tendenz hat sich in der Zwischenzeit verstärkt. Aussagen u.a. von Unternehmensjuristen in der jüngeren Vergangenheit[3] und die eigenen Erfahrungen des Verfassers als Schiedsrichter, Schiedsgutachter und Mediator seit 1993 zeigen, dass gerade bei der Industrie ein wachsender Bedarf für schnelle und preiswerte Streitvermeidungs- und Streitlösungsmechanismen besteht. Ein effizientes Risiko- und Konfliktmanagement wird umso dringlicher, als angesichts immer komplexerer Produkte, kürzerer Produktlaufzeiten und gleichzeitiger Internationalisierung der Geschäftsbeziehungen nicht nur bei der Produktentwicklung und -vermarktung, sondern auch bei Streitigkeiten Kosten und Zeit eine noch wesentlichere Rolle spielen, als dies früher der Fall war. Bei sinkenden Margen und schnelleren Produktzyklen müssen auch die Streitigkeiten möglichst zeitnah und kostengünstig beigelegt werden. Aufgrund der genannten Faktoren ist jedoch das Gegenteil die Regel.

Dies wird auch durch empirische Untersuchungen, die in diesem Werk behandelt werden, und nicht zuletzt durch die Annahme der Media-

---

[1] S.a. report IDR 3/2005, 139.

[2] „Conference on Dispute Resolution in International Science and Technology Collaborations“; die Vorträge sind auf der Webseiten der WIPO abrufbar: http://arbiter.wipo.int.

[3] Z.B. *Hobeck/Mahnken/Koebke* „Schiedsgerichtsbarkeit im internationalen Anlagenbau – Ein Auslaufmodell?“ SchiedsVZ 2007, 225 ff.; „… zu teuer, zu zeitintensiv“; *Kleine* „Die Schiedsgerichtsbarkeit aus Sicht ihrer Nutzer“, SchiedsVZ 2008, 145 f.; *Anastassiou* „Einigen statt kämpfen“ Welt am Sonntag, 1. 6. 2008, 52.

tionsrichtlinie (2008/52/EG), die innerhalb von 3 Jahren – in Deutschland vermutlich schon bis zum Sommer 2009(!) – in nationales Recht umgesetzt werden muss, durch das Europäische Parlament am 23. 4. 2008 belegt.

Der Autor beabsichtigt mit diesem Werk die folgenden Ziele:
- am Beispiel der Mediation im IP-/IT-Recht soll gezeigt werden, dass alle Firmen sich mehr als bisher bewusst werden, dass – falls noch nicht geschehen – ein effizientes Risiko- und Konfliktmanagement im Unternehmen einzuführen ist;
- dass die Mediation ein(!) geeignetes Mittel ist, IP- und IT-Streitigkeiten schnell und kosteneffizient beizulegen.

Für Anregungen und den Austausch von Erfahrungen bin ich sehr dankbar.

München, im Januar 2009 *Dr. Michael Groß*
Rechtsanwalt, Mediator

Inhaltsverzeichnis

Anhang

Literaturverzeichnis

1. Allgemein zur Wirtschaftsmediation

Baumbach/Lauterbach/Albers/Hartmann, ZPO, 66. Aufl., München 2008

Birner, Das Multi-Door Courthouse, Köln 2003

Bühring-Uhle (1. edition)/Kirchhof/Scherer (2. edition), Arbitration and Mediation in International Business, 2. Aufl., Alphen van den Rijn 2006

Bundesministerium der Justiz, Leitlinien zur Umsetzung der europäischen Mediationsrichtlinie, ZKM 2008, 132ff.

Dietz, Werkstattbuch Mediation, 2004

Ditges, Mediation und Rechtsstreit – ein Kosten- und Effizienzvergleich, IDR 2005, 74ff.

Duve/Eidenmüller/Hacke, Mediation in der Wirtschaft, Köln 2003

Eidenmüller, Vertrags- und Verfahrensrecht der Wirtschaftsmediation, Köln 2001

Eidenmüller/Prause, Die europäische Mediationsrichtlinie – Perspektiven für eine gesetzliche Regelung der Mediation in Deutschland, NJW 2008, 2738ff.

Falk/Heintel/Krainer, Das Mediationsverfahren am Flughafen Wien-Schwechat, Wiesbaden 2006

Fisher/Ury/Patton, Das Harvard-Konzept, 24. Auflage, 2004

Gottwald/Strempel, Streitschlichtung, Köln 1995

Greger/Stubbe, Schiedsgutachten, München 2007

Greger/Unberath, Die Zukunft der Mediation in Deutschland, München 2008

Hacke, Der ADR-Vertrag: Vertragsrecht und vertragliche Gestaltung der Mediation und anderer alternativer Konfliktlösungsverfahren, Heidelberg 2001

Haft/Schlieffen, Handbuch Mediation, 2. Aufl., 2008

Henssler/Koch, Mediation in der Anwaltspraxis, 2. Aufl., Bonn 2004

Hess, Mediation und weitere Verfahren konsensualer Streitbeilegung – Regelungsbedarf im Verfahrens- und Berufsrecht, Gutachten F zum 67. Deutschen Juristentag, Erfuhrt 2008

Hopt/Steffek, Mediation, Tübingen 2008

Klowait, Mediation im Konzern, ZKM 2006, 172ff.

Klowait/Hill, Corporate Pledge – Königsweg zur Implementierung von Mediation in der Wirtschaft?, SchiedsVZ 2007, 83ff.

König, Außergerichtliche Konfliktlösung und das neue Schiedsverfahrensrecht, Mitt. 1999, 347ff.

Leiss, Zur Effizienz außergerichtlicher Verfahren im Wirtschaftsrecht, München 2005

Niklisch (Hrsg.), Forschungs- und Entwicklungs-verträge in Wissenschaft und Technik, München 2004

Nolte/Fischer, Mediation konkret, Weilheim 2006

Nölting, Mediatorenverträge, Köln 2003

Ortloff, Mediation – Regelungsbedarf, NJW 2008, 2544ff.

Risse, Wirtschaftsmediation, München 2003

Schiffer (Hrsg.), Schiedsverfahren und Mediation, 2. Aufl., Köln/Berlin/München 2005

Schlehe, Mediationsgesetz für Deutschland nach österreichischem Vorbild?, Seminararbeit zur Erlangung des Zertifikats Wirtschaftsmediator (IHK), München 2007

Schoen, Konfliktmanagementsysteme für Wirtschaftsunternehmen, Köln 2003

Ury, Getting Past No, Negotiating with Difficult People, New York, 1991

von Senger, Strategeme, 3. Aufl., Bern, München, Wien 1996

Wagner/Thole, Die neue EU-Richtlinie zur Mediation, ZKM 2008, 36ff.

Wälde, Efficient Management of Transnational Disputes: Case Study of a Successful Interconnector Dispute Resolution, TDM, February 2007, 1 ff., 14 ff.

2. Mediation im Gewerblichen Rechtsschutz

Bettinger/Scheffelt, Application Service Providing: Vertragsgestaltung und Konflikt-Management, CR 2001, 729 ff.
ders., Alternative Streitbeilegung für „.EU", WRP 2006, 548 ff.
Christophersen, Mediation – Instrument auch für den gewerblichen Rechtsschutz?, Mitt. 2002, 343 ff.
Chrocziel/von Samson-Himmelstjerna, Mediation im Gewerblichen Rechtsschutz, in: Haft/Schlieffen, 663 ff.
Düwel, Mediation und Markenrecht – Ergebnisse statt Streit, MarkenR 2005, 174 ff.
Frost, Schiedsgerichtsbarkeit im Bereich des geistigen Eigentums nach deutschem und US-amerikanischen Schiedsrecht, München 2001
Groß, Intellectual Property Rights and Mediation – A new Challenge or „Nice to Have"?, Editorial, IDR 4/2006
Groß, Der Lizenzvertrag, 9. Aufl., Frankfurt am Main 2007
Hallscheidt, Sicherung von Property Rights bei komplexer Leistungserstellung, Wiesbaden 2005
Hasselblatt (Hrsg.), Münchner Anwaltshandbuch Gewerblicher Rechtsschutz, 2. Auflage, 2005
Hoffmann, Alternative dispute resolution dot com – Neue Fakten zu den Schieds- und Schlichtungsverfahren bei Domainkonflikten als Alternative zur gerichtlichen Streitbeilegung, Mitt. 2002, 261
Iimura, In-Court and Out-of-Court Settlements of Intellectual Property Right Disputes, 15. 11. 2002 (ohne Fundstelle)
Lack, National Intellectual Property Rights: The Importance of Mediation in an Increasing Global and Technological Society, IPR Helpdesk 2006, No. 25, 1 f.
Lang, A practical guide to the mediation in intellectual property, technology and related disputes, London 2006
Mannhart, Mediation im System der außergerichtlichen Streitbeilegung, dargestellt anhand von Patentstreitig-keiten, Frankfurt/Main 2004
Niedostadek, Mediation im Gewerblichen Rechtsschutz, ZKM 2/2007
Ochmann, Das schiedsrichterliche Verfahren unter Berücksichtigung der gewerblichen Schutzrechte und seine Vor- und Nachteile gegenüber dem staatlichen Gerichtsverfahren, GRUR 1993, 347, 350 ff.
Pooley, Successful Mediation of Intellectual Property Disputes, www.ip.frontline.com, 28. 12. 2005
Schäfer, ADR – Alternative Dispute Resolution, Schiedsgerichtsbarkeit und Mediation im gewerblichen Rechtsschutz, Mitt. 2001, 109 ff.
Schneider, Mediation im Gewerblichen Rechtsschutz, 2002
Schröder, Rechtsstreitigkeiten in der IT außergerichtlich beilegen, Kissing 2004
Streitz, IT-Projekte retten, München/Wien 2004
Tao, Resolving Business Disputes in China, The Hague 2005
van Raden, Außergerichtliche Konfliktregelung im Gewerblichen Rechtsschutz, VPP-Rundbrief Nr. 2, 1998, 47 ff.
Volpert, Mediation – eine Alternative zum streitigen Verfahren auch im Gewerblichen Rechtsschutz?, Seminararbeit zur Erlangung des Zertifikats Wirtschaftsmediator (IHK), München 2007
von Lewinski, Alternative Dispute Resolution and Internet, CRi 2003, 167 ff.
Wichard, Domain-Namens-Streitbeilegung durch das WIPO Arbitration and Mediation Center, BB-Beilage 7 zu Heft 46/2002

Wittenzellner, Errichtung eines Schiedszentrums bei der WIPO – Alternative für die Beilegung von Streitigkeiten im Bereich des gewerblichen Rechtsschutzes?, Mitt. 1995, 147 ff.

3. Zeitschriften

IDR, (Journal of International Dispute Resolution)
les Nouvelles, z. B. Heft March 2007, (Überblick: Mediation & Arbitration Around The World
SchiedsVZ, (Zeitschrift für Schiedsverfahren)
ZKM, (Zeitschrift für Konfliktmanagement)

4. Websites

www.abanet.org/dispute
http://arbiter.wipo.int
www.cedr.com
www.cedr-solve.com
www.centrale-fuer-mediation.de
www.cmdronline.com/intellectual_property.htm
www.c-v-m.org
www.dis-arb.de
www.ebem-en.com
www.eucon-institut.de
www.jamsadr.com
www.lesi.org
www.muenchen.ihk.de
www.gerald.spindler.de
www.patent.gov.uk/about/ippd/mediation/whenis.htm
www.rechtsanwaltskammer-muenchen.de
www.viemediation.de

Abkürzungsverzeichnis

a. A.	anderer Ansicht
ABl.	Amtsblatt der Europäischen Gemeinschaft
Abs.	Absatz
Abschn.	Abschnitt
a. F.	alte Fassung
AIPPI	Association International de Protection de Propiété Intelectuelle
Alt.	Alternative
a. M.	anderer Meinung
Amtsbl. EPA	Amtsblatt des Europäischen Patentamts
Anh.	Anhang
Anm.	Anmerkung
ArbNErf/ArbEG	Gesetz über Arbeitnehmererfindungen (BGBl. I 1956, 756)
ArbGG	Arbeitsgerichtsgesetz
Art.	Artikel
Aufl.	Auflage
Az.	Aktenzeichen
Bay. JAPO	Bayerische Juristen-Ausbildungs- und Prüfungsordnung
BB	Betriebs-Berater
Bd.	Band
BE	Begründungserwägung(en)
Beschl.	Beschluss
betr.	betreffend
BetriebsVG	Betriebsverfassungsgesetz
BGB	Bürgerliches Gesetzbuch
BGBl.	Bundesgesetzblatt
BGH	Bundesgerichtshof
BGHZ	Entscheidungen des Bundesgerichtshofs in Zivilsachen
BKartA	Bundeskartellamt
Bl.	Blatt für Patent-, Muster und Zeichenwesen
BNotO	Bundesnotarordnung
BPatG	Bundespatentgericht
BRAO	Bundesrechtsanwaltsordnung
BT-Drucks.	Bundestagsdrucksache
BVerfG	Bundesverfassungsgericht
BVerfGE	Entscheidungen des Bundesverfassungsgerichts
bzw.	beziehungsweise
CEDR	Centre for Effective Dispute Resolution
CR	Computer und Recht
CRi	Computer und Recht international
dgl.	dergleichen
DIS	Deutsche Institution für Schiedsgerichtsbarkeit
d. h.	das heißt
DriG	Deutsches Richtergesetz
Drucks.	Drucksache
DVO	Durchführungsverordnung
EG	Europäische Gemeinschaft

EGV	EG-Vertrag
EGZPO	Einführungsgesetz zur Zivilprozessordnung
endg.	endgültig
EPA	Europäisches Patentamt
EPA ABl.	Europäisches Patentamt, Amtsblatt
EPÜ	Europäisches Patentübereinkommen
EuG	Europäischer Gerichtshof 1. Instanz
EuGH	Europäischer Gerichtshof
EuGVVO	Verordnung (EG) Nr. 44/2001 des Rates über die gerichtliche Zuständigkeit und die Anerkennung und Vollstreckung von Entscheidungen
EUR	Euro
EuR	Europarecht
EuGVÜ	Europäische Gemeinschaft – Übereinkommen über die gerichtliche Zuständigkeit und die Vollstreckung gerichtlicher Entscheidungen in Zivil- und Handelssachen
EV (zu WuW/E)	Europäische Verträge
evtl.	eventuell
EWG, EG	Europäische Wirtschaftsgemeinschaft, Europäische Gemeinschaft
ff.	folgende
FGG	Gesetz über die Angelegenheiten der freiwilligen Gerichtsbarkeit
Fn.	Fußnote
FS	Festschrift
GebrMG, GbmG	Gebrauchsmustergesetz (BGBl. I 1968 S. 24)
gem.	gemäß
GG	Grundgesetz
ggf.	gegebenenfalls
GPÜ	Gemeinschaftspatentübereinkommen (BGBl. II 1979 S. 833)
GRUR	Gewerblicher Rechtsschutz und Urheberrecht
GRUR Int.	Gewerblicher Rechtsschutz und Urheberrecht, Auslands- und internationaler Teil
GRUR-RR	Gewerblicher Rechtsschutz und Urheberrecht, Rechtsprechungs-Report vereinigt mit NJWE-WettbR
GVG	Gerichtsverfassungsgesetz (BGBl. I 1975 S. 1077)
GVO	Gruppenfreistellungsverordnung
GWB	Gesetz gegen Wettbewerbsbeschränkungen (BGBl. I 1980, 1761)
HGB	Handelsgesetzbuch
h. L.	herrschende Lehre
h. M.	herrschende Meinung
HS	Halbsatz
ICC	International Chamber of Commerce
i. d. F.	in der Fassung
IDR	Journal of International Dispute Resolution
i. d. S.	in diesem Sinne
i. e. S.	in engerem Sinne
i. S. d.	im Sinne des
IHK	Internationale Handelskammer
IIC	International Review of Industrial Property and Copyright
InsO	Insolvenzordnung
intern.	international

IPR	Internationales Privatrecht
IPRG	Gesetz zur Neuregelung des Internationalen Privatrechts (BGBl. I 1142)
IPRspr.	die deutsche Rechtsprechung auf dem Gebiet des internationalen Privatrechts
i. V. m.	in Verbindung mit
Kap.	Kapitel
KG	Kammergericht
KOM	Kommission der EG
KostO	Kostenordnung
les Nouvelles	les Nouvelles, Journal of the Licensing Executives Society
LG	Landgericht
li. Sp.	linke Spalte
MarkenR	Zeitschrift MarkenR
Mitt.	Mitteilungen der deutschen Patentanwälte
m. w. N.	mit weiteren Nachweisen
NJW	Neue Juristische Wochenschrift
Nr.	Nummer
OLG	Oberlandesgericht
PatBl.	Patentblatt
PatG	Patentgesetz (BGBl. I 1981 S. 1)
PMZ, Bl. f.	Blatt für Patent-, Muster- und Zeichenwesen
PVÜ	Pariser Verbandsübereinkunft zum Schutz des gewerblichen Eigentums
Rn.	Randnummer
RBerG	Rechtsberatungsgesetz
RDG	Rechtsdienstleistungsgesetz
re. Sp.	rechte Spalte
Rs.	Rechtssache
RVG	Rechtsanwaltsvergütungsgesetz
s.	siehe
S.	Seite
SchiedsVfG	Schiedsverfahrensneuregelungsgesetz
SchiedsVZ	Zeitschrift für Schiedsverfahren
SGB	Sozialgesetzbuch
Slg.	Sammlung
sog.	sogenannte
TKG	Telekommunikationsgesetz
Tz.	Textziffer
u. Ä.	und Ähnliches
UrhG	Urheberrechtsgesetz (BGBl. I S. 1273)
usw.	und so weiter
u. U.	unter Umständen
UWG	Gesetz gegen den unlauteren Wettbewerb
vgl.	vergleiche
VO	Verordnung
VPP-Rundbrief	Deutscher Verband der Patentingenieure und Patentassessoren e. V. – Rundbrief
WIPO	World Intellectual Property Organisation
WRP	Wettbewerb in Recht und Praxis
WuW	Wirtschaft und Wettbewerb
z. B.	zum Beispiel
Zeitschr.	Zeitschrift

Abkürzungsverzeichnis

Ziff.	Ziffer
ZKM	Zeitschrift für Konflikt-Management
ZPO	Zivilprozessordnung
ZUM	Zeitschrift für Urheber- und Medienrecht
z. Z.	zur Zeit

A. Einleitung

Im politischen Umfeld gab es immer schon Versuche, sich mit Hilfe Dritter zu einigen: 1

„Jimmy Carters Mediation in Camp David" ist der Titel einer sehr lesenswerten Seminararbeit, die *Patrick Horvath* im Wintersemester 1999/2000 an der Universität Wien verfasst hat.[1] Der damalige amerikanische Präsident Jimmy Carter, der sich selbst als „mediator and active negotiator" bezeichnete, lud den israelischen Ministerpräsidenten Begin und den ägyptischen Präsidenten Sadat zu Friedensverhandlungen zwischen diesen beiden Staaten nach Camp David, USA, ein. Carter hielt Camp David, dem Wochenendsitz des amerikanischen Präsidenten, für die Gespräche deshalb für geeignet, um „an atmosphere of both isolation and intimacy, conductive to easing tensions and encouraging informality" zu schaffen. Die Gespräche mündeten in zwei Abkommen vom 17. 9. 1978, die wiederum im Friedensvertrag vom 26. 3. 1979 umgesetzt wurden.

In Deutschland ist die Mediation seit ca. 1990 bekannt geworden. Das 2
Familienrecht bildet nach wie vor den Schwerpunkt der Mediationsverfahren. In den letzten zehn bis fünfzehn Jahren haben sich nach und nach aber auch in anderen Bereichen die Fallzahlen erhöht. Dies gilt z. B. für das Baurecht, das Erbrecht, Nachbarstreitigkeiten, das Gesellschaftsrecht und zunehmend auch für den Gewerblichen Rechtsschutz sowie das Urheberrecht.

Inzwischen gibt es ca. 6000 Mediatoren, von denen etwa die Hälfte in 3
Verbänden organisiert ist. Wirtschaftsmediatoren arbeiten für ca. EUR 150,– bis ca. EUR 400,– je Stunde. Dies entspricht einem Tagessatz von durchschnittlich ca. EUR 2000,– und mehr.

Auch die gerichtsnahe Mediation, bei der die sog. Richtermediatoren 4
bei gerichtlichen Streitigkeiten in Modellprojekten seit einigen Jahren in verschiedenen Bundesländern zum Einsatz kommen, findet immer mehr Zuspruch und führt wie die „gerichtsfreie" Mediation zu Vergleichsquoten von ca. 70–80% aller Fälle.

Auch bei den Firmen setzt sich immer mehr die Erkenntnis durch, 5
dass dem Konfliktmanagement die Zukunft gehört: Der Unternehmensjurist bestimmt zur Streitvermeidung in Verträgen oder bei entstandenen Streitigkeiten aus der gesamten Palette der Möglichkeiten (z. B.: Verhandeln, Verfahren vor einem staatlichen Gericht oder einem Schiedsgericht, (Co-)Mediation, Schiedsgutachten, Dispute Boards, Adjudication, Schlichtung, Mini Trial) nach bestimmten Entscheidungsrastern, ggfs. unter Beteiligung andere Fachbereiche, des Managements oder des Vor-

[1] Http://members.surfeu.at/patrick.horvath/carter.htm.

stands bzw. der Geschäftsführung und/oder externer Berater, die im Einzelfall für sinnvoll gehaltene Variante zur Streitbeilegung und versucht, diese in den Verträgen zu verankern bzw. bei entstandenen Streitigkeiten diese dann zur Beilegung der Streitigkeiten einzusetzen. Diese Überlegungen und deren Umsetzung finden sich vermehrt in der Großindustrie wie z.B. bei Siemens[2] oder bei E. ON.[3] Ähnliche Bemühungen gibt es z.B. bei Audi, Bayer, Bombardier, Deutsche Bahn, EnBW, Fraunhofer-Gesellschaft, LandesbankBaWü.

6 Trotz all dieser Bemühungen ist es immer noch erforderlich, für die Mediation in den Firmen und auch bei den Anwälten zu werben. *Hammacher*[4] führt dies bei den Rechtsanwälten – dies gilt nach den Erfahrungen des Verfassers auch für die Patentanwälte, die sich ebenfalls erst vorsichtig dem Thema Mediation widmen – auf folgende Gesichtspunkte bzw. Vorbehalte zurück:

- Mediation ist noch zu wenig (bei den Anwälten) bekannt,
- von dem Anwalt wird eine kämpferische Haltung erwartet,
- der Anwalt wendet selbst mediative Elemente in seiner Praxis an,
- der Auftritt vor Gericht prägt noch immer das Image des Anwalts,
- das Vertrauen in ein Urteil oder einen gerichtlichen Vergleich ist hoch,
- der Anwalt hat kein Vertrauen in die Konfliktfähigkeit seines Mandanten,
- die Verhandlungsführung liegt bei dem Mediator,
- die Auswahl des Mediators ist schwierig,
- Mediation kostet Zeit,
- die Einschaltung von Mediatoren kostet Geld,
- die Mediation „lohnt" sich nicht,
- Unsicherheit des Anwalts auf ungewohntem Terrain.

7 *Paul Jacobs,*[5] ein kanadischer Anwalt, beschreibt im Jahr 2007 seine Erfahrungen wie folgt:

„... Even ten or 15 years ago I had to check with the lawyers privately in advance of a mediation to find out if they had ever attended one before and to learn what they had explained to their clients about the process. This was not a step I took lightly because I did not want to insult, but at the same time it was more than apparent that many lawyers had never been to a mediation and really did not understand how it worked. Many were wary of embarking on a process that they were unfamiliar with. In those days, when I lectured on the topic, I told lawyers they could compare the process in some ways with sex. Before anyone

---

[2] *Hobeck/Mahnken/Koebke* Schiedsgerichtsbarkeit im Internationalen Anlagenbau – Ein Auslaufmodell?, SchiedsVZ 2007, 225 ff.

[3] *Klowait/Hill* Corporate Pledge – Königsweg zur Implementierung von Mediation in der Wirtschaft?, SchiedsVZ 2007, 83 ff.

[4] Rechtsanwälte: Widerstand gegen die Mediation abbauen Schieds, VZ 2008, 30 ff.

[5] Mediation then and now MEDIATION COMMITTEE NEWSLETTER July 2007, 14 ff.

tried it, they had heard lots about it, knew that they wanted to try it, but were a little bit intimidated and embarrassed before their first time. On the other hand, once they had experienced it, they were converts and wanted more of it. Today that might be a politically incorrect way of describing the situation, but it certainly opened eyes and made people listen in those days.

Mediation is now widely used in North America.

There are jurisdictions in which mediation is prescribed by statute, by rule of practice, by judicial direction, or by judicial order. Of course, there is voluntary mediation in any type of situation when the parties choose to access the process.

There are both mandatory and voluntary forms of mediation in litigation matters. The experience in my jurisdiction of Ontario, Canada is that mandatory mediations achieve a level of approximately 45 per cent success and voluntary mediations achieve settlement rates with over 80 per cent success …".

Weiter gefördert werden dürfte die Mediation durch die bereits im **8**
Vorwort erwähnte neue EU-Mediationsrichtlinie,[6] die vermutlich schon im Jahr 2009 in deutsches Recht umgesetzt sein dürfte. Die von der Bundesjustizministerin hierzu einberufene Expertengruppe hat bereits im April 2008 zum ersten Mal getagt. Dieses neue Recht soll zur Vereinheitlichung der Ausbildung der Mediatoren und der Anwendung der Mediation führen. Man darf gespannt sein. In Österreich trat bereits am 1. 4. 2004 das sog. Zivilrechts-Mediations-Gesetz in Kraft.

---

[6] ABl. L 136, 3 ff.

B. Allgemein

I. Geschichte

9 Insbesondere in der deutschsprachigen Literatur wird in den letzten 35–40 Jahren der Eindruck erweckt, dass die Mediation eine evolutionäre Form der Konfliktbehandlung darstellt. Die Mediation sei zu Beginn der 70er Jahre in den USA angewandt worden, um dann in der Folgezeit in Europa und nicht zuletzt auch in Deutschland wie eine große Flutwelle aufzuschlagen und sich zu verbreiten.

10 Die Mediation wurde zwar in den letzten ca. 4 Jahrzehnten in den USA maßgeblich geprägt. Die Mediation bildete und bildet dabei in den USA jedoch nur eine Möglichkeit der Alternative Dispute Resolution (ADR) ab. Auf die unterschiedlichen Arten der Streitvermeidung und Streitschlichtung wird im nächsten Abschnitt noch ausführlich eingegangen.

11 Die Vermittlung bei Streitigkeiten zwischen 2 oder mehreren Parteien können auf eine sehr lange Tradition verweisen. Seit mehr als 2000 Jahren ist insbesondere im asiatischen Raum und insoweit vor allem in Japan und China die Idee der Vermittlung zur Konfliktbeilegung bekannt.[1] Seit dieser Zeit sind also nicht nur die sog. Strategeme („Kriegslisten“) der Chinesen,[2] sondern auch Mechanismen zur Konfliktbeilegung bekannt.[3]

12 In Europa spielte das antike Griechenland eine Vorreiterrolle. *Hehn*[4] beschreibt, dass bei Streitigkeiten zwischen den Stadtstaaten Sparta und Athen Vermittlungsdienste von zahlreichen kleineren griechischen Städten angeboten wurden. Eine weitere Quelle zeigt, dass der Athener Staatsmann Solon 594 und 593 v. Chr. auch als „Mediatior“ tätig war. Solon vermittelte erfolgreich bei Streitigkeiten, die das Zusammenleben der verschiedenen Klassen in Athen betrafen. Ein weiteres von *Hehn* beschriebenes Mediationsbeispiel ist der Westfälische Friede von 1648.[5] Der 30-jährige Krieg war von verschiedenen Vermittlungsversuchen geprägt. Papst Urban VII und der französische König versuchten neben anderen Personen zwischen den einzelnen Konfliktparteien zu vermitteln. Dies geschah ab dem Jahr 1630, also 18 Jahre vor dem Abschluss des Friedensvertrags im Jahr 1648. *Hehn* verweist auf 2 „Mediatoren“, die maßgeblich auf den „Friedensschluss von Münster und Osnabrück“ Einfluss hatten. Dies waren der Kölner Nuntius und spätere Papst Alexander VII, Fabio Chigi, und der venezianische Gesandte Alvise Contarini. Contarini,

---

[1] *Haft/Schlieffen-Hehn* 173 ff.
[2] *Von Senger* 18 ff.
[3] S. a. *Tao* 1,012 ff.
[4] 179.
[5] 180.

der auf einem zeitgenössischen Stich ausdrücklich als „Mediator" bezeichnet wird („Eques patricius, Venetus extraordinarius ad pacis Tractatus Universales, Legatus et **Mediator**") bezeichnet wird, schaffte es erst nach ca. 5 Jahren, die streitenden Parteien zu einem gemeinsamen Ergebnis zu führen. Der Münsteraner Friedensvertrag sieht in der Einleitung ausdrücklich vor, dass der Vertrag zwischen den streitenden Parteien „durch Vermittlung und Mühewaltung des Hoch- und Wohlgeborenen venezianischen Gesandten und Senators, Herrn Alvise Contarini, Ritters, der das Amt eines Mittlers (Mediators) ohne Parteilichkeit beinahe ganze 5 Jahre lang unverdrossen ausgeübt hat" zustande gekommen sei. Interessant ist in diesem Zusammenhang, dass bereits zu jener Zeit es als bedeutsam angesehen wurde, dass der Mediatior „ohne Parteilichkeit" sein Amt als Mittler ausüben sollte. Chigi hat bereits im Jahr 1647 seine Tätigkeit wie folgt beschrieben: „Mediation ist mit dem Amt eines entscheidungsbefugten Schiedsrichters unvereinbar". Contarinis Tätigkeitsbeschreibung für die Mediation beinhaltet, dass „er keine Sachentscheidungen zu treffen habe und sich um keine anderen politischen Dinge zu kümmern habe als die Vermittlungstätigkeit selbst."[6]

Völkerrechtliche Mediationen erfolgten immer wieder in den sich anschließenden Jahrhunderten, wobei Frankreich und Großbritannien und im letzten Jahrhundert auch die Präsidenten der USA immer wieder in Erscheinung traten. Auf den Friedensvertrag von Camp David wurde bereits in der Einleitung hingewiesen.[7] **13**

In der Bundesrepublik Deutschland gibt es seit ca. 170 Jahren das „Schiedsmannamt", in dem ehrenamtliche Laien die Schlichtertätigkeit ausüben, in bestimmten Bundesländern. Berufsorganisationen und Handwerksverbände, wie z.B. Industrie- und Handelskammern, Handwerkskammern, Architektenkammern, Rechtsanwaltskammern, Ärztekammern haben vor ca. 40 Jahren Schieds- und Schlichtungsstellen gegründet. Diese Einrichtungen dienen der Behandlung berufsständischer Konflikte.[8] Im Gegensatz zur Familienmediation und zur Mediation im öffentlichen Bereich, die jeweils seit ca. 20 Jahren ihre Verbreitung gefunden haben, hat die sog. Wirtschaftsmediation nach Auffassung von *Ponschab* immer noch ein erhebliches Entwicklungspotential.[9] *Ponschab* sieht zu Recht, dass „weniger ein theoretischer als vielmehr ein praktischer Nachholbedarf" auf dem Gebiet der Wirtschaftsmediation besteht. Dies beruhe vor allem auf **14**

- mangelnder Informiertheit des Managements über Mediation,
- geringerem Leidensdruck durch einen Prozess im Vergleich zu den USA,
- der Tendenz der Deutschen zu Rechthaberei,
- dem Fehlen von geeigneten Mediatoren,

---

[6] *Hehn* 181 mwN.
[7] *Hehn* 181 ff.
[8] Siehe z. B. *Heussen-Ponschab* 857 ff., mwN.
[9] *Heussen-Ponschab* 861.

- fehlendem institutionellen Rahmen,
- mangelnder Erfassung der tatsächlichen Kosten eines Rechtsstreits.[10]
  Diese Ausführungen aus dem Jahre 2002 sind mit folgenden Einschränkungen auch heute noch aktuell:
- inzwischen ist das Management in vielen Unternehmen erheblich besser über die Mediation informiert. Es gibt auch schon Arbeitskreise zwischen Vertretern der Industrie, von Versicherungen und Banken und Forschungsgesellschaften, wobei es sich zwar immer noch überwiegend bei den Vertretern dieser Firmen um Juristen handelt, aber auch aus anderen Berufssparten immer mehr Teilnehmer gewonnen werden können.
- Geeignete Mediatoren aus den verschiedensten Berufssparten bemühen sich um immer mehr Fälle. Es wurde bereits erwähnt, dass ca. 5000 Mediatoren in Deutschland tätig sind. Auch der bisher fehlende institutionelle Rahmen dürfte mit der jetzt verabschiedeten EU-Mediationsrichtlinie, die – wie bereits erwähnt – voraussichtlich bis zum Sommer 2008 in deutsches Recht umgesetzt sein wird, in absehbarer Zeit in den EU-Mitgliedsstaaten geschaffen werden.

II. Typen/Arten der Streitvermeidung & Streitschlichtung

1. Multi-Door Courthouse

15 *Frank E. A. Sander* hielt im April 1976 in Sant Paul, Minnesota, USA, einen Vortrag auf der Pound Conference mit dem Titel „Nationalen Conference on the Causes of Popular Dissatisfaction with the Administration of Justice". Die Konferenz wurde abgehalten um sich der Frage zu widmen, wie das Interesse der Justiz, schnellere und kostengünstige Verfahren zur Verfügung zu haben, bedient werden könnte. Die schon zu diesem Zeitpunkt bestehende Überlastung der Gerichte war Ursache für diese Fragestellung. Es sollte einerseits geklärt werden, welche Typen von Streitigkeiten durch welche Gerichtsverfahren am sinnvollsten behandelt werden könnten und andererseits welche alternativen Verfahren den Gerichtsverfahren vorzuziehen sind.[11] *Sander* hatte die Idee eines „Gerichtsgebäudes mit vielen Türen", d.h. einem umfassenden Zentrum für Streitbeilegung, dem jede „Tür" ein Verfahren bedeutet, dem jeder Einzelfall zugeführt werden könnte.[12] Zwei Merkmale bestimmen das Multi-Door Courthouse Modell. Zunächst gibt es ein zentrales Eingangs- und Verweisungsverfahren, in dem der Rechtsstreit präzise analysiert wird. Zudem gibt es dann als altes Merkmal eine Vielzahl von Streitbeilegungsmechanismen, den „Türen", die den jeweiligen Rechtsstreit dann behandeln. Das Modell des Multi-Door Courthouse wurde zunächst in drei Städten (Tulsa, Houston, Wa-

---

[10] *Heussen-Ponschab* 861.
[11] *Birner* 45 ff.; *Sander* 31 ff.
[12] *Sander* 31.

shington, D. C.) umgesetzt. Diese drei Testzentren unterschieden sich stark in ihrer Struktur und wurden an die Ansprüche und Bedürfnisse der Parteien jedes dieser drei Gerichtsbezirke angepasst. Dies war wohl auch der Grund für den Erfolg aller drei Projekte.[13]

Die folgenden beiden Abbildungen zeigen im Überblick die von *Sander* 16
aufgezeigten „Alternativen Verfahren der Streitbeilegung" (Abb. 1) und in Abbildung 2 die Möglichkeiten, die mit Entscheidungsverfahren bzw. einer interessenorientierten Schlichtung (Mediation) verbunden sind.

Abbildung 1: Alternative Verfahren der Streitbeilegung

Primäre Verfahren der Streitbeilegung

Streitentscheidung (durch Dritte) (adjudication)	**Schlichtung** (mediation)	**Vermittlungsverhandlung** (negotiation)
Gericht Schiedrichter – freiwillig, bindend – zwangsweise, nicht bindend Verwaltungsbehörde	– an der Rechtslage orientiert (rechtsorientiert) – an der Interessenlage orientiert (interessenorientiert)	

Mischformen

Neutrale Beurteilung, die vorab erfolgt
Miniverfahren
Verkürztes Verfahren unter Beteiligung einer Jury(summary jury trial)
Neutraler Sachverständiger
Schlichtung/Schiedsverfahren (mediation/arbitration)

Abbildung 2:

Entscheidungsverfahren (Adjudication)	**Interessenorientierte Schlichtung (Mediatin)**
Blickt zurück in die Vergangenheit	Blickt in die Zukunft
Konzentriert sich auf die Fakten	Konzentriert sich auf die Beziehung
ist bestrebt, Schuld und Haftung festzustellen	ist bestrebt, die Beziehung wiederherzustellen
Führt zu einem Gewinner und Verlierer	Führt zu einer einvernehmlichen Regelung
Führt zu einer allgemeingültigen Regelung	Führt zu einer Regelung entsprechend den subjektiven Gerechtigkeitsvorstellungen der Beteiligten
Wird von den Anwälten dominiert	Lässt Spielraum für die Konfliktbeteiligten selbst

[13] *Birner* 85 f.

Im Folgenden werden nun die jeweiligen Vor- und Nachteile der unterschiedlich gezeigten Verfahren der Streitbeilegung behandelt.

2. Verhandeln

a) USA

17 In der sehr lesenswerten Situation von *Schoen*, die in 2003 erschienen ist und „Konfliktmanagementsysteme für Wirtschaftsunternehmen" aus deutscher und US-amerikanischer Sicht betrachtet, werden u.a. auch Verhandlungsstrategien in USA und in Deutschland untersucht.[14]

18 Verhandlungen bildeten seit je he und bilden auch heutzutage die Hauptform zur Vermeidung und auch zur Beilegung von Konflikten.

19 Dies ergibt sich nicht nur aus der Literatur,[15] sondern auch inzwischen auch aus Studien, auf die im späteren Fall auf dieses Werks noch detailliert eingegangen wird.[16] So ergibt sich z.B. aus der Studie aus dem Jahre 2005, die gemeinsam von Price Waterhouse Coopers in Zusammenarbeit mit der Europa-Universität Viadrina Frankfurt (Oder) herausgegeben wurde, dass die Verhandlung von allen Konfliktlösungsarten „in allen Kategorien die häufigsten Vorteilsnennungen, die in der Regel deutlich über 80% liegen, erreicht.[17]

20 Die Beliebtheit des Verhandelns liegt darin begründet, dass die Parteien den Ablauf und den Ausgang am ehesten kontrollieren können. Bei allen anderen Optionen, in dem ein Dritter eingebunden wird, geht es letztlich um die Strukturierung des jeweiligen Verfahrens, um ein bestmögliches Ergebnis zu erzielen.

21 Bei den Verhandlungen und den alternativen Konfliktbehandlungsverfahren geht es weniger um eher rechtlich orientierten in die Vergangenheit zielende Verhandlungen bzw. Regelungen, sondern um hauptsächlich zukunfts- und interessenorientierte Verhandlungen bzw. Regelungen. Die rechtlich orientierten oder auch positionsbezogen genannten Verhandlungen werden auch als „distributive Verhandlungsstrategie" bezeichnet.

aa) Distributive Verhandlungsstrategie

22 Das Wort „Distributive" zeigt die Richtung dieser Verhandlungsstrategie. Es geht um die „Gewinnmaximierung in Form der Verteilung der Verhandlungsmasse".[18] Der „vorhandene Kuchen" wird letztlich nur zwischen den Parteien in einem zu vereinbarenden Verhältnis geteilt. Die Chancen sind damit für die streitenden Parteien sehr begrenzt.

---

[14] 87.
[15] Wie vor.
[16] S. u. Rn. 154 ff.
[17] S. 8 der PwC-Studie
[18] *Schoen* 89 f. mwN.

Die Verhandlungen weisen 4 Phasen auf: 23

- In der Phase 1 wird der Partei das optimale Verhandlungsziel festgelegt („Aspiration Level").
- In Phase 2 legt jede Partei für sich eine Verhandlungsgrenze fest, bei deren Überschreiten nur noch der Weg zu einem Gericht bleibt oder aber nicht weiter verhandelt wird („Reservation Point").
- Phase 3 dient dazu, die jeweils andere Partei aus der Reserve zu locken, d. h., den „Reservation Point" der anderen Seite herauszufinden. Diese dritte Phase wird auch als „Negotiation Dance" bezeichnet.
- In der Phase 4 wird dann versucht, eine in dem von den „Reservation Levels" gesteckten Rahmen eine Einigung zu erreichen.[19]

Bei der distributiven Verhandlungsstrategie wird zwischen einer kom- 24
petitiven und andererseits einer kooperativen Verhandlungstaktik unterschieden.

Die kompetitive Verhandlungstaktik bezweckt die Erschütterung des 25
Vertrauens der Gegenseite in ihre eigene Verhandlungsposition, damit diese mehr Zugeständnisse macht. Bei dieser Verhandlungstaktik werden häufig sehr hohe Angebote zu Beginn der Verhandlungen unterbreitet. Dies führt dazu, dass in vielen Fällen die andere Seite ihrerseits dem Anbietenden erheblich mehr als notwendig entgegenkommt. Mit dem hohen Anfangsangebot wird ein „Anker" ausgeworfen, der wiederum der Maßstab für anschließende Zugeständnisse ist und infolgedessen diese Zugeständnisse einen relativ hohen Stellenwert bekommen. Bei dieser Verhandlungstaktik werden nur sehr bedingt eigene Informationen und Intensionen offenbart. Der Verhandlungspartner soll über die eigenen Ziele im Unklaren gelassen werden. Ziel ist es, die andere Partei aus der Reserve zu locken. Zugeständnisse werden so gut wie nicht gemacht und dafür aber von dem anderen Partner diese verlangt, um es dann wieder sich selbst zu weiteren Verhandlungen bereit zu erklären. Es werden massive Geschütze (z. B. Gesetze, Urteile, herrschende Meinungen von herausragenden Größen der Literatur etc.) aufgefahren, um den Anderen herabzusetzen. Ist diese Vorgehensweise erfolglos, wird zu noch massiveren Mitteln (z. B. „Täuschungen, Drohungen oder persönlichen Angriffen") übergegangen, um die eigene Position maximal zu stärken. Weitere Mittel sind auch „ein zur Schau gestelltes völlig irrationales Verhalten" (z. B. lautstarkes Lamentieren, Verlassen des Verhandlungsraums etc.). Ein beliebtes Mittel ist auch der Hinweis auf die eigene fehlende Vollmacht, eine Entscheidung zu treffen. Aus diesem Grund wird oft auch die Geschäftsführung oder ein Vorstand nicht an derartigen Gesprächen persönlich beteiligt, um sich auf diese Person bei Bedarf zurückziehen zu können.[20] Die kooperative Verhandlungstaktik versucht demgegenüber in einer für die Verhandlungsparteien akzeptablen Art gemeinsam getra-

---

[19] *Schoen* 91 mwN.

[20] Siehe z. B. *Schoen 92, Fn. 29 und* 93 mwN; *Ury* 1 ff.

gene Ergebnisse zu erhalten. Von Anfang an werden Zugeständnisse gemacht, um bei dem anderen Verhandlungspartner ein Zeichen in der Weise zu setzen, dass hier eine Partei bemüht ist, eine vertrauensvolle zukünftige Zusammenarbeit zu fördern und zu erreichen. Es werden auch erheblich mehr Informationen von Anfang an gegeben, als dies bei der kompetitiven Verhandlungsart der Fall ist. Sehr wichtig ist auch ein „flexibles Verhandeln". Je nach Gegenangebot wird durch eigene neue Zugeständnisse versucht, eine Einigung zu erzielen. Diese Verhandlungstaktik setzt letztlich wie die kompetitive Verhandlungsführung auch wieder auf einen Kompromiss. Das anfängliche Anbieten von Zugeständnissen kann auch ziemlich schnell dazu führen, dass diese „Großzügigkeit" nicht erwidert wird und dann derjenige, der von Anfang an Zugeständnisse eingeräumt hat, mehr oder weniger „in der Falle sitzt".[21] Der Verfasser ist allerdings gerade bei Verträgen im gewerblichen Rechtsschutz und insbesondere im Hinblick auf Lizenzverträge der Ansicht, dass insbesondere bei diesen Dauerschuldverhältnissen nur ein derartiges „offenes Verhandeln" zum Erfolg führt. Nach Erfahrungen mit mehr als 7600 Lizenzverträgen in einem Zeitraum von 20 Jahren und einer Vielzahl von Forschungs- und Entwicklungsverträgen erscheint es sinnvoll, wenn die Parteien von vornherein mit „offenen Karten" spielen. Andernfalls wird eine vertrauensvolle Zusammenarbeit nur sehr schwierig zu begründen sein. Wenn von Anfang an bei derart lang andauernden Verhältnissen – die meisten Lizenzverträge laufen 10–15 Jahre – keine vertrauensbildenden Maßnahmen zu Beginn der Vertragsverhandlungen getroffen werden, ist man vor Überraschungen nicht sicher. Diese können natürlich auch trotz anfänglicher vertrauensvoller Zusammenarbeit sich ereignen. Andererseits ist aber das „offene Verhandeln" auch ein Test der Gegenseite. Der Verhandlungspartner wird ziemlich schnell zu erkennen geben, ob er ebenfalls bereit ist, sich auf diesen „offenen Verhandlungsstil" einzulassen. Wenn der Verhandlungspartner z.B. den kompetitiven Verhandlungsstil pflegt, ist dies zumindest ein Zeichen dafür, dass die zukünftige Zusammenarbeit, wenn sie denn überhaupt in Gang gesetzt werden kann, sich schwierig gestalten wird. Man hat dann zumindest die Möglichkeit, die Verhandlungen frühzeitig abzubrechen oder aber entsprechende Klauseln (z.B. Kündigungsklausel) in den Vertrag einzubauen, die einem dann zu einem späteren Zeitpunkt ein relativ schnelles Ausscheiden aus dem Vertrag ermöglichen.

26 *Schoen*[22] ist jedenfalls beizupflichten, wenn er der distributiven Verhandlungsstrategie vorhält, dass diese „zu vereinfachend" sei, da „nur über einen einzigen, bereits fixierten Verhalt verhandelt werde". Es gibt in der Regel nicht nur „die Lösung". Die Parteien fixieren sich bei dieser Verhandlungsstrategie nur auf ihre „Positionen", auf ihr „Recht". Das

---

[21] *Schoen* 94.
[22] 94.

interessenorientierte Verhandeln wird nicht als Möglichkeit erkannt und schon gar nicht berücksichtigt. Die streitenden Parteien werden durch das enge Korsett des Vertrags und der anderen rechtlichen Rahmenbedingungen eng begrenzt. Das Ganze läuft letztlich auf einen „Null-Summen-Spiegel" hinaus.[23] Aufgrund dieses Null-Summen-Spiegels ist somit letztlich auch die potentiell interessante Einigung zwischen den streitenden Parteien gefährdet.

Weitere Hindernisse können sein **27**
- die distributive Verhandlungsstrategie ist eine Alles- oder Nichtsentscheidung,
- die Parteien verstecken sich hinter ihren vermeintlichen Ansprüchen;
- die zukünftigen Geschäftsbeziehungen werden belastet.[24]

bb) Integrative Verhandlungsstrategie

Unter dieser Verhandlungsstrategie versteht man den Versuch der Parteien, unabhängig von den von ihnen vertretenden Positionen die tatsächlichen jeweiligen Interessen und Bedürfnisse dieser Parteien auch durch kreative Lösungen kenntlich zu machen und umzusetzen, wobei der rechtliche Rahmen, der durch Gesetze oder Verträge gegeben ist, gewahrt wird. Der „Kuchen" wird größer! Da die Interessen beider Parteien eher berücksichtigt werden, ist zumindest finanziell eine vertrauensvolle Geschäftsbeziehung auf Dauer möglich. **28**

Fisher/Ury[25] und *Schoen*[26] sehen vier Techniken für das integrative Verhandeln. Dies ist das sog. „Harvard Concept": **29**
- Die Sachprobleme werden von den verhandelnden Personen und damit von deren persönlichen Vorbehalten getrennt. Es geht also tatsächlich um die „Versachlichung" der Streitigkeiten, um die gewünschten Verhandlungsziele schneller zu erreichen.
- Im Vordergrund stehen nicht die Positionen, sondern die Interessen der Parteien. Um diese Interessen herauszufinden, zu kennzeichnen und im beiderseitigen Einvernehmen umzusetzen, ist zwar ein erheblich kreativeres Potential beider Verhandlungsführer notwendig, gleichwohl – dies zeigt auch die eigene Verhandlungserfahrung des Verfassers – lassen sich hierdurch erheblich bessere Verhandlungsergebnisse, die tragfähiger für die Zukunft sind, erzielen als es bei dem Beharren auf vor allem rechtlichen Positionen der Fall wäre. Die „Verhandlungstendenz" des distributiven Verhandlungsstils wird das „offene Verhandeln" ersetzt.
- Wenn die Parteien sich über ihre Interessen wechselseitig klar geworden sind, müssen Optionen aufgezeigt werden, die für beide Parteien

---

[23] *Schoen* 91.
[24] *Schoen* 95.
[25] 17 ff.
[26] 96 ff.

akzeptabel sind. Das „rechtlich Mögliche“ tritt hierbei (noch) in den Hintergrund. Wie schon an anderer Stelle gesagt: Der „Kuchen“ wird größer.
- Wichtig ist es bei dieser Verhandlungsstrategie, dass die am Anfang streitenden aufgrund „objektiver Kriterien“ eine vernünftige Befriedung ihrer Zwistigkeiten versuchen.[27]

30 Um den störenden kompetitiven Verhandlungsstil zu vermeiden bzw. ihm zu begegnen hat *Ury*[28] fünf Schritte aufgezeigt:
- Man soll seinem integrativen Stil treu bleiben und sich von der anderen Partei nicht provozieren lassen („Go to the Balcony“).
  - Statt dem Aufbau einer Gegenposition soll ein produktives Arbeitsklima entwickelt werden, und zwar durch Klärung der eigenen Standpunkte und dem Verständnis für die Person des Verhandlungspartners.
  - In einem dritten Schritt sollen dann in dem Gespräch die eigentlichen Interessen ermittelt werden. Jede Partei soll sich über ihre eigenen eigentlichen Interessen und die der anderen Seite klar werden.
  - Der anderen Partei ist „eine goldene Brücke zu bauen“. Es geht darum, dass die andere Partei nicht „ihr Gesicht verliert“. Dies soll dadurch erleichtert werden, dass die andere Seite die Vorteile der vorgeschlagenen Aspekte für beide Parteien verständlich gemacht werden.
  - In einem letzten Schritt ist dem Verhandlungspartner klar zu machen, dass seine Art der Verhandlung nicht akzeptabel ist. Gleichzeitig muss die andere Partei die Folgen des eigenen Scheiterns verinnerlichen und demgegenüber den Vorteil des „größeren Kuchens“ erkennen und letztlich zugestehen.

31 *Schoen*[29] hält auch den integrativen Verhandlungsstil zu einseitig. Die Festlegung auf Positionen und andererseits Interessen berücksichtigt nicht andere Faktoren wie „Stimmungen, Überzeugungen und Wahrnehmungen“. Das distrubitive Element von Verhandlungen werden nicht genug berücksichtigt. Diese Überzeugung, die letztlich auf der Überzeugung US-amerikanischer Autoren beruht – führt letztlich zu den sog. analytischen Verhandlungsmodellen.

cc) Analytische Verhandlungsmodelle

32 Die analytischen Verhandlungsmodelle unterscheiden sich von den distributiven und integrativen Verhandlungsstrategien insoweit, als sie Kriterien zur Auswahl der jeweils geeigneten Strategie betrachten.

33 Aufgrund des Spannungsverhältnisses zwischen distributiven und integrativen Verhandlungsansätzen kommt es zwangsläufig zum „Verhandlungsdilemma“, das dem in der Spieltheorie entwickelten Gefangenendilemma ähnlich ist. Beim Verhandlungsdilemma kommt es mangels

[27] *Schoen* 99.
[28] 143 ff.
[29] 101.

Informationen bei der distributiven Verhandlungsstrategie nicht zur Entwicklung von interessengerechten Lösungen, die beide Parteien akzeptieren können. Dies gilt insbesondere auch für die bei diesem Verhandlungsstil häufig vorgebrachten Täuschungsmanöver und Drohgebärden. Bei der integrativen Verhandlungsform wird der grundsätzlich zu begrüßende Informationsfluss der einen Partei von der anderen Seite einseitig genutzt. Es kommt somit zu einseitigen Aktionen, die eine potentielle Wertsteigerung zumindest teilweise verhindern.[30]

Duwe[31] und *Schoen*[32] beschreiben das Gefangenendilemma wie folgt: **34**

„Im Gefangenendilemma befinden sich 2 Gefangene, denen nicht erlaubt ist, miteinander zu sprechen, vor folgender Situation: Wenn beide ein Geständnis ablegen, werden beide wegen eines Diebstahls in einem besonders schweren Fall zu 2 Jahren Gefängnis verurteilt. Wenn keiner von beiden gesteht, werden sie nur wegen Hehlerei zu jeweils 6 Monaten Gefängnis verurteilt. Wenn nur der eine gesteht, der andere aber nicht, trifft den Gestehenden keine Haftstrafe, während der andere zu einer 5-jährigen Haftstrafe verurteilt wird. Um der 5-jährigen Haftstrafe zu entgehen, werden beide Gefangene gestehen und somit zu 2 Jahren Haft verurteilt. Das für beide Gefangene optimale Ergebnis einer 6-monatigen Haftstrafe wird mithin nicht erzielt“.

Als Antwort auf das Verhandlungsdilemma wurde von *Lax/Sebenius*[33] **35**
die Strategie der „Conditional Openness“ entwickelt. Nach anfänglichem integrativen Verhandeln werden die Züge der Gegenseite wiederholt. Dies führt dazu, dass während der Verhandlungsdauer neue Werte entstehen und das Risiko der missbräuchlichen Ausnutzung der Offenheit der Gegenseite verringert wird.[34]

Fraglich ist jedoch nach Auffassung von *Schoen*,[35] ob diese analyti- **36**
schen Modelle auf tatsächliche Verhandlungen anwendbar sind. Das „reziproke Vorgehen“ wird dann als nützlich angesehen, wenn ständig neu verhandelt werden muss. Für die verhandelnden Parteien ergibt sich ein stärkeres Interesse im Hinblick auf Vereinbarungen in der Zukunft, mit Hilfe der integrativen Verhandlungsstrategie die späteren Verhandlungen und deren Ergebnisse zu optimieren. Dies gilt insbesondere für Vereinbarungen über einen sehr langen Zeitraum, wobei ständig neue Verträge geschlossen werden. Dies soll aber auch für nur eine Verhandlung gelten, wenn das Problem in zahlreiche Problemteile aufgespalten wird und somit entsprechend viele Einigungen über jedes Teilproblem getroffen werden müssen. Das reziproke Vorgehen soll auch für das Verhandeln mit zukünftigen potentiellen Vertragspartnern vorteilhaft sein.

---

[30] *Schoen* 102 ff.

[31] 164.

[32] 104.

[33] *Lax/Sebenius*

[34] *Schoen* 105 unter Verweis auf *Lax/Sebenius* 159 und *Gifford* 41, 60.

[35] 105 ff.

37 Das starke Interesse verhandelnder Parteien an integrativen Verhandlungsstrategien kann aus der Praxis des Verfassers ohne Einschränkung bestätigt werden. Gerade bei Lizenzverträgen über gewerbliche Schutzrechte und insbesondere über Software-Urheberrechte und auch über technisches Know-how sowie bei Forschungs- und Entwicklungsverträgen, wobei insbesondere Rahmenverträge immer mehr an Bedeutung gewinnen, sind letztlich nur integrative Verhandlungsstile erfolgreich.

38 Neben dem Fortsetzungszusammenhang bei Verhandlungen ist auch die Kommunikation der Parteien bei tatsächlich stattfindenden Verhandlungen von sehr großer Bedeutung. Diese Möglichkeit gibt es beim analytischen Verhandlungsdilemma nicht. Bei tatsächlichen Verhandlungen haben die verhandelnden Parteien die Chance, Informationen über den Verhandlungsstil der anderen Seite zu generieren. Auf dieser Basis kann dann entschieden werden, wie diesem Verhandlungsstil begegnet wird. Optimal wäre es in diesem Zusammenhang natürlich, wenn die Parteien von vornherein auch eine Vereinbarung über den Verhandlungsstil treffen könnten. Diese Vorgehensweise ist jedoch leider immer noch sehr selten. Dies mag daran liegen, dass die meisten Verhandlungspartner auf beiden Seiten nicht die unterschiedlichen Variationen der Verhandlungsstrategien kennen und demgemäß nicht anwenden können.

39 Unabhängig davon werden die Parteien aufgrund der eigenen Kenntnisse und Fähigkeiten und aufgrund der Vorgaben ihres jeweiligen Umfelds gar nicht in der Lage sein, die „theoretischen Verhandlungsstrategien" zu befolgen, geschweige denn durchzusetzen.

40 Im Gegensatz zu der Situation beim Verhandlungsdilemma ist es bei Verhandlungssituationen in der Realität nicht immer klar, ob die andere Partei überhaupt eine Verhandlungsstrategie verfolgt und wenn ja, in welchem Umfang sie diese auch tatsächlich benutzt. Je nach Erfahrung der anderen Seite und nach Verhandlungssituation kann es allenfalls bei „Dauerschuldverhältnissen" (z. B. Lizenzverträge, Forschungs- und Entwicklungsrahmenverträge) relativ schnell klar werden, welche Strategie die andere Seite verfolgt.

41 Schließlich spielen auch die unterschiedlichen Gewinnerwartungen der verhandelnden Parteien eine erhebliche Rolle. Wenn bei distributivem Verhandeln der jeweilige Gewinn nicht erheblich ist, sind beide Parteien eher daran interessiert, integrativ zu verhandeln, um jeweils eine höhere Gewinnerwartung zu realisieren.

42 Die eigentliche Essenz dieser Überlegungen in jeweiligen Verhandlungsstrategien ist jedoch, dass die verhandelnden Parteien ständig diese Strategie dahin gehend überprüfen, ob sie der jeweiligen Verhandlungssituation gerecht werden, um dann bei Bedarf neue Verhandlungsaspekte einbringen zu können.[36]

[36] *Schoen* 108 f.

b) Deutschland

Nach wie vor gibt es in Deutschland nur zaghafte Ansätze in Forschung und Lehre, sich der Verhandlungslehre zu widmen. Beispielhaft sind hier seit einiger Zeit die Professores *Breidenbach* (Frankfurt/Oder) *Eidenmüller* (München) und *Spindler* (Göttingen). **43**

Auch in den Unternehmen werden zwar zunehmend insbesondere Juristen und Mitarbeiter in den Personalabteilungen zu Mediatioren ausgebildet. Gleichwohl steht diese Ausbildung und insbesondere die Bearbeitung von Fällen noch ganz am Anfang. Lediglich in wenigen Firmen gibt es fest installierte Mediatoren für die Streitigkeiten zwischen Arbeitnehmern und Arbeitgebern und für die Streitigkeiten zwischen Abteilungen bzw. Konzern-Gesellschaften. Streitigkeiten zwischen Mitgliedern der Geschäftsleitung oder des Vorstands werden bisher hauptsächlich von externen Mediatoren begleitet. Diese Erfahrungen gibt es auch erst seit ca. 2005. Weitere Details hierzu werden im Rahmen der Darstellung der empirischen Studien insbesondere in Deutschland und Österreich erörtert. **44**

In vielen Unternehmen[37] sind Verhandlungsstrategien und insbesondere kooperative Verhandlungsstrategien nur unzureichend oder gar nicht bekannt. Dies gilt auch für die einzelnen Konfliktbeilegungsverfahren. **45**

3. Streitentscheidung durch Dritte

a) Staatliche Gerichte

IP- und IT-Streitigkeiten haben zwar in den letzten Jahren erheblich zugenommen. Nach wie vor beschränkt sich aber ein erheblicher Anteil der Streitigkeiten auf Verletzungsstreitigkeiten zwischen zumindest einer dominierenden Partei und einer „schwächeren" Partei. Dies liegt u. a. daran, dass sehr große Stückzahlen in der Regel nur von einem Konzern weltweit hergestellt und vertrieben werden können. Bei IP-Verletzungsstreitigkeiten folgt die große Zahl von Verletzungsstreitigkeiten, die von großen Unternehmen geführt werden, daraus, dass kleine und mittlere Unternehmen den Zeitvorsprung durch geheim gehaltenes Know-how, das in den Produkten und/oder Verfahren steckt, erheblich höher einschätzen, als dies bei Produkten und Verfahren der Fall ist, die durch Patente geschützt werden. Letztlich resultiert bei kleinen und mittleren Unternehmen der Wettbewerbsvorsprung, also aus dem Zeitvorsprung. Je länger das Know-how geheim gehalten wird, desto länger kann der Wettbewerbsvorsprung gehalten werden. Dies würde durch Patente, die zumindest einen Großteil des eigenen geheimen Know-how enthielten, vereitelt werden. Darüber hinaus ist es kleinen und mittleren Unterneh- **46**

---

[37] *Schoen* 113, spricht von 17% der Unternehmen.

men schlichtweg zu kostenintensiv, Patente anzumelden und über die gesamte Produktlaufzeit aufrecht zu erhalten, zu verteidigen und gegen Verletzer durchzusetzen. Das mangelnde Vertrauen in die Durchsetzbarkeit der Patente[38] erscheint dagegen von untergeordneter Bedeutung. Ein weiterer wichtiger Grund ist das Kopieren der Produkte und Verfahren im Ausland, und zwar nicht nur im asiatischen Raum. Dieser Grund fällt jedoch wieder unter die Rubrik „Durchsetzung von Patentansprüchen gegenüber Verletzern", der bereits besprochen wurde.

47 Inzwischen sind auch 9- und 10-stellige Streitwerte bei insbesondere Patent-, aber auch bei Urheberrechtsverletzungsprozessen bei Massenprodukten nicht mehr ungewöhnlich. Angesichts dieser sehr hohen Streitwerte explodieren in den letzten Jahren daher auch die Prozesskosten, und zwar einerseits – streitwertabhängig – bei den Gerichts- und Anwaltskosten. Dies gilt erst recht, wenn die Verletzungsverfahren bei einstweiligen Verfügungen durch 2 Instanzen und in Hauptsacheverfahren zusätzlich noch durch 3 Instanzen durchgefochten werden. Rechtsschutzversicherungen gibt es im Hinblick auf den Gewerblichen Rechtsschutz und das Urheberrecht wohl bisher nicht. In letzter Zeit sind hingegen Einzelfälle bekannt geworden, in denen Finanzinvestoren das Kostenrisiko zumindest teilweise tragen, um dann Überproportional am möglichen Erfolg derartiger Verfahren zu verdienen.

48 Bei sehr umfangreichen technischen Fragestellungen kommt es auch immer häufiger zur Einschaltung von technischen Gutachtern bzw. Sachverständigen, die nicht nur in technischer, sondern auch gerade in patentrechtlicher Hinsicht als Gutachter eingeschaltet werden. Bei Patentverletzungsstreitigkeiten werden daher auch immer häufiger Patentanwälte als Gutachter bzw. Sachverständige bei derartigen Verfahren beauftragt. Die Prozesskosten erhöhen sich dann erst recht, wenn Parteigutachten von beiden Parteien erstellt werden und zusätzlich dann noch von einem Gericht bestellter Sachverständiger bzw. mehrere Sachverständige ggf. noch tätig werden müssen. Wenn dann diese Sachverständigen noch in mehreren Instanzen aktiv werden müssen, stehen auch insoweit immer häufiger sehr hohe Kosten. Gutachten zur Höhe des Schadensersatzes ergänzen die Tätigkeit der Sachverständigen, die in technischer Hinsicht tätig werden. Hinzu kommen noch die in den meisten Fällen oft vernachlässigten eigenen Kosten jeder Partei. Diese sog. Transaktionskosten werden nach wie vor nur in wichtigen Fällen von den Parteien bei der Abschätzung der Prozessrisiken berücksichtigt. Derartige Transaktionskosten werden von Praktikern noch einmal mit der gleichen Summe angesetzt, die für die externen Kosten einer Streitigkeit als Summe auflaufen. Die externen Prozesskosten verdoppeln sich damit.

---

[38] Siehe z.B. *Schoen* 11, unter Verweis auf eine Hebung des Roland-Berger-Forschungsinstituts für Markt-Systemforschung im Auftrag des EPA GRUR 1995, 112 f. und 260 f.

Völlig unberücksichtigt bleiben in der Regel auch die Kosten, die in der Folgezeit nach Prozessende daraus resultieren, dass ein bisheriger Geschäftspartner wegfällt und damit erhebliche Anstrengungen wieder unternommen werden müssen, um einen neuen Geschäftspartner möglichst schnell als Ersatz für den bisherigen Partner zu finden. Diese Überlegungen spielen zwar keine größere Rolle bei Wettbewerbern, jedoch gerade bei kleinen und mittleren Unternehmen und bei den streitenden Parteien, die schon über einen gewissen Zeitraum geschäftlich miteinander verbunden waren.

Wenn dann noch Verletzungsstreitigkeiten in mehreren Ländern parallel geführt werden müssen, weil beispielsweise ein Wettbewerber in diesen Ländern parallel die dort vorhandenen Schutzrechte des Klägers verletzt, potenzieren sich die externen und internen Kosten schlagartig. Angesichts eines weltweit nach wie vor relativ uneinheitlichen Patentrechts sowie nationaler oft unterschiedlicher Regelungen bzgl. des Prozessrechts (z.B. des Rechts für einstweilige Verfügungen) ist erheblich mehr Zeit notwendig, um Prozesse parallel in mehreren Ländern zu führen, als wenn ein Prozess beispielsweise „nur“ in Deutschland geführt würde.[39] Wenn dann noch zusätzlich eine Patentverletzungsklage mit einer Nichtigkeitsklage des Beklagten bzgl. der streitigen Schutzrechte erhoben wird, entstehen sehr schnell weitere interne und externe Prozesskosten. Diese Prozesskosten werden noch in einem gesonderten Abschnitt behandelt.[40] **49**

Bei Patentverletzungsverfahren ist in den letzten Jahren als zusätzliche Klippe noch die „kartellrechtliche Zwangslizenz“ zu nennen. **50**

Neben den allgemeinen prozessrechtlichen und materiellrechtlichen Fragestellungen, die sehr kostenintensiv behandelt werden müssen, ergeben sich weitere Kosten im Hinblick auf die Anerkennung und Vollstreckung von staatlichen Gerichtsurteilen insbesondere im Ausland. Zum Teil werden Urteile eines Staates in anderen Staaten nicht anerkannt und/oder müssen zumindest in einem sehr kurzen intensiven Verfahren vollstreckt werden, wobei die Zeitverzögerung und die Kosten dieser Maßnahmen dann erneut abschreckend für den potentiellen oder aktiven Kläger darstellen. **51**

Im Folgenden werden Vor- und Nachteile eines staatlichen Gerichtsverfahrens bei Patent- und Urheberrechtsstreitigkeiten beispielhaft dargestellt: **52**

---

[39] Siehe im Einzelnen z.B. von *Meibom* Mitt. 1996, 181 ff.; *Raden* GRUR 1998, 449, jeweils mwN.

[40] VI., Rn. 223 ff., 236 ff.

(1) Vorteile

- 3 Berufsrichter (= Juristen)
- 3 Instanzen (= Filter für „gerechte" Entscheidung)
- neutrale Entscheidung
- Beweiserhebung durch objektive Dritte + Beweiserhebung sonst nicht möglich
- Druck durch öffentliches Verfahren („schlechte Presse" für Wettbewerber führt zu Konsumverzicht bei Wettbewerbsprodukten)
- Wettbewerber kann vom Markt ausgeschlossen werden
- evtl. „Sieg" durch Prozesskostendruck in 3 Instanzen
- Präzedenzfall schaffen
- → „Gemeinkosten"-Urteil des BGH
- Verhandlungszwang durch Klageerhebung

(2) Nachteile

- Richter oft keine technische/wirtschaftliche Kompetenz
- „willkürliche" Entscheidung der Richter ohne Einfluss der Parteien
- lange Prozessdauer (1. mündliche Verhandlung > DE; nach 9–12 Monaten – Prozessdauer durch 3 Instanzen 8–10 Jahre > Italien: mehrere Jahre bis zum Verhandlungsbeginn > Indien: 20 Jahre)
- teuer, wenn 3 Instanzen und viele Beweismittel („discovery" in USA; Zeugen/Sachverständige/Gutachten)
- öffentliches Verfahren
- erhebliche Emotionen über sehr langen Zeitraum

53 Im Vergleich zur Anzahl von IP- und/oder IT-Verletzungsstreitigkeiten bilden im Rahmen des Gewerblichen Rechtsschutzes und Urheberrechts Streitigkeiten bei Forschungs- und Entwicklungs(rahmen)verträgen sowie Lizenzverträgen vor staatlichen Gerichten nur eine untergeordnete Rolle. Andererseits nehmen Vertragsstreitigkeiten – dies ist aber nur eine Erfahrung des Verfassers – in den letzten Jahren erheblich zu. Dies ist nach Auffassung des Verfassers darauf zurückzuführen, dass immer mehr insbesondere auch kleine und mittlere Unternehmen im Ausland tätig werden müssen, um wirtschaftlich überlebensfähig zu werden und/oder zu bleiben. Angesichts der bereits beschriebenen Zurückhaltung kleiner und mittlerer Unternehmen bei der Anmeldung, Aufrechterhaltung, Beteiligung und Durchsetzung von gewerblichen Schutzrechten und Urheberrechten verwundert es daher nicht, wenn diese Firmen mit ihnen fremden rechtlichen Situationen sich auseinandersetzen müssen und zudem dann auch noch ihnen unbekannte rechtliche Systeme eine Rolle spielen. Hinzu kommen dann die mangelnde Übung sich mit derart komplexen rechtlichen Fragen auseinander zu setzen. Schließlich sind dann die bereits genannten erheblichen Kosten gerade von kleinen und mittleren Unternehmen in den meisten Fällen nicht tragbar. Zumindest werden für derartige Verfahren oft keine Rücklagen gebildet. Bei Stundensätzen zwischen 300,– und 1000,– je Std. bei den wenigen hoch spezialisierten Rechts- und Patentanwaltskanzleien für den Fall, dass lediglich Beratungsleistungen erbracht werden, und bei darüber hinaus bereits angedeuteten sehr hohen Kosten bei hohen

Streitwerten, müssen kleine und mittlere Unternehmen oft es hinnehmen, dass mangels der Möglichkeit in erheblichem Umfang Verfahrenskosten zu tragen, die eigenen Rechte entweder verletzt werden oder aber mangels vorhandener Rechte insbesondere im Ausland Wettbewerber unangetastet die gleichen Produkte in Verkehr bringen können.

b) Schiedsgerichte

Eine andere Form der Streitentscheidung durch Dritte sind die **54**
Schiedsgerichte. Seit etwa 30 Jahren hat die Schiedsgerichtsbarkeit in Deutschland einen gewissen Aufschwung erfahren. Zum Beispiel ist die Vereinbarung eines Schiedsgerichts bei „größeren Bau- und Anlagenverträgen mit ausländischen Kunden anstelle der staatlichen Gerichte im Lande des Kunden nahezu unverzichtbar".[41]

Im Laufe der Zeit stellte es sich jedoch heraus, dass die Schiedsgerichts- **55**
verfahren, die nur eine Instanz für die Streiterledigung aufweisen, im Hinblick auf Kosten und Zeitaufwand im Vergleich zu staatlichen Gerichtsverfahren in der ersten Instanz durchaus ebenbürtig wurden und sind.[42]

Schiedsgerichte bestehen entweder aus einen Schiedsrichter oder aber **56**
aus drei Schiedsrichtern. Aus Kostengründen vereinbaren Parteien insbesondere von Lizenzverträgen Schiedsgerichte mit lediglich einem Schiedsrichter. Da die Entscheidung eines Schiedsgerichts in der Regel abschließend ist, sind die Parteien dann den Sach- und Rechtskenntnissen einer einzelnen Person ausgesetzt. Eine ausgewogenere Entscheidung ist daher in der Regel von drei Schiedsrichtern zu erwarten, wobei dann allerdings die Kosten erheblich höher sind.

Auf jeden Fall ist es sinnvoll, sich die einzelnen Schiedsordnungen **57**
(z.B. die Regelungen der ICC, LCIA, WIPO, DIS etc.) genau anzuschauen, da es auch wieder hier jeweils unterschiedliche Regelungen zu Verfahrensabläufen, Zeitdauer und Kosten etc. gibt, die jeweils gut abgewogen werden müssen.[43]

Bei der Schiedsgerichtsbarkeit wird zwischen bindender und nicht **58**
bindender Schiedsgerichtsbarkeit unterschieden. Sollte das Ergebnis des Schiedsgerichtsverfahrens für die Verfahrensparteien unverbindlich sein, steht es diesen Parteien offen, ob sie der Entscheidung des Schiedsgerichts zustimmen oder nicht zustimmen. Soll dagegen das Ergebnis des Schiedsgerichtsverfahrens für beide Parteien bindend sein, steht ihnen die v.g. Entscheidungsfreiheit nicht zu.[44]

Eine weitere Unterscheidung könnte bei Schiedsgerichten zwischen **59**
den freiwillig und zwangsweise folgenden Schiedsverfahren getroffen werden. Das bedeutet, dass die Parteien bei „freiwilliger" Einsetzung ei-

[41] *Greger/Stubbe* 6 ff. mwN.

[42] *Greger/Stubbe* wie vor und *Hobeck/Mahnken/Koebke* SchiedsVZ 2007, 225 ff., jeweils mwN.

[43] Siehe hierzu z.B. die Webseiten im Literaturverzeichnis (4.).

[44] Siehe z.B. *Schoen* 43 f. mwN.

nes Schiedsgerichts entscheiden „können", ob sie ein Schiedsverfahren einleiten oder nicht einleiten wollen. Haben die Parteien diese Entscheidungsmöglichkeit nicht, handelt es sich um ein „zwangsweise" einzuleitendes Schiedsverfahren. Es liegt also z.B. an der vertraglichen Gestaltung von Lizenzverträgen, ob die Parteien es sich noch offen halten, sich einem Schiedsgericht zu unterwerfen oder dies nicht zu tun.

60 Des Weiteren können die Parteien entscheiden, ob sie „ad hoc" ein Schiedsgericht nach eigenen Regeln oder nach den UNCITRAL-Regeln ein Schiedsgericht anrufen wollen oder ob sie ihre Streitigkeiten den Regeln einer institutionellen Schiedsgerichtsbarkeit unterwerfen wollen. Falls Letzteres dem Parteiwillen entspricht, sollten die Parteien entweder nur die „Musterklausel" der jeweiligen Institution in die jeweilige vertragliche Vereinbarung einfügen oder aber zumindest auf dieser entsprechenden Musterklausel der gewählten Institution aufbauen. Es kommt leider immer wieder vor, dass die Parteien bei der Gestaltung der Schiedsvereinbarung zu kreativ sind und dadurch schon Streitigkeiten über Umfang und Inhalt der Schiedsabrede verursacht werden. Diese Streitigkeiten können dann je nach Gestaltung entweder vor einem staatlichen oder aber einem Schiedsgericht ausgetragen werden, wobei dann der eigentliche Streitanlass wiederum je nach Fallgestaltung vor einem staatlichen Gericht, das gerade vermieden werden sollte, oder aber von einem Schiedsgericht behandelt wird, wenn der Streit über die Schiedsgerichtsklausel entschieden wurde.

61 Im Folgenden werden auch bei dieser der Streitentscheidung durch Dritte die Vor- und Nachteile von Schiedsgerichtsverfahren gegenüber gestellt:

(1) Vorteile

- 1 oder 3 Schiedsrichter
  (oft Rechtsanwälte/Richter) führen „neutrale" Entscheidung
  (Schiedsspruch = „Urteil") herbei
- Beginn des Verfahrens innerhalb weniger Tage/Wochen, nur eine Instanz
- geheimes Verfahren
- preiswert, da nur eine Instanz

(2) Nachteile

- Schiedsrichter oft keine technische/wirtschaftliche Kompetenz
  Juristen neigen zum „Streiten"
  Rechtsanwalt wird in DE zum Richter erzogen
  → „Befähigung zum Richteramt")
- wenn nur 1 Schiedsrichter, „willkürliche" Entscheidung der Richter ohne Einfluss der Parteien
- nur eine Instanz
- wenn streitwertabhängiges Verfahren, nicht unbedingt preiswerter als 1. Instanz bei einem staatlichen Gericht
- kann auch sehr lang dauern
- erhebliche Emotionen

4. Außergerichtliche Konfliktbeilegung

Es gibt letztlich zwei Arten der außergerichtlichen Konfliktbeilegungsverfahren. Es handelt sich dabei um die prozessorientierten Verfahren, z. B. in Form der Mediation und der Schlichtung und andererseits um die ergebnisorientierten Verfahren, wozu z. B. Schiedsgutachten, Sachverständigengutachten, Adjudication, Dispute Boards gehören. **62**

a) Schlichtung

Es wurde bereits erwähnt, dass es in Deutschland in großem Umfang bereits Schlichtungsstellen gibt. Insbesondere bei Tarifverhandlungen werden Schlichter eingesetzt. Immer wieder kommt es zwischen den Tarifpartnern insbesondere der großen, oft öffentlich strukturierten Unternehmen, die für den Transport von Personen und Gütern zuständig sind, zu Streitigkeiten. Die von den Tarifparteien benannten Schlichter oder der Schlichter arbeiten bzw. unterbreitet nach Anhörung der oder nach Diskussion mit den Parteien einen Einigungsvorschlag oder aber einen Schlichterspruch (aus), den die Parteien entweder akzeptieren oder nicht akzeptieren können. **63**

Vorteile der Schlichtung sind: **64**

- neutraler Dritter unterbreitet Lösungsvorschlag
- der Streit wird durch den neutralen Vorschlag örtlich, zeitlich und bzgl. der Kosten eingegrenzt.

Nachteile der Schlichtung sind: **65**

- streitende Parteien verlieren z. T. die Kontrolle über das Verfahren
- weniger Zugeständnisse beider Parteien, da der Einigungsvorschlag und/oder der Schlichterspruch als Kompromiss eher den Standpunkt jeder Partei trifft
- Gefahr der Passivität der Parteien, wenn nach einigen Schlichtungsverfahren der Schlichter anstatt der Parteien Lösungsvorschläge unterbreitet
- der Schlichter setzt sich bei einem Einigungsvorschlag oder einem Schlichterspruch bei sehr komplexen Sachverhalten schnell den Vorwurf der Befangenheit aus, wodurch eine Einigung der Tarifparteien zumindest schwierig wird.[45]

b) Mediation

„Mediatio“ bedeutet Vermittlung. **66**

Die Mediation ist nach Definition der WIPO „a non-binding procedure in which a neutral intermediary, the mediator, assists the parties in reaching a settlement of the dispute“. **67**

Schiffer[46] beschreibt den Begriff der Mediation wie folgt: **68**

---

[45] *Mannhart* 67 ff., *Greger/Stubbe* 26, jeweils mwN.
[46] *Schiffer* 241.

„Die Mediation wendet sich von den vergangenheitsbezogenen Anspruchsdenken ab und will den Parteien eine Plattform bieten, ausgehend von ihren Interessen ihren Konflikt selbst mit einem Blick nach vorne zu regeln."

69 *Heussen*[47] definiert die Mediation wie folgt:

„Parteien ... versuchen ... bei der Mediation unter Einschaltung eines Dritten ohne Entscheidungsgewalt ein für beide Seiten optimales Ergebnis zu schaffen.".

70 Es geht also letztlich bei der Mediation darum, den „Kuchen größer zu machen". Die Eingrenzung der Lösungsmöglichkeiten durch das Anrufen eines Gerichts bzw. die Entscheidung eines Richters wird bei der Mediation durch eine interessengerechte, kreative Gestaltung der Zukunft der Parteien ersetzt.

71 Wichtig ist auch, dass die Parteien selbst entscheiden können, wie sie den Konflikt zu einer interessengerechten Lösung führen. Gerade die Geschäftsleitung eines Unternehmens ist in der Regel mit einer derartigen Verfahrensführung und interessenorientierten Lösung eher zufriedenzustellen, als wenn ein Richter eine Entscheidung oktroyiert. Dies hat *Eidenmüller*[48] aufgrund eigener persönlicher Erfahrungen festgestellt.

72 Diese Feststellung kann aus der eigenen Praxis des Verfassers ebenfalls bestätigt werden. Der Verfasser hat in letzter Zeit bei mehreren Schiedsverfahren im Gewerblichen Rechtsschutz und Urheberrecht es festgestellt, dass gerade auch durch die Einbeziehung von Elementen anderer Konfliktbeilegungsverfahren (z.B. Mediation) das vom Verfasser bereits mehrfach angesprochene und befürwortete „offene Verhandeln" auch im Rahmen eines Schiedsverfahrens zu einer interessengerechten Lösung für beide Parteien geführt hat. Einige Schiedsverfahren „mutierten" (fast) zu „Mediationen".

73 Bei streitigen Verfahren kommt es sehr häufig dazu, dass die entscheidungsbefugten Personen aus den beteiligten Unternehmen durch interne und externe Juristen vertreten werden und damit nicht direkt über den Fortgang des Verfahrens informiert werden, dies zum Teil auch nicht wünschen, und somit die Kommunikation zwischen den internen Fachabteilungen und den externen Parteivertretern oft gar nicht oder nur sehr beschränkt stattfindet. Hinderlich ist zugleich auch die juristische Fachsprache. Auch in den Unternehmen – dies kann der Verfasser aus seiner eigenen mehr als 24-jährigen anwaltlichen Erfahrung bestätigen – werden die entsprechenden Fachabteilungen von den internen Juristen oft nur in geringem Umfang informiert. Diese Information erfolgt zudem noch in einer auch für die Entscheidungsträger schwer verständlichen „Fachsprache". Betriebswirte und Techniker sind oft nicht in der Lage, die Fachsprache der internen Juristen zu verstehen, geschweige denn,

---

[47] *Heussen* 855.

[48] *Eidenmüller* RIW 2002, 1 f.

diese rechtlichen Informationen wiederum ihren eigenen Vorständen mitzuteilen. Dies führt häufig auch zu weiteren Missverständnissen. Es kommt also maßgeblich darauf an, dass die internen Juristen die Ausführung der externen Parteivertreter verständlich und mit den damit verbundenen wirtschaftlichen Konsequenzen zu den entsprechenden Fachbereichen und Entscheidungsträgern transportierten. Wenn dagegen die Geschäftsleitung die Möglichkeit erhält, mit Hilfe interner und externer fachlicher Unterstützung auch über andere Konfliktbeilegungsmechanismen die Vor- und Nachteile der einzelnen Konfliktbeilegungsverfahren abzuwägen und schließlich über die Auswahl zu entscheiden und dann möglichst auch noch das ausgewählte Verfahren selbst zu begleiten, ist es erheblich leichter, eine interessengerechte Lösung unter Beachtung zukünftiger wirtschaftlicher Interessen und anderer Aspekte herbeizuführen. Das Ergebnis des Konflikts wird dann von der Geschäftsleitung mit herbeigeführt und kann daher auch schneller akzeptiert werden. Es lassen sich auf diesem Weg auch erhebliche externe Beratungskosten vermeiden. Führungskräfte in Unternehmen müssen beachten, dass Patent- und Rechtsanwälte ein sehr hohes Interesse daran haben, hohe Streitwerte oder aber eine große Anzahl von abrechenbaren Stunden zu generieren. Hieran wird auch die ab 1. 7. 2008 für Anwälte mögliche „Erfolgsbeteiligung", die nur unter sehr eingegrenzten Bedingungen möglich ist, nicht unbedingt etwas ändern. Die Anwälte jedoch, die sich mit derartigen Konfliktbeilegungsmöglichkeiten beschäftigen und damit das Beratungsspektrum erweitern können, dürften hiervon in erheblichem Umfang profitieren. Es darf hier noch einmal auf die Eingangsbemerkung verwiesen werden, wonach bei einer Veranstaltung der WIPO, die Referenten aus der Industrie nachdrücklich darauf hingewiesen haben, dass in der Zukunft von bestimmten Unternehmen nur noch die Kanzleien mandantiert werden, die das gesamte Spektrum der Konfliktbeilegungsmöglichkeiten erklären und insoweit beraten können und deren Mediation von anderen Streitbeilegungsmöglichkeiten der Vorrang bei diesen Unternehmen eingeräumt wird.

Bei Streitigkeiten im IP- und IT-Bereich kommt es oft nicht nur auf die **74** rechtlichen und finanziellen Beweggründe für die jeweilige Streitigkeit an. Oft geht es auch um sehr diffizile technische Fragestellungen. Es könnte sich daher gerade bei patentrechtlichen Streitigkeiten anbieten, einen Mediator zu nehmen, der als beruflichen Hintergrund die Patentanwaltsausbildung aufweist und somit den Parteien bei technischen Fragen, soweit sie sein Fachgebiet betreffen, als „Mittler" zur Verfügung stehen könnte. Dies gilt umso mehr, als ein Patentanwalt auch in einem speziellen Umfang (Patent-)rechtliche Kenntnisse aufweist, die ihn befähigen, den Parteien bei der Suche nach einer interessengerechten Lösung zu helfen.

Das Mediationsverfahren unterliegt wie ein Schiedsverfahren der Ge- **75** heimhaltung. Dies erleichtert die Auswahl der Mediation als Konfliktbeilegungsverfahren und hilft gerade auch den beteiligten Personen, die zur Geschäftsleitung gehören, sich an dem Verfahren zu beteiligen und eine Entscheidung zu erarbeiten und zu treffen. Der Verfasser kann gerade aus der jüngeren Vergangenheit heraus auf verschiedene Streitigkeiten zurückblicken, in denen die Parteien vom Verfasser gebeten wurden, bereits zu der ersten gemeinsamen Sitzung der Parteien einen Vertreter des Vorstands bzw. der Geschäftsleitung zum Termin mitzubringen, um zu gewährleisten, dass unter Ausschluss der Öffentlichkeit bei entsprechendem Ablauf der Gespräche diese leitenden Personen unmittelbar an der Entscheidungsfindung beteiligt werden und bei möglicher Einigung der Parteien die gemeinsame Entscheidung gleich mit formulieren können. Dies führte in den Verfahren des Verfassers in den letzten 5 Jahren dazu, dass die Verfahren, bis auf eine Ausnahme, bereits in der ersten mündlichen Verhandlung bzw. Sitzung mit einem Vergleich jeweils beendet wurden und – falls es sich um einen finanziellen Ausgleich handelte – ohne gerichtliche Vollstreckung gezahlt wurde und die Vergleiche bis zur Erstellung dieses Werks (Herbst 2008) „gehalten" haben.

76 Ein sehr wichtiges Kriterium für die Auswahl der Mediation im Vergleich zu Schieds- oder staatlichen Gerichtsverfahren ist insbesondere auch die Frage der Verfahrenskosten. Die Verfahrenskosten könnten aus der Praxiserfahrung des Verfassers heraus maßgeblich gesenkt werden. In der Regel gibt es bei Anwendung alternativer Konfliktbeilegungsverfahren geringere externe und interne Kosten. Dies führt bei den beteiligten Parteien in der Regel zu einer erhöhten Akzeptanz schon bei der Verfahrensauswahl und im Rahmen des dann angefangenen Verfahrens bei der Entscheidungsfindung. Es wurde bei den einleitenden Worten ebenfalls bereits erwähnt, dass Unternehmen daran interessiert sind, Streitigkeiten preiswert und schnell zu beenden. Die Aufnahme neuer oder die Beibehaltung bestehender Geschäftsbeziehung spielt hierbei keine überragende Rolle. Wenn dann das Verfahren auch noch vertraulich behandelt werden kann, führt dies ebenfalls zu einer Kostenreduzierung insoweit, als das Unternehmen sich nicht mit Hilfe teurer Pressekampagnen für bestimmte Streitigkeiten „rechtfertigen" muss. Mann könnte sogar soweit gehen und die Behauptung aufstellen, dass durch das Nichtöffentlichwerden des Streits das Ansehen der beteiligten Unternehmen im Markt nicht leidet und insofern die Wertigkeit bei den Unternehmen nicht geschmälert wird wie das bei einem staatlichen Gerichtsverfahren der Fall wäre, wenn der Streit in die Öffentlichkeit gelangt und zudem dann, wenn es einen „Verlierer" gibt, der Wert dieses Unternehmens nicht nur in der Öffentlichkeitswahrnehmung abnimmt, sondern auch bei börsennotierten Unternehmen der Marktwert sinkt. Dies ist insbesondere auch bei großen Patentverletzungsverfahren schon häufiger beobachtet worden. Wenn ein Patentstreit erfolgreich durchgeführt wurde, sinken die Reputation und der Aktienkurs des „Verlierers". Gleichzeitig steigt der Aktienkurs der „obsiegenden" Partei.

Spezifische Anlässe für immer häufigere Mediationsverfahren bei IP- und IT-Streitigkeiten sind **77**

- extrem hohe Prozesskosten in den USA,
- generell nicht einheitliche Rechtssysteme und insbesondere keine einheitlichen „Patentsysteme" insbesondere in den USA, Japan und der EU.
- Darüber hinaus besteht auch ein steigendes Interesse, auch gegen Know-how-Verletzungen vorzugehen.

Des Weiteren wird auch immer mehr Forschung und Entwicklung, um **78** innovative Produkte schneller und generell in den Verkehr zu bringen, durchgeführt. Vermehrt Streitigkeiten gibt es in diesem Zusammenhang auch deshalb, weil immer mehr Forschung und Entwicklung ausgelagert wird. Dies betrifft nicht nur die Auslagerung auf Zulieferer, sondern auch auf Forschungsinstitute. Darüber hinaus erfahren der Gewerbliche Rechtsschutz und das Urheberrecht eine höhere Wertschätzung durch viel häufigere Ein- und Auslizenzierung. Auch bei Unternehmensausgründungen und -fusionen spielt der Gewerbliche Rechtsschutz eine immer größere Rolle. Dies bezieht sich insbesondere auf die Bewertung der Gewerblichen Schutzrechte und Urheberrechte.

Kleine und mittlere Unternehmen haben in der Regel aus Kosten- und **79** Geheimhaltungsgründen – wie schon erwähnt – kein Interesse an der Anmeldung, Aufrechterhaltung, Verteidigung und Durchsetzung von gewerblichen Schutzrechten und Urheberrechten. Insofern wird um das eigene Know-how auch intensiver gekämpft und gestritten.

Eine Spielart der Mediation ist die Co-Mediation, bei der zwei Mediato- **80** ren im Auftrag der Parteien tätig werden. Bei IP-Streitigkeiten bietet sich eine Co-Mediation z.B. dann an, wenn ein technischer Sachverständiger oder aber ein Patentanwalt nötig ist, um entweder die technischen oder patentrechtlichen Fragen zu klären. Generell sinnvoll wäre in diesem Zusammenhang das Tätigwerden eines Rechtsanwalts als ein Mediator und die zusätzliche Einbindung eines technischen Sachverständigen.

c) Weitere ergebnisorientierte Verfahren

Greger/Stubbe[49] führen neben den Schiedsgutachten, die Schlichtung, **81** Dispute Board und Adjudication und beispielhaft für die USA die Neutral Evaluation, Early Neutral Evaluation (ENE), Rent a Judge, Non binding arbitration, Expert Determination, Expert Opinion sowie Mini Trial auf. Im Folgenden sollen nur einige dieser Formen beispielhaft erläutert werden. All diesen genannten Verfahren ist nach Auffassung der wohl herrschenden Meinung in der Literatur gemeinsam, dass es bei jeder dieser Formen erhebliche Probleme gibt, jede Verfahrensform gegenüber den anderen Verfahrensformen abzugrenzen. Dies liegt wohl einmal daran, dass je Verfahrenstyp keine einheitlichen Begriffsdefinitionen bestehen, viel-

[49] 26ff.

mehr je nach Anwender letztlich diese Formen mehr oder weniger „definiert“ wird. Es gibt keine gesetzlichen Vorgaben, so dass von „unbestimmten Rechtsbegriffen“ ausgegangen werden kann. Ein weiterer Grund ist darin zu finden, dass weltweit in den letzten Jahren mehr oder weniger willkürlich einzelne Verfahrensarten genutzt und gleichzeitig miteinander verknüpft werden. Dies liegt wohl daran, dass die Anwender bestrebt sind, nur die Vorteile der einzelnen Verfahrensarten miteinander zu verweben, um im jeweiligen Einzelfall die „optimale“ Form der Streitbeilegung anzuwenden oder erst während des Verfahrens zu finden.[50]

aa) Schiedsgutachten

82 Im Hinblick auf Schiedsgutachten sei insbesondere auch auf die Abhandlung von *Greger/Stubbe*[51] beispielhaft verwiesen.

83 *Greger/Stubbe*[52] zeigen beispielhaft an der Konfliktbeilegungsform des Schiedsgutachtens, dass jede dieser Streitbeilegungsformen rechtlich nicht klar definiert ist.

84 *Greger/Stubbe*[53] schaffen es aus Sicht des Verfassers, diesen Missstand bzgl. des Schiedsgutachtens zu beseitigen. Sie favorisieren eine Dreiteilung bei der rechtlichen Behandlung des Schiedsgutachtens und stellen auf die Wirkung dieser Gutachten bei dieser Dreiteilung ab:
- Schiedsgutachten mit gestaltender Wirkung
- Schiedsgutachten mit Feststellungswirkung und
- Schiedsgutachten mit beschränkter Bindungswirkung.

85 Bei Schiedsgutachten mit rechtsgestaltender Wirkung vereinbaren die Parteien, die das Schiedsgutachten in Auftrag geben, dass eine vertragliche Lücke (z.B. lässt der Vertrag es offen, in welchem Umfang die eine Partei bei der Erstellung einer industriellen Anlage Pflichten erfüllen muss) durch das Schiedsgutachten geschlossen wird. Der Schiedsgutachter soll also festlegen, in welchem Umfang in dem Beispielsfall die Pflichten erfüllt werden müssen. Eine rechtsgestaltende Wirkung kann auch dann angenommen werden, wenn durch das Schiedsgutachten der streitige Vertrag „an veränderte Umstände angepasst werden soll“.

86 Beim Gutachten mit Feststellungswirkung soll dagegen keine Vertragslücke oder keine Vertragsanpassung erfolgen, sondern den Parteien dabei helfen, dass der Sachverhalt in einem bestimmten den Parteien vorgegebenen Umfang in tatsächlicher und/oder rechtlicher Form festgestellt wird. Hier geht es z.B. um den Umfang oder das Bestehen von Mitwirkungspflichten oder das Feststellen eines Produktmangels oder die Feststellung finanzieller Leistungspflichten.[54]

---

[50] Wie vor, 26 ff.
[51] 1 ff.
[52] 35 ff.
[53] 35 ff.
[54] *Greger/Stubbe* 48 ff.

Schließlich werden Gutachten mit beschränkter Bindungswirkung erläutert. In diesem Fall soll eine Streitigkeit „durch das Schiedsgutachten beendet werden". Die Möglichkeit der Überprüfung des Ergebnisses dieses Gutachtens wird in der Regel, aber nicht immer ausgeschlossen. **87**

bb) Adjudication

Unter Adjudication versteht man die vorläufig bindende Entscheidung eines Sachverständigen oder mehrerer Sachverständigen, die von den streitenden Parteien beauftragt wurden. In Großbritannien gibt es dies Verfahren aufgrund eines Gesetzes seit 1998 für Baustreitigkeiten.[55] **88**

cc) Dispute Boards

Dispute Boards sind begrifflich dann gegeben, wenn die Parteien ein oder drei oder ggfls. noch mehr unabhängige Dritte beauftragen, den Parteien bei der Konfliktbeilegung durch bindende oder vorläufig bindende Entscheidung oder aber nicht bindende Empfehlungen zur Seite zu stehen.[56] **89**

dd) Neutral Evaluation und Early Neutral Evaluation/Mini-Trial, Final, Offer Arbitration, Mediation/Arbitration

Diese ganzen Verfahrensarten, deren genaue Definition nicht einheitlich[57] ist, sind letztlich Verfahren, die Teile der bisher beschriebenen Verfahren kombinieren. **90**

Die Neutral Evaluation und die Early Neutral Evaluation bezeichnen Verfahren, bei denen ein unabhängiger Dritter zu Beginn eines Verfahrens oder im Laufe des Verfahrens von den Parteien bzw. deren Anwälten eine Zusammenfassung des streitigen Falls erhält. Deren Dritte soll die Vor- und Nachteile der Standpunkte der Parteien begutachten, wobei die Gefahr besteht, dass die Aussagen des Dritten für den weiteren Verlauf des Verfahrens zumindest sehr stark mit prägend sind. Andererseits findet eine Versachlichung der Streitigkeit und eine Effizienzsteigerung und letztlich daher eine De-Eskalierung statt.[58] **91**

Sander[59] beschreibt, dass Mini-Trial 1976 im Rahmen einer Streitigkeit, die eine Patent- und Markenverletzung betraf, entstand. Dieses Verfahren wurde jahrelang im Bundesgericht in Los Angeles ohne erkennbaren Erfolg unter Einsatz hoher Anwaltskosten behandelt. Die Anwälte fassten den Entschluss, eine unkonventionelle Lösung zur Beilegung der Streitigkeiten anzugehen. Es wurde von den Anwälten ein pensionierter Richter beauftragt, unter Leitung dieses Richters einen Informationsaus- **92**

---

[55] *Mannhart* 86 Fn. 427 und *Greger/Stubbe* 13 f., jeweils mwN.
[56] Siehe z. B. *Greger/Stubbe*, 14 f. mwN.
[57] *Greger/Stubbe* 27.
[58] *Birner* 128 f.
[59] *Gottwald/Strempel* 22, 35.

tausch zwischen den Parteien herbeizuführen. Es wurde ein Verfahren festgelegt, wonach der Kläger einen halben bis zu einem ganzen Tag die wesentlichen Aspekte seiner Position mit Hilfe seines Anwalts oder aufgrund von Unterlagen oder unter Einsatz eines wichtigen Zeugen erklären konnte. Im Anschluss an die Ausführungen des klägerischen Anwalts konnte der Beklagtenanwalt den Kläger zu dessen offenkundigen Argumentationsschwachstellen befragen. Im Anschluss an diese Befragung konnte dann der Beklagte seinerseits die für ihn wichtigen Punkte vortragen. Wichtig war bei diesem Verfahren, dass leitende Angestellte des Klägers und des Beklagten an der Verhandlung teilnehmen und bevollmächtigt waren, einen Vergleich abzuschließen. Dieser Vergleich musste nicht in der rechtlichen Fachsprache zum Ausdruck kommen. Wichtiger war es, „die Schwierigkeiten, die sich in der Beziehung zwischen den Parteien ergeben hatten, auszubügeln". In dem genannten Fall wurde von den beiden leitenden Angestellten die beiderseitig akzeptable Geschäftslösung innerhalb eines Zeitraums von weniger als einer Stunde erzielt. Der „Mini-Prozess" muss nicht bereits vor einem Gericht als Lösungsversuch eingesetzt werden. Auch bei sich anbahnenden Streitigkeiten kann dieses Verfahren zum Tragen kommen. Das Verfahren kann flexibel auf die Bedürfnisse des jeweiligen Falls zugeschnitten werden.[60]

93 Final-Offer-Arbitration wird seit 1966 als Konfliktbeilegungsverfahren in dem Fall eingesetzt, wenn es zwischen den Parteien nur noch darum geht, eine bestimmte Höhe des Geldbetrags festzulegen. Beide Parteien geben ihr letztes Angebot (Final Offer), und zwar ohne Kenntnis nur gegenüber dem Schiedsrichter oder auch für die andere Partei einsichtig ab. Der Schiedsrichter entscheidet dann, welches Angebot seiner Meinung nach „gerecht" ist und erklärt dieses Angebot für verbindlich.[61] Die Final-Offer-Arbitration beinhaltet zwar – dies kann als Vorteil angesehen werden –, dass die „typische Basarsituation"[62] vermieden wird. Andererseits kann z.B. bei fehlender ausreichender vorheriger Erörterung der Positionen und Interessen der Parteien die Gefahr bestehen, dass die Entscheidung des Schiedsrichters für ein Angebot nicht die Vorstellung der anderen Partei trifft. Einschlägige Untersuchungen ergaben, dass die streitenden Parteien von der Fehleinschätzung getrieben werden, dass der Schiedsrichter „ihr" Angebot als das verbindliche Angebot auswählen wird.[63] Auch für den Schiedsrichter kann sich eine missliche Situation ergeben, wenn die beiden letzten Angebote der Parteien soweit auseinander liegen, dass „das Verlustrisiko des Einzelnen inakzeptabel hoch ist",[64] gleichzeitig aber der Schiedsrichter nur noch die Auswahl zwischen diesen beiden Angeboten hat und keine vermittelnde Lösung

---

60 *Gottwald/Strempel* 22, 35.
61 *Mannhart* 86 ff.
62 *Mannhart* 87.
63 *Mannhart* 87.
64 *Mannhart* 87.

mehr vorschlagen kann. *Mannhart*[65] geht zu Recht davon aus, dass gerade auch im Hinblick auf das Beispiel eines Patentlizenzvertrages die Final-Offer-Arbitration derart dazu führen kann, dass während des streitigen Verfahrens bereits eine Lösung erkennbar wird, gleichwohl die Parteien dazu verleitet werden, ein Angebot abzugeben, das nicht „fair" ist, sondern den Vorstellungen des Schiedsrichters entspricht. Dies dürfte nicht gerade zu einer positiven Grundstimmung der Parteien und damit auch nicht zu einer positiven Umsetzung des Patentlizenzvertrags führen. Der Schiedsrichter wird aufgrund seiner Bindung an die Angebote der Parteien sich relativ schnell auch Befangenheitsvorwürfen der Parteien aussetzen.[66]

In Lizenzverträgen über Patente, Software, Urheberrechte und techni- **94**
sches Know-how kommt es in den letzten Jahren immer häufiger zu Streitbeilegungsklauseln, die eine Mischung aus Mediation und Schiedsgerichtsverfahren beinhalten. Diese Entwicklung besteht aufgrund eigener Erfahrungen des Verfassers mit derartigen Verträgen seit etwa dem Jahr 2005. Wie schon häufiger erwähnt, ist es gerade bei Lizenzverträgen und auch bei Forschungs- und Entwicklungsverträgen, die über einen längeren Zeitraum gehen, extrem wichtig, dass aufgrund der finanziellen und technischen Unwegbarkeiten, die über einen langen Zeitraum bestehen und/oder sich entwickeln können, schnelle Lösungen bei Streitigkeiten gefunden und die Kosten niedrig gehalten werden. Es empfiehlt sich, für die Mediation einen relativ kurzen Zeitraum festzulegen, damit dem Risiko entgegen gesteuert wird, dass eine Partei versucht, durch das Mediationsverfahren Zeit zu gewinnen, um beispielsweise „Munition" für das anschließende Schiedsverfahren zu sammeln. Es bietet sich hier ein Zeitraum von ca. 30 bis höchstens 90 Kalendertagen an. Durch eine kürzere Frist wird der Druck auf die Parteien erhöht, sich zu einigen. Der Mediator sollte auch nicht in einem sich anschließenden Verfahren als Schiedsrichter tätig werden, da andernfalls die Gefahr besteht, dass der Schiedsrichter aufgrund seiner im Mediationsverfahren gewonnenen Erkenntnisse sich selbst für Befangen erklären muss oder aber von einer oder beiden Parteien für befangen erklärt wird. Ein im Falle der Nichteinigung der Parteien im Mediationsverfahrensteil sich anschließendes Schiedsverfahren sollte auch zeitlich befristet werden. Es bieten sich daher Regelungen einschlägiger Organisationen (z. B. DIS, WIPO; diese Regelungen sind im Anhang abgedruckt) an, um auch die dann abschließende Entscheidung des Schiedsgerichts mit einem oder drei Schiedsrichtern (bei der beschleunigten Schiedsgerichtsbarkeit nur mit einem Schiedsrichter) innerhalb eines überschaubaren Zeitraums abzuschließen.

Wenn also z. B. in einem auf 30 Kalendertage befristeten Mediations- **95**
verfahren keine Einigung der Parteien sich erzielen lässt, wird auf Antrag

---

[65] *Mannhart* 87.
[66] *Mannhart* 88.

einer Partei ein Schiedsverfahren mit nur einem Schiedsrichter beim beschleunigten Schiedsverfahren durchgeführt. Dieser Antrag auf Durchführung eines Schiedsverfahrens ist verbunden mit einer entsprechenden Klageschrift. Innerhalb von z.B. 20 Tagen nach Empfang der v.g. Erklärung der einen Partei müssen der Antrag und die Klageschrift von der anderen Partei beantwortet und gleichzeitig die Klageerwiderung beigefügt werden. Mit Zustellung der Antwort und der Klageerwiderungsschrift beginnt eine Frist von 30 Kalendertagen, innerhalb der nur ein Schiedsrichter entweder einvernehmlich von den Parteien oder aber durch die Schiedsgerichtsorganisation bestellt wird. Wenn innerhalb dieser 30-Tage-Frist die Klageerwiderung vom Kläger empfangen wird, läuft ab Empfangsdatum eine weitere Frist von 20 Kalendertagen zur Beantwortung der Klageerwiderung. Unabhängig davon findet innerhalb der 30-Tage-Frist, die ab Empfang der Klageschrift beginnt, eine mündliche Verhandlung statt, die innerhalb dieses Zeitraums vom Einzelschiedsrichter für ein bestimmtes Datum bei einem bestimmten Ort festgesetzt wird. Innerhalb von 3 Monaten nach dem Empfang der Klageerwiderungsschrift oder nach der Benennung des Einzelschiedsrichters wird das Verfahren geschlossen. Innerhalb eines weiteren Monats nach Schließung des Verfahrens erlässt der Einzelschiedsrichter dann seine Entscheidung. Im beschleunigten Schiedsverfahren sind die Kosten bis zu einem Streitwert von z.B. 10 Mio. US $ begrenzt.

96 Denkbar ist auch noch eine andere Reihenfolge dieses gemischten Verfahrenstyps. Der „neutrale Dritte" trifft in einem Schiedsverfahren eine Entscheidung. Diese Entscheidung wird in einem verschlossenen Umschlag verwahrt und den Parteien zur Verfügung gestellt. In einem sich anschließenden Mediationsverfahren agiert der „Schiedsrichter" als „Mediator". Da die Parteien aufgrund des verschlossenen Umschlags die Entscheidung des „Schiedsrichters" nicht kennen, können sie daraus auch keinen Vorteil für das sich anschließende Mediationsverfahren verschaffen. Gleichzeitig behält der ehemalige „Schiedsrichter" seine „Neutralität", da er sich bereits auf eine Entscheidung festgelegt hat und seine Entscheidung daher nicht mehr durch die folgenden Parteivorbringen im Mediationsverfahren beeinflusst werden kann, zumindest dieses Risiko sehr stark reduziert wird.[67]

97 In beiden Varianten sollte von den streitenden Parteien genau überlegt werden, ob sie entgegen den v.g. Äußerungen dieselbe Person als Schiedsrichter und Mediatior oder zunächst als Mediator und dann als Schiedsrichter nehmen wollen.

Sehr kritisch kann es bei gemischten Mediations-/Schiedsgerichtsverfahren auch gerade dann werden, wenn z.B. zunächst ein Schiedsverfahren begonnen wurde und während des Schiedsverfahrens dann der oder die Schiedsrichter als Mediator tätig werden.

---

[67] *Birner* 132 f.

Beispielhaft ist in jederlei Hinsicht der „IBM-FUJITSU-Fall".[68] IBM warf Ende der 70er Jahre des letzten Jahrhunderts Fujitsu vor, dass deren bestimmtes Betriebssystem die Urheberrechte der IBM verletzen würde. Im Jahr 1983 einigten sich die beiden Parteien. Fujitsu zahlte an IBM eine einmalige Summe und sich anschließende halbjährliche Lizenzgebühren. Im Gegenzug verzichtete IBM auf die Geltendmachung seiner Urheberrechte und erteilte Fujitsu die Erlaubnis eine bestimmte Anzahl definierter Software-Programme zu nutzen. Diese Vereinbarung wurde von zusätzlichen Vereinbarungen begleitet. Da die im Jahr 1983 getroffene Vereinbarung nicht präzise genug war, und folgende Verhandlungsversuche scheiterten, beantragte IBM 1986 die Durchführung eines in dem Vertrag aus dem Jahre 1983 für den Fall von Streitigkeiten vereinbarten Schiedsgerichtsverfahrens. IBM und Fujisu wendeten alle erdenklichen Formen der Streitbeilegung an. Dazu gehörte u. a. „Mini-Trial". Die Prozessanwälte und Experten beider Parteien offenbarten diesen die jeweiligen Ansichten beider Parteien, wobei ein hochrangiges Mitglied der Geschäftsleitung jeder Partei anwesend war. Da das Mini-Trial keinen Erfolg hatte, wurde vereinbart, dass die von beiden Parteien benannten Schiedsrichter als Mediatoren die beiden wesentliche Punkte der sofern, dass diese Mediatoren, die vorher Schiedsrichter waren, sowohl Erfahrungen im Zusammenhang mit Computertechnologie und gleichzeitig mit Streitschlichtung aufwiesen. Die Mediatoren wandten alle denkbaren Mediationstechniken an. Hierzu gehörten auch getrennte Gespräche der Mediatoren mit jeder Partei. Um nicht für befangen erklärt zu werden, führten die Mediatoren diese getrennten Gespräche mit den Parteien immer nur als Mediatorenteam und nie allein. 1987 kam es dann zu einer Einigung bzgl. der grundlegenden Streitpunkte. Einzelheiten der den Streit beendenden Einigung wurden dem Schiedsgericht überlassen. Der Vorsitzende des Schiedsgerichts zog sich im Mai 1987 aus dem Schiedsgericht zurück. Gleichwohl entschieden die Parteien, dass die verbleibenden zwei der von den Parteien ernannten Schiedsrichter weiterhin tätig werden sollten. Nur bei Uneinigkeit dieser beiden verbleibenden Schiedsrichter sollten diese berechtigt sein, unverzüglich einen dritten Schiedsrichter zu engagieren, um „den Knoten durchzuschlagen". Außerdem wurden die Schiedsrichter für einen Zeitraum von 15 Jahren verpflichtet, um als ständiges Streitschlichtungsgremium die Umsetzung des Inhalts der Einigung zu begleiten und bei Bedarf neue Streitigkeiten zu schlichten. Die beiden Schiedsrichter entschieden sich dafür, zunächst Regelungen für die zukünftige Umsetzung der Vereinbarung festzulegen und sich dann erst den einzelnen Inhalten der Vereinbarung zu widmen. Obwohl dann diese Regelungen im September 1987 zur Zufriedenheit beider Parteien festgelegt wurden, konnte die genaue Festlegung des vereinbarten und überwachten Austausches von Informa- **98**

[68] *Kirchhoff/Scherer* 255 ff.; *Anita Stork* The use of arbitration in Copyright Disputes: IBM v. FUJITSU, ohne Fundstelle.

tionen und der Festlegung der jährlichen Lizenzgebühren nur durch eine weitere Einschaltung der beiden Schiedsrichter erreicht werden. Ständig verhandelten Teams technischer Experten beider Parteien auf der Basis der von den Schiedsrichtern festgelegten Richtlinien und versuchten einzelne Streitpunkte zu bestimmen. Ungelöste Streitpunkte wurden dann wieder den beiden Schiedsrichtern zur gezielten Teilentscheidung vorgelegt, um dann aufgrund weiterer neuer Entscheidungen und „guidelines" wieder zu verhandeln. Die beiden Schiedsrichter mussten dann letztlich nur noch eine kleinere Anzahl von streitigen Punkten entscheiden. Bevor die Schiedsrichter den Betrag für die nach oben begrenzten Lizenzgebühren festlegten, wurden beide Parteien gebeten, die Grundlagen für die Berechnung der einmaligen Lizenzgebühr festzulegen. Im Anschluss daran wurde die Anzahl der von Fujisu zu nutzenden Software-Programme in einer mündlichen Verhandlung, die 7 Tage dauerte, diskutiert und bestimmt. Die Schiedsrichter präsentierten zum Abschluss dieser mündlichen Verhandlung auch keine Entscheidung, sondern überließen diese letztlich wieder den Parteien. Am 7. Tag der mündlichen Verhandlung legten die Schiedsrichter lediglich grundlegende Regelungen zur Bestimmung der einmaligen Lizenzgebühr vor und baten dann die Parteien, selbst ein Berechnungsmodell in der Weise zu erarbeiten, dass die Schiedsrichter dann auf der Basis dieses Modells die Lizenzgebühren wiederum auf der Basis der von den Schiedsrichtern genannten Faktoren errechnen konnten. Die von den Parteien erarbeiteten Berechnungsmodelle wurden dann mit den Schiedsrichtern diskutiert. Die Parteien hatten die Möglichkeit, ihre Berechnungsmodelle noch zu verändern. Im Anschluss daran verglichen die beiden Schiedsrichter die beiden Modelle der Parteien mit denen der von den Schiedsrichtern in den Richtlinien der festgelegten Werte und trafen letztlich ihre Entscheidung. Die Parteien schöpften den Zeitraum von 15 Jahren, den sie 1987 für die Überwachung der vereinbarten Regelungen durch die Schiedsrichter festgelegt hatten, nicht aus, sondern entschlossen sich bereits 1997, also 10 Jahre später, die Vereinbarung den Schiedsrichtern aufzugeben, da diese nicht mehr benötigt wurden.

99 Dieser außergewöhnliche Fall zeigt beispielhaft an einem Praxisfall den extremen Hintergrund für eine Streitschlichtung:
- zwei unterschiedliche Rechtssysteme; ein Rechtsgebiet, was nicht nur vor mehr als 35 Jahren, sondern auch heute noch von vielen Lücken geprägt ist („Softwareurheberrecht"),
- Schiedsrichter mussten Basisregeln für die Zusammenarbeit erstellen und gleichzeitig das für die Parteien für einen bestimmten Zeitraum anwendbare „Software- (Urheber)Recht" vorgeben.[69]

100 Sehr bemerkenswert ist auch das von den beiden Schiedsrichtern angewandte Verfahren oder besser gesagt, die angewandten Verfahren zur

---

[69] *Kirchhoff/Scherer* 258.

Streitschlichtung. Die Schiedsrichter wandten einen Großteil der Streitschlichtungsmöglichkeiten an:
- strukturierte Verhandlungen,
- Mini-Trial – Mediation – Final-Offer-Arbitration,
- durch die Schiedsrichter erleichtertes Verhandeln von zu schaffenden Rahmenregelungen für eine Zusammenarbeit,
- die Überwachung der Erfüllung dieser Regeln durch neutrale Sachverständige,
- fortlaufende Streitschlichtung durch ein ständiges Gremium von 2 Schiedsrichtern mit der Möglichkeit, einen dritten Schiedsrichter ad hoc einzubeziehen,
- während der gesamten Streitdauer (ca. 12 Jahre), bestand eine sehr komplexe Beziehung zwischen dem Verhandeln und Adjudication,
- der Durchbruch der Verhandlungen dadurch, dass 2 der 3 Schiedsrichter die Möglichkeit hatten, sich zeitweise als Mediatoren zu betätigen und so die Vereinbarung ermöglichten, die für alle folgenden Festlegungen die Basis bildeten:
  - Die Entscheidung, alle Streitigkeiten mit Bezug zu den bestehenden Software-Programmen durch Zahlung einer einmaligen Lizenzgebühr zu beenden
  - und die Entscheidung, ein „sicheres System" für den kontrollierten Austausch zukünftiger Software-Daten zu schaffen.

Diese zwei Schlüsselelemente der endgültigen Lösung konnten die **101**
Schiedsrichter den Parteien nicht verbindlich auferlegen bzw. wurden nicht auferlegt. Erst als zu einem späteren Zeitpunkt die Einzelheiten dieser beiden Schlüsselelemente ausgearbeitet wurden, gab es ein rotierendes Verfahren, das wie ein Pendel zwischen Verhandeln und Adjudication hin und her schlug. Schrittweise wurden durch Verhandlungsrunden, die sich mit „Orientierungshilfen" der Schiedsrichter und der Adjudication von eingegrenzten Themen abwechselten, die streitigen Inhalte durch die Parteien eingegrenzt, bis schließlich nur noch die essenziellen Daten und Zahlen übrig blieben, die dann die Grundlage für die Entscheidung der beiden Schiedsrichter waren.[70]

Die Schiedsrichter schafften es in diesem beispielhaften Fall, unter der **102**
Berücksichtigung der eigentlichen Interessen der Parteien ein rechtlich orientiertes (Schieds-)Verfahren in ein interessenorientiertes und in die Zukunft gerichtetes Streitschlichtungsverfahren umzuwandeln. Die endgültige Lösung enthielt in hohem Maße von den Parteien einvernehmlich bewertete und entschiedene Bestandteile und schuf letztlich die Basis für einen zum Nutzen beider Parteien einvernehmlich geregelten Technologietransfer. *Kirchhoff* und *Scherer*[71] zitieren insoweit einen hochrangigen Berater einer der Parteien, der letztlich darauf abstellt, dass der Er-

[70] *Kirchhoff/Scherer* 258.
[71] 259.

folg in diesem Beispielsfall letztlich von den folgenden Faktoren geprägt war:

- Die Persönlichkeit der Schiedsrichter, die die seltene Gabe hatten, in dem beschriebenen Umfang tätig zu werden,
- einen starken Charakter der Schiedsrichter und
- das absolute Vertrauen beider Parteien.

103 Der Verfasser, der selbst seit mehr als 20 Jahren als In-House-Counsel und auch als Rechtsanwalt tätig ist, kann diese Merkmale uneingeschränkt bejahen. Aufgrund der Begleitung von Schieds- und Mediationsverfahren insbesondere im Gewerblichen Rechtsschutz und Urheberrecht und aufgrund der eigenen Tätigkeit in diesem Bereich als Schiedsrichter, Mediator und Schiedsgutachter seit 1993 kann nur nachdrücklich dazu geraten werden, aus diesem Grund sich sehr viel Zeit bei der Auswahl des „neutralen Dritten" zu nehmen. Auf die Gesichtspunkte bei der Auswahl des „neutralen Dritten" wird noch in einem späteren Kapitel näher eingegangen.[72]

104 Aus der Sicht eines „neutralen Dritten" und insbesondere aus eigener Erfahrung kann gesagt werden, dass letztlich erst aufgrund einer Spezialisierung in einem bestimmten technischen und/oder rechtlichen Bereich gekoppelt mit einer sehr hohen Bereitschaft zur eigenen Zurückhaltung (zuhören können!), dem Beherrschen und der situationsabhängigen Anwendung der oder Teilen der einzelnen Streitbeilegungsverfahren, einer erheblichen Verhandlungserfahrung insbesondere auch mit ausländischen Verhandlungspartnern verschiedener Länder und nicht zuletzt einer gehörigen Portion „Menschenkenntnis" es ermöglicht wird, zumindest die Basis für einen Konsens der streitenden Parteien zu schaffen. Nicht zuletzt sei darauf verwiesen, dass diese Art der „Streitbeilegung" für alle Beteiligten extrem anstrengend ist und daher unbedingt darauf geachtet werden muss, dass derartige Gespräche – dies wird noch einmal an anderer Stelle in diesem Werk beschrieben –[73] in einer möglichst stressfreien Atmosphäre durchgeführt werden muss.

III. Rechtliche Grundlagen

105 Zum Thema „Streitschlichtung" gibt es nach wie vor nur einzelne Regelungen in verschiedenen Gesetzen:

106 Arbeitsrecht: Schlichtungsausschüsse gibt es seit 1890 bezüglich der Gewerbegerichtsbarkeit. Für Seeleute gibt es eine besondere Schlichtungsstelle, das Seemannsamt.[74] Nach dem Betriebsverfassungsgesetz gibt es eine Einigungsstelle.[75]

---

[72] Rn. 123 ff.

[73] Rn. 131 ff.

[74] § 111 Abs. 1 a 2 ArbGG iVm §§ 14–19 Seemanns VO.

[75] § 76 BetriebsVG.

Familienrecht: Im Familienrecht gibt es die sog. Eheberatungsstelle bei Ehescheidung.[76] Bei Sorgerechtsentscheidungen des Familiengerichts ist eine „Vermittlung" möglich.[77] Eine ähnliche Unterstützung gibt es auch bei der Kinder- und Jugendhilfe.[78] **107**

Wirtschaftsrecht: Bei Wettbewerbsstreitigkeiten können die Einigungsstellen bei den Industrie- und Handelskammern angerufen werden.[79] In bestimmten Fällen kann bei Streitigkeiten im Bereich der Telekommunikation die Regulierungsbehörde eine Mediationsverhandlung vorschlagen.[80] **108**

109 Bei Verbraucherinsolvenzen hat der Schuldner mit dem schriftlich einzureichenden Antrag auf Eröffnung des Insolvenzverfahrens oder unverzüglich nach diesem Antrag u. a. eine Bescheinigung vorzulegen, die von einer geeigneten Person oder Stelle ausgestellt ist und aus der sich ergibt, dass eine außergerichtliche Einigung mit den Gläubigern über die Schuldenbereinigung auf der Grundlage eines Plans innerhalb der letzten sechs Monate vor dem Eröffnungsantrag erfolglos versucht worden ist.[81] In Nachbarschafts- und Ehrschutzstreitigkeiten ist bei Streitwerten von bis zu EUR 750,– ein Schlichtungsverfahren obligatorisch.[82] Aus § 15a Abs. 6 EGZPO ergibt sich, dass Gütestellen auch durch Landesrecht anerkannt werden können. Die von diesen Gütestellen geschlossenen Vergleiche gelten als Vergleiche gem. § 794 Abs. 1 Nr. 1 der ZPO.

110 Die gütliche Streitbeilegung, die Güteverhandlung und der Vergleich finden in der Zivilprozessordnung ihren Niederschlag in § 278. In Abs. 1 dieser Regelung ist festgehalten, dass das Gericht in jeder Lage des Verfahrens auf eine gütliche Beilegung des Rechtsstreits oder einzelner Streitpunkte bedacht sein soll.

111 Der mündlichen Verhandlung[83] geht zum Zwecke der gütlichen Beilegung des Rechtsstreits eine Güteverhandlung voraus, es sei denn, es hat bereits einen Einigungsversuch vor einer außergerichtlichen Gütestelle stattgefunden oder die Güterverhandlung erscheint erkennbar aussichtslos. Das Gericht hat in der Güteverhandlung den Sach- und Streitstand mit den Parteien unter freier Würdigung aller Umstände zu erörtern und, soweit erforderlich, Fragen zu stellen. Die erschienen Parteien sollen hierzu persönlich gehört werden. § 278 Abs. 5 ZPO sieht vor, dass das Gericht die Parteien für die Güteverhandlung von einem beauftragten und ersuchten

---

[76] § 614 Abs. 5 ZPO.
[77] § 52 a FGG.
[78] § 17 Abs. 2 SGB VIII.
[79] § 15 UWG.
[80] § 124 TKG.
[81] § 305 Abs. 1 Nr. 1 InsO.
[82] § 15 a EGZPO.
[83] § 278 Abs. 2 ZPO.

Richter verweisen kann. In geeigneten Fällen kann das Gericht den Parteien eine außergerichtliche Streitschlichtung vorschlagen. Entsprechend dieser Regelung laufen seit einigen Jahren in bestimmten Bundesländern (z.B. in Baden-Württemberg Bayern) Pilotprojekte, die die gerichtsinterne Mediation beinhalten. Die „normalen" Richter erfahren in diesem Zusammenhang eine Ausbildung zum „Güterichter" (Mediator). Mit Zustimmung der Parteien kann der nach dem Geschäftsverteilungsplan zuständige Richter den Fall an den Güterichter weiterleiten. Sollten die Parteien im Rahmen der dann stattfindenden Mediation sich nicht einigen können, und auch ein Vergleich vor dem zuständigen Gericht nicht möglich sein, wird dann von dem zuständigen Richter ein Urteil erlassen.

112 Auch im Strafrecht („Täter-Opfer-Ausgleich") und im öffentlichen Recht gibt es die gerichtsinterne Mediation. Im Rechtsdienstleistungsgesetz, das am 1.7. 2008 in Kraft getreten ist, wird in § 2 Abs. 3 Nr. IV die Mediation und jede vergleichbare Form der alternativen Streitbeilegung, sofern die Tätigkeit nicht durch rechtliche Regelungsvorschläge in die Gespräche der Beteiligten eingreift, ausdrücklich vom Begriff der „Rechtsdienstleistung" ausgeschlossen. Damit sind nicht nur Rechtsanwälte befugt, die Mediation als Dienstleistung anzubieten. Dies wurde auch schon durch das Bundesverfassungsgericht am 27. 9. 2002 einstimmig beschlossen.[84]

113 Des Weiteren ist auf einen weiteren sehr bemerkenswerten Beschluss des Bundesverfassungsgerichts vom 14. 2. 2007[85] hinzuweisen: Im Rahmen einer Verfassungsbeschwerde, bei der es um die Abweisung einer Schadensersatzklage wegen Nichtdurchführung eines Schlichtungsverfahrens gemäß § 10 des Gütestellen- und Schlichtungsgesetzes des Landes Nordrhein-Westfalen[86] ging, hat das Bundesverfassungsgericht u.a. Folgendes ausgeführt:

„Der möglichen Beeinträchtigung (des Justizgewährungsanspruchs) stehen hinreichende Vorteile für den Rechtsuchenden gegenüber. Im Erfolgsfalle führt die außergerichtliche Streitschlichtung dazu, dass eine in der Anspruchnahme der staatlichen Gerichte wegen der schon erreichten Einigung entfällt, so dass die Streitschlichtung für die Betroffenen kostengünstiger und vielfach wohl auch schneller erfolgen kann als eine gerichtliche Auseinandersetzung. Führt sie zu Lösungen, die in der Rechtsordnung so nicht vorgesehen sind, die von den Betroffenen aber – wie ihr Konsens zeigt – als gerecht empfunden werden, dann deutet auch dies auf eine befriedigende Bewältigung des Konflikts hin. „Eine zunächst streitige Problemlage durch eine einverständliche Lösung zu bewältigen, ist auch in einem Rechtsstaat grundsätzlich vorzugswürdig gegenüber einer richterlichen Streitentscheidung."

---

[84] NJW 2002, 3531.
[85] 1 BvR 1351/01.
[86] GüschlG NRW.

Diese bisher einzigartige Feststellung eines deutschen Gerichts und zudem des Bundesverfassungsgerichts zeigt, dass in den letzten Jahren ein gravierender Wandel bzgl. der Akzeptanz der Streitschlichtung sich vollzog. Dieser Beschluss des Bundesverfassungsgerichts, zumindest der letzte Satz der wiedergegebenen Begründung des Beschlusses, sollte in allen Unternehmen der Geschäftsleitung bzw. dem Vorstand nicht nur bei bereits entstandenen Streitigkeiten, sondern auch bei – soweit noch nicht geschehen – der Einführung von Streitvermeidungs- und Streitbeilegungssystemen in den Firmen vorgelegt werden! **114**

Zu begrüßen ist es daher auch, dass nun endlich auch bei der Ausbildung des juristischen Nachwuchses,[87] im Kostenrecht,[88] in der Berufsordnung der Rechtsanwälte[89] und bei der Verjährung[90] die Mediation nunmehr eine nicht mehr zu übersehende Rolle spielt (siehe zu diesen rechtlichen Grundlagen und auch zu anderen Fragen der Mediation die Arbeit von Schlehe „Mediationsgesetz für Deutschland nach österreichischem Vorbild?“, die Schlehe im Rahmen seiner Ausbildung zum Wirtschaftsmediator im Februar 2007 erstellt hat. **115**

In Deutschland gab es bisher als ausführliche gesetzliche Regelung lediglich den Entwurf eines Gesetzes über die Einführung eines Mediations- und Gütestellengesetzes sowie zur Änderung anderer Gesetze für das Land Niedersachsen vom 17. 4. 2007.[91] **116**

Im europäischen Ausland gab es zuerst in Österreich das Zivilrechts-Mediations-Gesetz vom 1. 5. 2004[92] und die entsprechende Zivilrechts-Mediations-Ausbildungsverordnung vom 22. 1. 2004.[93] **117**

In anderen europäischen Ländern (z. B. in Liechtenstein, Luxemburg und Ungarn) gibt es ähnliche Regelungen.[94] **118**

Auf EU-Ebene gab es bis vor Kurzem nur den Richtlinienvorschlag über bestimmte Aspekte der Mediation in Zivil- und Handelssachen aus dem Jahre 2004 vom 22. 10. 2004.[95] Dieser Richtlinienvorschlag basiert letztlich auf dem Grünbuch über alternative Verfahren zur Streitbeilegung im Zivil- und Handelsrecht vom 19. 4. 2002,[96] dem europäischen Verhaltenskodex für Mediatoren.[97] **119**

---

[87] § 5 a Abs. 3 DRiG, § 58 Abs. 2 Nr. 3 e Bay. JAPO.

[88] § 34 RVG.

[89] §§ VII a, 18 BORA.

[90] §§ 203, 204 BGB.

[91] Drucks. 15/3708.

[92] BGBl. I Nr. 29/2003.

[93] BGBl. II Nr. 47/2004; siehe *Schlehe* wie vor und *Pitkowitz* Die neuen Mediationsregeln der EU – Ist Österreich noch Wegbereiter? SchiedsVZ 2005, 81 ff.

[94] Siehe Schlehe wie vor und http://ec.europa.eu/civiljustice.

[95] KOM (2004) 718 endg., 2004/0251 (COD).

[96] KOM (2002) 16 endg.

[97] European Code of Conduct for Mediators (http://ec.europa.eu/civiljustice/adr/adr_ec_code_conduct_en.htm).

120 Am 10. 6. 2008 trat dann die EU-Mediationsrichtlinie in Kraft. Mit der Richtlinie wird der Vorgabe des Europäischen Rates von 1999, alternative außergerichtliche Streitbeilegungsverfahren zu schaffen, Rechnung getragen. Mit dieser EU-Richtlinie, die innerhalb von 3 Jahren in nationales Recht umgesetzt werden muss, besteht ein rechtlicher Rahmen für grenzüberschreitende Streitigkeiten innerhalb der EU für Mediationen. Es sind insoweit die Vorgaben der Richtlinien 2008/52/EG vom 21. 5. 2008 zu erfüllen. Die Richtlinie bezweckt einerseits die Förderung der Mediation durch die Mitgliedstaaten der EU und entfaltet andererseits bestimmte Rechtswirkungen, die die Mitgliedstaaten sicherzustellen haben. Die Mitgliedstaaten müssen z.B. die Ausbildung von Mediatoren sowie die Entwicklung von freiwilligen Verhaltensnormen fördern. Wer Mediationsdienste erbringen möchte, muss sich bestimmten Verfahren zur Qualitätskontrolle unterwerfen. Auch muss ein mit einer Klage befasstes Gericht die Parteien auffordern, zur Streitbeilegung die Mediation anzuwenden. Auf Antrag der Parteien oder einer Partei mit ausdrücklicher Zustimmung der anderen Parteien kann die im Rahmen einer Mediation getroffene Vereinbarung durch gerichtliches Urteil für vollstreckbar erklärt werden. Die Vorschriften für die Anerkennung und Vollstreckung der Vereinbarung in einem anderen Mitgliedsstaat dürfen nicht berührt werden. Maßgeblich sind die Regeln der Europäischen Gerichtsstand- und Vollstreckungsvereinbarung. Nach der EU-Richtlinie ist die Mediation vertraulich. Grundsätzlich dürfen weder die Mediatoren noch die Parteien noch in die Abwicklung des Mediationsverfahrens eingebundene Personen gezwungen werden, Gerichtsverfahren in Zivil- und Handelssachen oder in Schiedsverfahren Dritten Informationen, die sich aus einer Mediation ergeben oder mit ihr in Zusammenhang stehen, zu geben oder Aussagen zu ihnen zu machen. Lediglich bei Vorliegen zwingender Gründe der öffentlichen Ordnung oder anderen triftigen Gründen oder wenn die Preisgabe der vertraulichen Informationen und für die Durchführung oder Vollstreckung der Mediationsverfahren erzielten Vereinbarung erforderlich ist, gelten insofern Ausnahmen.

121 In Mitgliedstaaten werden darüber hinaus aufgefordert sicherzustellen, dass etwaige Verjährungsfristen das Beschreiten des Rechtsweges nicht be- bzw. verhindern.

122 Die in das nationale Recht der Mitgliedsstaaten umzusetzende EU-Richtlinie wird seit April 2008 von einer Expertengruppe im Hinblick auf den Bedarf von möglichem Inhalt einer gesetzlichen Regelung zur Mediation in Deutschland geprüft. Das Bundesjustizministerium hat diese Expertengruppe berufen. Sie besteht aus Vertretern der Wissenschaft, der berufsständischen Verbände sowie der Bundesländer. Diese Expertengruppe soll ausdrücklich auch Regelungen für rein innerstaatliche Konflikte behandeln. Hinsichtlich der Umsetzung der Richtlinie ist es daher auch möglich, dass es in Deutschland zu einer Regelung ausschließlich nationaler Mediationsverfahren kommen könnte.

IV. Risikoanalyse, Phasen der Mediation

1. Risikoanalyse

Aufgrund der eigenen Erfahrungen des Verfassers wird nach wie vor **123** in der Industrie – dort bei den Rechts- und Personalabteilungen – und seitens der Anwaltsmediatoren zu wenig oder gar nicht auf eine Risikoanalyse als Vorbereitung für die Wahl der „geeigneten" Konfliktbeilegungsart und den damit verbundenen Konsequenzen Wert gelegt. Ist die Mediation tatsächlich die „passende" Konfliktbeilegungsart?

Fünf Stufen sollten bei der Risikoanalyse auf jeden Fall beachtet wer- **124** den:

- Zunächst ist der Streit und die damit verbundenen Risiken so zu segmentieren, dass sowohl der Streit als auch die einzelnen Risiken „sichtbar" werden.
- In der zweiten Stufe sind dann die einzelnen Streitpunkte und die damit verbundenen Risiken den in Betracht kommenden Konfliktbeilegungsarten (z.B. Verhandlung, Mediation, Schiedsgutachten, Schiedsgerichtsverfahren, staatliches Gerichtsverfahren) gegenüber zu stellen oder insbesondere auch hinsichtlich der Kostenrisiken zuzuordnen.
- In der dritten Phase sollte eine realitätsnahe Bewertung der Erfolgsaussichten bzgl. jeder in Betracht gezogenen Konfliktbeilegungsart erfolgen. Die Erfolgschancen sollten nicht zu euphorisch gesehen werden.
- In der vierten Stufe sind dann alle, dass heißt auch die auf den ersten Blick nicht direkt relevanten gesammelten rechtlichen und sachlichen Informationen den einzelnen Konfliktbeilegungsarten zuzuordnen.
- In der fünften und letzten Stufe sind dann die „besten" Alternativen zu bilden. Im Anschluss ist dann die Entscheidung zu treffen.

Auf jeder Stufe dieser Risikoanalyse sind folgende weitere Aspekte **125** sowohl bei jedem Medianten als auch den internen und externen (rechtlichen) Beratern und nicht zuletzt auch von dem Anwaltsmediator, der Mediationsverfahren akquirieren möchte und/oder den Medianten bei der Vorbereitung der Mediationsverhandlung helfen möchte, zu beachten:

- Akzeptanz, Verfügbarkeit, Qualifikation, Sachverhaltskenntnis, Zeitdauer, Kosten interner und externer Mitarbeiter/Berater, Koordination.
- Wird die Mediation oder ein anderes Konfliktbeilegungsverfahren im Unternehmen auf allen Organisationsstufen akzeptiert? Wird das Verfahren also sowohl vom Vorstand bzw. der Geschäftsführung, vom Management und auch auf der Arbeitsebene akzeptiert?
- Welche Mitarbeiter aus welchen Abteilungen an welchen Standorten müssen wie lange für welche Themen eingebunden werden?
- Welche externen Berater (z.B. Patent- und Rechtsanwälte, Wirtschaftsprüfer, Steuerberater, Sachverständige) müssen für welche Themen wie

lange eingebunden werden? In diesem Zusammenhang stellt sich insbesondere die Frage, welche Verfahrensbevollmächtigten der Parteien (z. B. Patent- und/oder Rechtsanwälte bei Streitigkeiten im gewerblichen Rechtschutz) ausgewählt werden. Auch bei diesen Anwälten ist wieder zu unterscheiden, ob die betreffenden Anwälte besondere Erfahrungen z. B. wenn es um ein Patentverletzungsverfahren geht, in diesem Bereich haben. Ein Anwalt, der sich z. B. sehr häufig mit Lizenz- und/oder Forschungsverträgen befasst, wird nicht unbedingt der Experte in Patentverletzungsstreitigkeiten immer sein.

Wenn Anwälte ausgesucht werden sollen, muss also geklärt werden, ob hier in dem speziellen Fall (spezialisierte) Rechtsanwälte eingebunden werden müssen und/oder ob Patentanwälte bei patentrechtlichen/technischen Fragestellungen notwendig sind.

- Welche sonstigen Qualifikationen haben die gesuchten Anwälte?
- Wer sucht nach welchen Kriterien z. B. den oder die Mediatoren aus? Soll dies der externe Anwalt oder aber (wohl besser) die Rechtsabteilung des Unternehmens zusammen mit den externen anwaltlichen Beratern entscheiden? Hilfreich ist im Falle eines Mediationsverfahrens auf jeden Fall, dass der auch gewünschte Anwalt nicht nur eine große Erfahrung in dem rechtlichen konkreten Zusammenhang, sondern möglichst auch eine Ausbildung zum Mediator aufweisen kann, zumindest aber sehr viel Erfahrung als Verhandler in dem entsprechenden Fachgebiet nachweislich hat und zusätzlich die Fähigkeit zur Risikoanalyse in rechtlicher, finanzieller und technischer Hinsicht nachweislich bieten kann. Der entsprechend ausgewählte Parteivertreter sollte von sich aus die Vor- und Nachteile aller denkbaren Konfliktlösungsarten dem potenziellen Mandanten darlegen können. Aus Sicht des Unternehmens sollte dies von dem gewünschten Anwalt ohne Nachfrage auch angeboten werden. Aus Sicht des potenziellen Parteianwalts ist dies auch eine Akquisitionshilfe, wenn er diese entsprechenden Vor- und Nachteile selbständig anbieten kann. Auf jeden Fall sollte das Unternehmen, falls der gewünschte Anwalt nicht von sich aus mit der genannten Darlegung in die Offensive geht, den gewünschten Anwalt nach den Vor- und Nachteilen aller denkbaren Konfliktlösungsarten und hinsichtlich seiner Fähigkeit zur Risikoanalyse in rechtlicher, finanzieller und technischer Sicht befragen, um „Überraschungen“ während des Verfahrens zu vermeiden.
- Für die potenziellen Parteivertreter, d. h. die Patent-/Rechtsanwälte oder das beratende Team können bzw. kann allein durch diese Unterstützungsarbeit zumindest potenziell mehr Honorarvolumen bereits durch Kenntnisse und Durchführung der passenden Konfliktlösungsart erzeugen.

126 Erwähnt werden soll in diesem Zusammenhang auch noch einmal die bereits im Vorwort angesprochene Konferenz der WIPO am 25./26. April 2005 in Genf. Die Referenten, die in Industrieunternehmen arbeiteten, berichteten einheitlich von Vorstandsbeschlüssen in ihren Unternehmen, die im Wesentlichen zwei Botschaften zum Thema Mediation enthielten:

- „Mediation first", d.h., dass die Mediation sowohl einem Schiedsgerichtsverfahren als auch einem staatlichen Gerichtsverfahren vorgezogen wird!
- Es werden nur noch Anwaltskanzleien mandatiert, die in allen(!) Konfliktlösungsarten beraten können! Dies sollte ein Anreiz für die Patent- und Rechtsanwälte sein, insbesondere im IP- und IT-Bereich sich diesen Anforderungen zu stellen. Gleichzeitig sind damit die Anwaltsmediatoren aufgerufen, diese Botschaft bei Vorträgen und in Veröffentlichungen im eigenen Interesse zu vermarkten.

Zu beachten ist darüber hinaus der Zeitaufwand für die internen und **127**
externen Beteiligten für

- die Vorbereitung,
- die Durchführung und
- die Nachbereitung

der Mediation und eventuell sich anschließender Verfahren (z.B. Schiedsverfahren staatliches Gerichtsverfahren durch drei Instanzen). Beispielhaft wird hier auf das Mediationsverfahren am Flughafen Wien-Schwechat hingewiesen. Das Mediationsverfahren wurde von 2000–2005 mit 58 Gruppen und 66 Vertretern in mehr als 500 Sitzungen durchgeführt![98]

Extrem wichtig ist auch die Frage, wer alle Schritte der Partei intern **128**
und extern (Zeit, Kosten, Qualifikation, Akzeptanz) koordiniert und wie diese Schritte dann vom Koordinator dokumentiert und auf welche Weise diese Dokumentation für die betreffenden Beteiligten im Unternehmen (jederzeit) zu verfügbar gemacht wird.

Sehr entscheidend ist auch die Beantwortung der Frage, welche Kos- **129**
ten entstehen können:

- Welche eigenen Kosten im(!) Unternehmen können bzw. werden voraussichtlich bei den einzelnen Konfliktlösungsarten anfallen?
- Welche Kosten der (externen) Berater/Sachverständigen können entstehen?
- Welche Kosten der anderen Partei (interne und externe Kosten) werden voraussichtlich im Fall des eventuellen eigenen (teilweisen) „Unterliegens" entstehen?
- Welche Kosten wird voraussichtlich der Mediator verursachen?
- Welche Folgekosten entstehen, falls die Mediation scheitert (interne und externe Gesamtkosten bei einem staatlichen Gerichtsverfahren durch drei Instanzen oder bei einem Schiedsgerichtsverfahren?

---

[98] Vgl. www.viemediation.at; sehr informativ ist insoweit das Werk von *Falk/Heintel, Krainer* das eine Dokumentation und Analyse sowie Hintergrundtheorien zu diesem Mediationsverfahren bietet.

130 Sollte ein „Prozessprovider" zur Begleitung und Beratung zur Vorbereitung der Mediation eingeschaltet werden? Zur Vorbereitung des Mediationsverfahrens am Flughafen Wien-Schwechat wurde ein Wiener Rechtsanwalt und Mediator beauftragt, der zusammen mit einer „Vorbereitungsgruppe" von zwölf Personen von Januar bis Dezember 2000
- ein Mediationsteam auswählte und letztlich beauftragte,
- die Zusammensetzung des zukünftigen Mediationsteams definierte und
- in einer Auftaktveranstaltung eine breite Öffentlichkeit hierüber informierte.[99]

131 An welchem Ort soll jeweils die Vorbereitung, Durchführung und Nachbereitung des Mediationsverfahrens stattfinden? Welche Reisekosten sind insofern zu veranschlagen? Der ausgesuchte Koordinator sollte auch insoweit tätig werden. Beispielhaft sei auf den von *Wälde*[100] geschilderten Fall verwiesen. In diesem Fall ging es um einen Streit zwischen der schwedischen Firma Vattenfall und dem staatlichen polnischen Elektrizitätsunternehmen PSE, die einen Vertrag schlossen. Vattenfall finanzierte Mitte der 1990er Jahre das damals weltweit größte Unterseestromkabel, mit dem aus Sicht von Vattenfall ein neuer Stromexportmarkt in Polen erschlossen werden sollte, da Vattenfall damals damit die Überkapazität bei der Stromerzeugung in Skandinavien abbauen wollte. Polen hatte das Interesse daran, eine Region, in der der Strom mit Wasserkraftwerken erzeugt wurde, mit einer anderen Region, in der Strom mit Kohlekraftwerken erzeugt werden sollte, zu verbinden. Als Schweden dann 2000/2001 der EU beitrat, änderte sich für die Vertragspartner die Situation dramatisch. Schweden musste sich den EU-Wettbewerbs und -Elektrizitätsmarktregeln unterordnen. Aufgrund „trockener Winde" erhöhte sich der Strompreis in Skandinavien erheblich. Polen wollte selbst sich der EU anschließen. PSE wurde privatisiert. PSE musste zudem aufgrund von Langzeitlieferverträgen überhöhte Preise zahlen. Dieser Fall wurde deswegen gewählt und wird auch noch bei den Beispielsfällen in Kapitel C. besprochen, da auch im IP-/IT-Bereich Langzeitverträge in Form von Lizenz- oder auch Softwarelieferverträgen aufgrund der langen Laufzeit mit Problemen behaftet sind, die aufgrund sich ändernder Marktbedingungen ergeben.

132 Bezüglich des Ortes der Vorbereitung, Durchführung, Nachbereitung des Verfahrens erläutert *Wälde,*[101] dass nach Durchsicht der Unterlagen zunächst das Mediationsteam, bestehend aus dem Mediator, Prof. Wälde, und drei erfahrene Spezialisten in dem speziellen Wettbewerbsbereich, dem speziellen technischen und dem speziellen finanziellen Bereich, die beiden Parteien in Stockholm und Warschau besuchte und be-

[99] *Falk/Heintel/Krainer* 2, 12 ff.
[100] TDM 2007, 14 ff.
[101] TDM 2007, 20 ff.

riet sich auch mit der EU-Kommission in Brüssel. Zusätzlich fanden zahlreiche Telefonkonferenzen in Form von persönlichen telefonischen Interviews in allen Hierarchiestufen jedes Unternehmens statt. Die Hauptphase der Mediation benötigte ca. 75 Tage und mündete letztlich in eine zweitätige Mediation (plus einem Reservetag) in St. Andrews, Schottland. Die Mediation wurde in einem Hotel durchgeführt. Anschließend wurde zwischen den Parteien noch drei bis vier Monate der „Vergleich" verhandelt. Der Fall war also mit einem erheblichen organisatorischen Aufwand verbunden.

Nicht zu unterschätzen ist bei der Vorbereitung, Durchführung und **133** Nachbereitung der Mediation, wie die Mediation durch wen, wann, intern und extern kommuniziert wird:

- Soll die Kommunikation intern und auch extern per e-mail (mit welchem Verteiler?) erfolgen? Erfolgt die Kommunikation nur im Intranet und/oder auf der Webseite des Unternehmens? Soll die Kommunikation in überörtlichen wichtigen Tageszeitungen erfolgen? Ist es sinnvoll, auch im Fernsehen einen Bericht bringen zu lassen?
- Soll es interne und externe persönliche Treffen mit den Beteiligten zunächst jeder Partei und dann mit den entsprechenden Beteiligten der anderen Partei geben?
- Kommuniziert das Unternehmen selbst und/oder durch seine Berater?
- Wann wird kommuniziert?
- Durch wen?

Diese Fragen zeigen bereits ansatzweise, dass der Kommunikation ein **134** erheblicher Stellenwert zukommt und gerade auch bezüglich der externen Kommunikation erhebliche Auswirkungen auf das Verfahren haben kann.

Anscheinend ist in diesem Zusammenhang, ob die Parteien vor allem **135** handhaben, dass die Mediation geheim gehalten wird oder nicht. Dies gilt jedenfalls für die Frage des „ob" der externen Kommunikation.

Wer sucht nach welchen Kriterien Mediatoren aus? **136**

Wer: Sucht die Rechtsabteilung Mediatoren aus?

Kriterien:

- Gibt es eine Ausschreibung? Wie erfolgt die Kontaktaufnahme?
- Soll nur eine Person als Mediator in Erscheinung treten oder soll es eine Co-Mediation (z. B. ein Anwaltsmediator und ein technischer Sachverständiger oder ein Patentanwalt) sein? Oder soll es sogar ein Team mit verschiedenen Fachleuten sein, wie z. B. in dem Fall Vattenfall/PSE, der bereits ansatzweise geschildert wurde?
- Soll der Mediator weiblich oder männlich sein?
- Welche Nationalität soll der Mediator haben?
- Welche fachliche Qualifikation soll der Mediator haben? Bei IP-/IT-Streitigkeiten könnten hier Patentanwälte, Rechtsanwälte, technische Experten sowie Wirtschaftsprüfer, Steuerberater bei entsprechenden Fachfragen in Betracht kommen.

137 Für die fachliche Qualifikation spielen wie bereits an anderer Stelle erwähnt auch die Veröffentlichungen des Mediators, seine Seminartätigkeit, die Mediatorenausbildung und -Erfahrung sowie auch die Erfolgsquote und die jeweiligen Streitwerte der einzelnen Fälle eine Rolle.

- Ist der Mediator in dem gewünschtem Umfang verfügbar?
- Welche Akzeptanz hat der Mediator im eigenen Unernehmen und könnte er im gegnerischen Unternehmen haben?
- Welches Ansehen hat der Mediator?
- Welches Alter hat der Mediator?
- Über welche Sprachkenntnisse verfügt der Mediator?
- In welchen Ländern ist der Mediator als Mediator tätig gewesen?
- Welche Vorstellungen sollte der Mediator vom Verfahrensablauf haben?
- Hat der Mediator ein eher aktives oder aber ein passives Verhalten und wie könnte sich das konkrete Verhalten des Mediators auf das Verfahren und auf die gegnerische Partei auswirken?
- Welche soziale und emotionale Intelligenz hat der Mediator?
- Verfügt der Mediator über eine wirtschaftliche Denkweise?
- Welches Honorar verlangt der Mediator: Rechnet er nach Stundensätzen oder nach Streitwert ab oder verlangt er ein Erfolgshonorar oder einen „Mix“ aus diesen Honorarbausteinen?

138 Wer stellt mit welchem Inhalt wann und mit wem für welche Kostenstelle

- die Mediationsvereinbarung zwischen den Parteien und
- den Mediatorvertrag zwischen den Parteien und dem Mediator und
- die „Vergleichsvereinbarung“ als Abschluss des Mediationsverfahrens?

139 Wer: soll die Rechtsabteilung und/oder der externe beratende Anwalt einen Teil oder alle diese Vereinbarungen gestalten?

- Wann: Es empfiehlt sich, bereits vor dem Streit derartige Vereinbarungen als „Muster“ bei nichtvertraglichen Streitigkeiten und für Verträge als Musterklausel vor Vertragsabschluss zumindest in deutsch und in englisch „in der Schublade“ vorzuhalten. Es sollten hier auch bei jedem Muster verschiedene Textbausteine je Klausel verfügbar sein, und zwar ebenfalls in deutsch und in englisch. Außerdem sollten die Vor- und Nachteile dieser jeweiligen Klauseln in deutsch und in englisch beschrieben werden. Diese Arbeitsweise erleichtert dann im „Ernstfall“ die schnelle und bedarfsgerechte Diskussion und Reaktion. Ergänzend wird auf entsprechende Vereinbarungen im Anhang verwiesen und auf die im Literaturverzeichnis aufgeführte Literatur und die entsprechenden Webseiten. Diese Verweise bieten die Möglichkeit, zumindest Hilfestellungen für die eigene Vertragsgestaltung zu bieten.

140 Die oben aufgeführten einzelnen Gesichtspunkte sind im jeweiligen Unternehmen in Checklisten zumindest in deutsch und in englisch aus den genannten Gründen vorzuhalten.

141 Sehr wichtig ist auch die Frage, ob das Unternehmen dazu bereit ist, dass der Mediator den vom Mediator(!) gewünschten Mitarbeitern auf

allen Hierarchieebenen (Verfügbarkeit der Mitarbeiter?) Fragen stellen kann. Auch hierzu muss es eine Regelung bei Unternehmen geben, damit nicht erst bei Bedarf über alle Hierarchiestufen hinweg geklärt werden muss (Zeit!), ob ein Mediator überhaupt und wenn, welche Mitarbeiter in welchen Hierarchiestufen befragen kann.

2. Phasen der Mediation

Wenn sich die Parteien für die Mediation als Streitbeilegungsart entschieden haben, ist zunächst die Strukturierung des Verfahrens sehr wichtig. In der Regel werden 6 Phasen, die das Mediationsverfahren bestimmen, vorgeschlagen.[102] **142**

a) Phase 1: Mediationsvertrag, Planung und Beginn der Mediation

Soweit die streitenden Parteien noch keinen Mediationsvertrag geschlossen haben, ist dieser zu vereinbaren. Darüber ist einmal zwischen dem Mediationsvertrag zwischen den Parteien selbst und der Vereinbarung zwischen den Parteien und der ggfls. von den Parteien einzubeziehenden Mediationseinrichtung zu unterscheiden. Zur Planung und dem Beginn der Mediation müssen eine Vielzahl von Aspekten beachtet werden, wie z.B. die Recherche, welche Informationen vorhanden sind und welche Informationen noch gesammelt werden müssen, um die streitige Situation untersuchen zu können. Welche Personen müssen beteiligt werden? Welche Zielvorstellungen haben die Parteien? Wie soll das Verfahren strukturiert werden und ablaufen? Wo soll das Verfahren zu welchem genauen Zeitpunkt wie lange und mit welchen Personen stattfinden? Diese Punkte sind nur beispielhaft. Es müssen generell wieder die Punkte bei der Mediation beachtet werden, die auch schon bei der generellen Risikoanalyse eine Rolle spielen.[103] Für die Vorbereitung ist auch die Checkliste von *Kessen/Troja*[104] sehr zu empfehlen. Diese Checkliste sollte bei Bedarf ergänzt bzw. gekürzt werden und auch ruhig entweder von einer Partei oder beiden Parteien untereinander ausgetauscht werden, um die Strukturierung des Verfahrens im eigenen Interesse jeder Partei zu fördern. Gegebenenfalls kann dies auch der Mediator – falls die Parteien dies nicht bereits selbst vorgenommen haben – anregen. **143**

Die Konfliktparteien treffen sich dann mit dem Mediator zum ersten Termin einer mündlichen Verhandlung. Der Mediator oder die Mediatoren versuchen dann den Parteien noch einmal die Struktur des Verfahrens nahe zu bringen. Es werden auch noch einmal die v.g. Verfahrensfragen in der ersten mündlichen Verhandlung geklärt. **144**

---

[102] Henssler/Koch – *Kessen* 271 ff.; Duve/Eidenmüller/Hacke – *Duve* 71 ff.; Haft/Schlieffen – *Kessen/Troja* 293 ff., jeweils mwN.

[103] Vgl. zunächst Rn. 223 ff. und Anhang III sowie Rn. 123 ff. zur „Risikoanalyse“.

[104] 295 ff.

b) Phase 2: Informationssammlung/Bestimmung von Themen

145 In der Phase 2 werden mit Hilfe des Mediators von den Parteien alle Informationen gesammelt, die zur Klärung des Sachverhalts maßgeblich sein könnten. Es muss von den Beteiligten präzise formuliert werden, welches Anliegen sie haben. Dazu gehören u.a. auch die Offenlegung von internen Maßnahmen, Planungen und Weichenstellungen in der Vergangenheit und in der Zukunft. Es muss versucht werden, den Sachverhalt so aufzuarbeiten, dass er für jede Partei transparent ist. Die (rechtlichen) Positionen der Parteien müssen so strukturiert und formuliert werden, dass sie als für den maßgeblichen Sachverhalt notwendige Bestandteile bestimmt und strukturiert werden können. Zur Strukturierung gehört auch die Gewichtung dieser Themen durch die beteiligten Parteien. Der Mediator muss unbedingt darauf achten, dass der Sachverhalt komplett erfasst und dann innerhalb der Positionen und Vorbeugen der Parteien zusammengefasst, visualisiert und gewichtet wird. Es kann dabei auch hilfreich sein, dass den Parteien hierbei in emotioneller Hinsicht und vertretbarem Umfang ein Freiraum gelassen wird. Dem Verfasser ist es vor nicht all zu langer Zeit bei einer Mediation passiert, dass – bei den Parteien handelte es sich um 2 Maschinenbaufirmen, deren Geschäftsführer an der Mediation teilnahmen – eine Partei (1 Geschäftsführer) der anderen Partei (dem Hauptgeschäftsführer und den weiteren Führungskräften der anderen Partei) wörtlich sagte, dass er nicht mit „Zahnradschnitzern" in dieser Weise verhandeln würde.

146 Den Parteien muss klargemacht werden, dass diese Sachverhaltsaufbereitung essentiell für den weiteren Ablauf des Verfahrens ist und auf dieser Basis des annähernd geklärten Sachverhalts dann die weitere Schritte des Verfahrens aufbauen. Sie können dann noch einmal in Erinnerung gerufen werden. Da die Konfliktparteien in der Regel sehr emotionell engagiert sind, werden, selbst wenn vor Beginn der ersten mündlichen Verhandlung Verfahrensschemata zugesandt wurden und in der Phase 1 die Phasen des Verfahrens ausgiebig erklärt wurden, immer wieder Phasen oder Bestandteile des Verfahrens (oft unbeabsichtigt) verwechselt und damit die Struktur und der Erfolg gefährdet. Hier muss der Mediator insbesondere durch Paraphrasieren und aktives Zuhören den Ausführungen der Parteien Raum verschaffen und gleichzeitig zugunsten beider Parteien Klarheit bei der Bestimmung der einzelnen Themenbereiche schaffen. Flipcharts sind dabei sehr hilfreich, um die Aussagen bzw. die Themen darzustellen. Sinnvoll ist es, mit ca. mindestens 5 Flipcharts zu arbeiten oder aber Möglichkeiten in dem Besprechungsraum zu schaffen, dass Einzelblätter der Flipcharts für alle Beteiligten gut sichtbar befestigt werden können. Wenn komplexe Sachverhalte aufbereitet werden müssen, kann es durchaus passieren, dass ca. 50–100 Flipchart-Blätter vorhanden sind und befestigt werden müssen.

c) Phase 3: Eigentliche Interessen der Parteien

147 In dieser extrem wichtigen Phase geht es darum, die hinter den von den Parteien in Phase 2 erklärten und strukturierten Positionen liegenden Interessen der Parteien als Partei (!) wahrzunehmen und in der Weise sichtbar zu machen, dass diese für alle Beteiligten klar erkennbar, verstanden und möglichst von der anderen Partei anerkannt werden. Die eigentlichen Interessen beider Parteien müssen dann möglich komplett gesammelt, bewertet und wieder visuell dargestellt werden (Flipcharts!). Es ist daher extrem bedeutsam, dass der Mediator sehr „neugierig" bleibt und solange nachfragt, bis alle den Eindruck gewinnen, dass die eigentlichen Interessen aller Parteien vollständig dargelegt und von der jeweils anderen Partei auch akzeptiert werden. Sehr wichtig ist in diesem Abschnitt des Verfahrens, dass der Mediator diese „Interessenfindung" immer wieder strukturiert. Der Mediator muss immer wieder einzelne Aussagen der Parteien in verständlichen kurzen Statements zusammenfassen, und auch diese Zusammenfassungen in verschiedener Weise formulieren, um sicher zu gehen, dass die Parteien den gleichen Erkenntnis-, Verständnis- und Akzeptanzgrad haben. Hierbei kann es auch hilfreich sein, dass die Parteien wechselseitig sich in die Position der anderen Partei versetzen und deren Interesse aus ihrer Sicht spiegeln. Gerade in diesem Stadium kommt es sehr häufig zu atmosphärischen Störungen. Den Parteien gehen die Pferde durch, weil sie entweder die eigentlichen Interessen der anderen Partei nicht verstehen und/oder akzeptieren wollen. Der Mediator muss dabei darauf bedacht sein, diese Störungen z.T. zwar zu akzeptieren, aber es darf selbstverständlich nicht dazu kommen, dass durch derartige Emotionen das Verfahren leidet oder sogar, dass es zum Abbruch des Verfahrens kommt. Hilfreich kann es sein, dass der Mediator dann in eskalierenden Situationen eine Pause vorschlägt oder aber durch gezielte Fragen es versucht, auf einer sachlichen Ebene das Verfahren fortzuführen. Auch hier ist wieder ein aktives Zuhören, Paraphrasieren und die Darstellung z.B. auf Flipcharts hilfreich.

d) Phase 4: Suche nach kreativen Lösungen

148 Phase 4 wird dadurch bestimmt, dass nun auf der Basis der in Phase 3 herausgearbeiteten Interessen beider Parteien kreative Lösungen gesucht werden, um letztlich die Möglichkeit einer Einigung zu erhöhen. In dieser Phase geht es jedoch nur darum, diese Lösungsoptionen darzustellen und aufzulisten. Es ist zwar grundsätzlich der Kreativität beider Parteien keine Grenze gesetzt. Jedoch muss die Kreativität sich an den Parteien oder insbesondere den handelnden Personen orientieren. Es kann dabei auch sehr schnell passieren, dass im Rahmen dieser „Kreativitätsphase" neue Positionen von den Parteien oder aber alte Positionen von diesen aufgebaut werden und dann die Verhandlungen sich wieder in die Phase 2 und 3 begeben müssen. Bei in Phase 3 noch nicht generierten Interes-

sen, die in der Phase 4 auch entdeckt werden, muss ggf. die Phase 3 erneut durchlaufen werden.

e) Phase 5: Konfliktlösungsoptionen

149 Nachdem die Konfliktlösungsoptionen gesammelt wurden, werden nun in dieser Phase 5 diese Optionen gewichtet und von den Parteien dahingehend ausgewählt, ob sie gemeinsame Ansätze für eine Lösung bilden können. Die Parteien müssen sich auch insbesondere darüber klar werden, ob diese Lösungen, die sie bewertet und ausgewählt haben, auch hinterher umsetzbar sind. Bei Streitigkeiten, denen Gewerbliche Schutzrechte, Software-Urheberrechte und/oder technische Sachverhalte zugrunde liegen, ist die Umsetzbarkeit in rechtlicher und technischer Hinsicht und oft auch in finanzieller Hinsicht zu prüfen. Prüfungsrelevant ist auch z. B. die Frage, ob nicht nur die jeweilige Geschäftsleitung die potentielle Lösung akzeptiert, sondern ob auch die untergeordneten Abteilungen, die die Entscheidung für eine Option umsetzen müssen, zunächst bereit sind, eine derartige Lösung umzusetzen und auch die Umsetzbarkeit aus tatsächlichen Gründen gewährleistet ist. Der Mediator muss daran denken, dass insbesondere die Kriterien für die Lösungen und deren Umsetzbarkeit für alle Parteien verständlich und in realistischer Weise akzeptierbar sind. Auch für die konkrete Umsetzbarkeit müssen Verfahrensabläufe gebildet werden, die wiederum in den beteiligten Unternehmen ohne größeren Aufwand nachvollziehbar und umsetzbar sind.

f) Phase 6: Mediationsvereinbarung und ihre praxisnahe Umsetzung

150 In der letzten Phase wird zwischen den Parteien eine Mediationsvereinbarung abgeschlossen. Neben der Ausführung der beteiligten Parteien wird auch die Anschrift des beteiligten Mediators vermerkt. Der Verfahrensablauf wird dargestellt und das Ergebnis, auf das sich die Parteien geeinigt haben, konkretisiert. Zur Abgrenzung können auch nicht geregelte Themenbereiche aufgelistet werden. Hierzu können nicht behandelte Sachverhaltskomplexe und/oder rechtliche Fragen zählen. Gegebenenfalls ist auch zu klären, wie ein derartiger Vergleich[105] vollstreckt werden kann. Ist eine Vollstreckung als „Prozessvergleich" gemäß § 794 Abs. 1 Nr. 1 ZPO möglich? Das MediationsZentrum der IHK für München und Oberbayern sieht in § 3 der Verfahrensordnung vor, dass auf Antrag der Parteien eine vollstreckbare Urkunde über den in der Schlussvereinbarung enthaltenen Vergleich[106] erteilt wird, soweit die rechtlichen Voraussetzungen hierzu gegeben sind.

[105] Z. B. im Sinne des § 779 Abs. 1 BGB.
[106] Vgl. §§ 794 Abs. 1 Nr. 1 ZPO.

Im Hinblick auf Patentnichtigkeitsverfahren, das Gegenstand einer 151
Mediation ist, kann die Freiheit der Parteien, sich im Rahmen einer Mediation zu vergleichen, nicht unerheblich eingeschränkt sein. Eine Nichtigkeitsklage gemäß § 81 PatG kann zwar bis zum Erlassen der Berufungsentscheidung zurückgenommen werden, so dass das Verfahren nicht von Amts wegen fortgesetzt werden kann und sogar ein bereits ergangenes, noch nicht rechtskräftiges Urteil nach § 269 Abs. 3 ZPO als nicht anhängig geworden anzusehen ist und insofern keine Wirkung mehr entfaltet. Dies gilt auch für Patentverletzungsverfahren gemäß §§ 139 ff. PatG, nicht jedoch für Einspruchsverfahren vor dem Patentamt gemäß § 59 PatG. Das Einspruchsverfahren wird von Amts wegen geführt und muss daher auch von Amts wegen durch Beschluss beendet werden.[107]

Auch auf vertragliche Konsequenzen z. B. im Zusammenhang mit Li- 152
zenzverträgen wird noch an anderer Stelle in diesem Werk eingegangen.[108]

Zur Ergänzung der Ausführungen zur in 6 Phasen eines Mediations- 153
verfahrens wird im Folgenden noch die Aussicht des Verfassers – siehe oben – diese sehr empfehlenswerte Übersicht von Haft/Schlieffen-*Kessen/Troja*[109] wiedergegeben:

Prozessschritt	**Inhalte**	**Worauf ist besonders zu achten?**
Phase 1: Vorbereitung und Mediationsvertrag ☹ ⟷ ☹	Konfliktanalyse: ☐ Informationen aufbereiten und Sachlage analysieren ☐ Zu beteiligende Personen und Gruppen identifizieren ☐ Erwartungen an die Mediation erfragen ☐ Konflikteskalation analysieren ☐ Entwurf eines detaillierten Prozessdesigns und -verlaufs Klärung organisatorischer und verfahrensrelevanter Fragen (insb. bei Vielparteienkonflikten): ☐ Verhandlungsmandate klären ☐ Einigung auf Interessenrepräsentation und Gruppengröße	☐ Auf Vollständigkeit des Teilnehmerkreises achten ☐ Falleignung prüfen; Rolle und Haltung des Mediators ☐ Eskalationsstufe erkennen ☐ Ggfls. Vorgespräche mit allen Konfliktbeteiligten (v. a. Bei Vielparteienkonflikten ☐ Evtl. Vortreffen der Mediationsrunde zur Klärung der Verfahrensorganisation ☐ Für die Mediation geeignete und für alle Beteiligten akzeptable Räumlichkeiten suchen ☐ Vertrauenbildendes Auftreten des Mediators

[107] Vgl. z. B. *Mannhart*, 176 mwN.
[108] C., Rn. 251 ff.; vgl. auch *Mannhart* 177 ff.
[109] 295 ff.

Prozessschritt	Inhalte	Worauf ist besonders zu achten?
	☐ Organisation des Verfahrens (u. a. Ort, Zeit) Klärung des Mediationsprozesses: ☐ Ziel der Mediation klären ☐ Rolle und Haltung des Mediators klären ☐ Verfahrensregeln ☐ Einigung über den Einsatz von Gutachtern und Experten Mediationsvertrag (innerer und äußerer Auftrag) mit allen Beteiligten abschließen	☐ Die Erwartungen an die Mediation müssen klar ausgesprochen und einheitlich sein und mit den Prinzipien der Mediation in Einklang zu bringen sein ☐ Die Beteiligten für ihre Bereitschaft zur Mediation und ihr gemeinsames Kommen wertschätzen ☐ Eine angenehme Atmosphäre schaffen (äußerlich z. B. durch Blumen und helle Räume, innerlich z. B. durch Wertschätzung und Empathie) ☐ Geeignete Sitzmöglichkeiten vorbereiten (Abstände und Lage der Stühle zueinander, mit oder ohne Tische, etc.) ☐ Positive Grundstimmung ermöglichen ☐ Indifikation der Beteiligten mit dem Mediationsverfahren ☐ Vorrangige Haltung: Wertschätzung und Empathie
Phase 2: Informations- und Themensammlung „Worum geht es genau?" ☺😐 ←→ 😐☹	☐ Bestandsaufnahme und Informationsausgleich ☐ Bisherige und anstehende Planungen und Entscheidungen offenlegen ☐ Transparenz schaffen ☐ Respekt und Akzeptanz schaffen ☐ Positionen in Themen umformulieren ☐ Relevante Themen auflisten und strukturieren	☐ Zusammenfassung der unterschiedlichen Positionen, Sichtweisen und Anliegen zu Themen ☐ Vollständigkeit der Themen ☐ Visualisierung der Themen im Dialog mit den Konfliktbeteiligten ☐ Für alle Beteiligten akzeptable, d. h. nicht bewertende und möglichst konkrete Formulierungen finden

Prozessschritt	Inhalte	Worauf ist besonders zu achten?
	☐ Themen von den Konfliktbeteiligten gewichten lassen	☐ Emotionen Raum lassen ☐ Den Konfliktbeteiligten vergegenwärtigen, dass die Bearbeitung aller Themen für die Regelung des Konflikts notwendig ist ☐ Vorrangige Techniken. Aktives Zuhören und Paraphrasieren, Visualisieren
Phase 3: Interessenklärung ☹ ⟷ ☺	☐ Interessen und Bedürfnisse hinter den Positionen erkennen ☐ Die tatsächlichen Bedürfnisse und Interessen der Konfliktbeteiligten herausarbeiten ☐ Die Konfliktbeteiligten darin unterstützen, ihre Bedürfnisse und Interessen zu erkennen und zu artikulieren (Empowerment) ... ☐ ... und die Bedürfnisse und Interessen der anderen anzuerkennen (Recognition) ☐ Konsense und Dissense verdeutlichen ☐ Vollständigkeit der gesammelten Interessen überprüfen	☐ Möglichst vollständig Bedürfnisse und Interessen herausarbeiten und visualisieren ☐ Bis zu den tatsächlichen Bedürfnissen und Interessen vordringen; nicht zu früh aufhören nachzufragen ☐ Allen Konfliktbeteiligten ausreichend Raum und Zeit geben ☐ Respektvoll neugierig sein ☐ Verstehen erzeugen durch permanentes Zusammenfassen und umformulieren ☐ Konfliktbeteiligte zum Perspektivenwechsel anregen ☐ Raum für Gefühle/ Emotionen geben ☐ Überwindung von Blockadesituationen bspw. durch lösungsorientiertes Fragen ☐ Eventuell erste Lösungsansätze aufnehmen, aber zurückstellen ☐ Annäherung der Konfliktbeteiligten unterstützen ☐ Vorrangige Techniken: Fragetechniken; Aktives Zuhören und Paraphrasieren; Visualisieren

Prozessschritt	Inhalte	Worauf ist besonders zu achten?
Phase 4: Kreative Ideensuche/Optionen bilden „Was wäre alles denkbar?" 😐 ☺ ←——→ ☺ 😐	☐ Sammlung von Ideen Auf- und Entdeckung neuer Optionen auf der Grundlage der Interessen ☐ Erweiterung des Verhandlungsspielraums	☐ Kreative Atmosphäre schaffen ☐ Auf die Beteiligten zugeschnittener Einsatz von Kreativitätstechniken ☐ Beim Auftauen neuer Konfliktthemen oder unbearbeiteter Interessen in Phase 2 oder 3 zurückkehren ☐ Nach einer ersten Lösungsoption versuchen, weitere zu finden ☐ Vorrangige Techniken: Kreativitätstechniken
Phase 5: Bewertung und Auswahl von Optionen „Wie können wir es angehen" ☺ ←——→ ☺	☐ Neue Argumente und Einsichten durch Perspektivenwechsel ☐ Integratives Verhandeln ☐ Bewertung und Auswahl von Lösungsoptionen ☐ Gemeinsame Bewertungsmaßstäbe entwickeln ☐ Für alle akzeptable Regelungen bzw. Lösungen entwickeln durch Interessenvermittlung bzw. -ausgleich ☐ Realisierbarkeit der angedachten Lösungen prüfen	☐ Lösungen müssen die Interessen und Bedürfnisse aller Konfliktbeteiligter berücksichtigen ☐ Prüfkriterien anlegen (rechtlich, technisch, wirtschaftlich, psychologisch, ökologisch, sozial, ...) ☐ Ggf. Integrative Verhandlungstechniken anwenden (Kuchen erweitern, Paketlösungen, Kompensationen, Bridging) ☐ Ggf. MI (Plus-Minus-Interessant) und andere Bewertungstabellen bzw. Matrizen einsetzen ☐ Bewertungskriterien müssen für alle Konfliktbeteiligten argumentativ nachvollziehbar und akzeptable sein ☐ Ggf. einen Aktionsplan für die nächsten Schritte aufstellen: Wer, macht was, wie, bis wann

Prozessschritt	Inhalte	Worauf ist besonders zu achten?
Phase 6: Vereinbarung und Umsetzung Dokumentation, Implementation und kontinuierliche Anpassung der Ergebnisse ☺ & ☺	☐ Mediationsvereinbarung mit folgenden Inhalten formulieren: Informationen zu den Konfliktbeteiligten, Informationen über den Ablauf der Mediation und Namen der Mediation, ggf. offen gebliebene Fragen, rechtliche Rahmenbedingungen und nächste Schritte, abschließende Bemerkungen, Datum und Unterschriften ☐ Ggf. rechtliche Prüfung und notarielle Beurkundung ☐ Klärung der Umsetzung ☐ Ggf. Nachfolgetreffen vereinbaren ☐ Ggf. die Möglichkeit von Nachverhandlungen festlegen (Mediationsklausel) ☐ Etablierung langfristig kooperativer Beziehungen ☐ Abschlussritual durchführen	☐ Mindestens die wesentlichen Eckpunkte der Vereinbarung müssen durch die Konfliktbeteiligten informiert werden ☐ Ein-Text-Verfahren anstreben ☐ Vereinbarung SMART (specific, measurable, achievable, relistic, timed) formulieren ☐ Die einzelnen Elemente einer Vereinbarung auf ihre Nachhaltigkeit und Realisierbarkeit hin abklopfen ☐ Verlässlichkeit für vereinbarte Schritte herstellen ☐ Langfristig kooperative Beziehungen zwischen den Beteiligten etablieren ☐ Die geleistete gemeinsame Arbeit der Beteiligten würdigen ☐ Das Mediationsverfahren angemessen abschließen

V. Empirische Daten

1. Deutschland

a) *Kathrin Lambrette* & *Melanie Herrmann*: Eine explorative Studie zur Akzeptanz von Wirtschafts- und Arbeitsmediation in Deutschland, Dresden 2002

Lambrette und *Hermann* haben an der TU Dresden an der Fakultät Mathematik und Naturwissenschaften in der Fachrichtung Psychologie in 2002 eine Diplomarbeit erstellt, die sich in 2 Teilen mit der Akzeptanz von Wirtschafts- und Arbeitsmediation in Deutschland befasst. Teil 1 behandelt das Thema „Mediatoren und Erfolg“, Teil 2 das Thema „Unternehmen und Mediation“. **154**

155 Die Befragung von 65 Mediatoren führte zu folgenden Ergebnissen:

- Der Erfolg eines Mediators ist altersunabhängig, nicht geschlechtsspezifisch und auch nicht abhängig von seiner ursprünglichen eigentlichen Ausbildung, wie z.B. Jura, Sozialwissenschaften, Wirtschaftswissenschaften. Auch eine zusätzliche Mediationsausbildung ist nicht maßgeblich für den Erfolg des Mediators.
- Erfolgsgarant ist weiterhin die Berufserfahrung. Einher geht damit, dass 39% aller Mediatoren zwischen 41 und 50 Jahre und 29% aller Mediatoren 51–60 Jahre alt sind. 68% aller Mediatoren sind somit zwischen 41 und 60 Jahre alt.
- Wichtig für den Erfolg als Mediator ist auch der Arbeitsschwerpunkt in den alten Bundesländern, die Kompetenz in verschiedenen Mediationsfeldern und die Größe des jeweiligen Unternehmens, in dem der Mediator seine Tätigkeit verrichtet. Erfolgreiche Mediatoren bieten ihre Tätigkeit in kleinen, mittleren und großen Unternehmen an.
- Wichtig ist für den erfolgreichen Mediator auch die Vermarktung („Intensität der Akquisition, das aktive Zugehen auf die potentielle Zielgruppe und eine aktive Öffentlichkeitsarbeit“).[110] Für die Werbung ist bedeutsam, dass der „Zeit- und Kostenvorteil“, die „Vertraulichkeit“ und der „zivilisierte Umgang“ beworben wird. Sehr wichtig für die Akquisition ist das „persönliche Gespräch“ vor Ort, die Darlegung „spezifischer Fallerfahrungen im Bereich der Wirtschaftsmediation“, die „prozentualen Erfolgsaussichten“, die „möglichen Referenzen“ und nicht zuletzt die Darstellung der eigentlichen beruflichen Erfahrungen des Mediators.[111]
- *Lambrette* und *Herrmann* verweisen auf weitere Faktoren für den Erfolg eines Mediators aus der Literatur
- „Prozesskompetenz“ (*Eidenmüller,* 2000),
- „Sicherheitsgefühl“ des Mediators (*Montada* & *Kals,* 2001),
- Marketingfertigkeiten,
- Ausstrahlung einer gewissen Autorität,
- richtige Fallerkennung in der Akquisitionsphase,
- zu viele Fälle werden als mediationsungeeignet abgelehnt.[112]

156 *Lambrette* und *Herrmann* führen die zum Zeitpunkt der Untersuchung noch fehlende Akzeptanz von Wirtschafts- und Arbeitsmediation in Deutschland „hauptsächlich“ auf die „Unbekanntheit des Verfahrens“ zurück. Sie regen daher an, nicht zu sehr mit der „Eigenverantwortlichkeit“ der Parteien bei Durchführung eines Mediationsverfahrens – dies führe bei „Erstnutzern zu einer Verunsicherung“ – und damit zu einer „Ablehnung des Verfahrens“ – zu werben, sondern für eine schnel-

---

[110] 150.
[111] 150.
[112] 150.

lere Akzeptanz eher an „bereits bekannte Konfliktlösungsverfahren, wie z. B. die Konfliktmoderation anzuknöpfen".[113]

Im Teil 2 der Diplomarbeit wird die Akzeptanz der Mediation in 15 Un- 157
ternehmen untersucht:

- 93% der befragten Unternehmensvertreter waren zwischen 30 und 60 Jahre alt.
- 60% der befragten Unternehmensvertreter waren Juristen (40%) oder Betriebswirte (20%).[114]
- 40% der befragten Unternehmen kamen aus den Bereichen Technologie, Telekommunikation, Entertainment, Automobilindustrie, wobei auf die ersten 3 Branchen und andererseits die Automobilindustrie je 20% entfielen.[115]
- 14 von den befragten 15 Unternehmen waren große Unternehmen und 1 Unternehmen ein mittelgroßes Unternehmen.[116]
- Unternehmen mit Mediationserfahrung bieten häufiger im Unternehmen selbst Schulungen zum Konfliktmanagement und zur Mediation an.[117]
- Unternehmen mit Mediationserfahrung haben eine strukturiertere Vorstellung, was mit dem Thema Mediation zu verbinden ist. Gleichzeitig bestehen bei Unternehmen mit Mediationserfahrungen aber auch „genauso viele nicht zutreffende Vorstellungen von dem Verfahren wie Unternehmen ohne Mediationserfahrung".[118]
- Unternehmen ohne Mediationserfahrung und auch Unternehmen mit Mediationserfahrung haben insgesamt gesehen noch zu wenig Kenntnis von dem Thema „Mediation". Unternehmen sehen immer noch die Mediation als „riskant" an.[119]
- Interessant ist auch die in diesem Teil 2 die Untersuchung der „Zufriedenheit deutscher Unternehmen mit ihrem momentanen Konfliktmanagement". Der überwiegende Anteil der Unternehmen ohne Mediationserfahrung war mit dem eigenen Konfliktmanagement zum Zeitpunkt der Untersuchung[120] zufrieden. Die Unternehmen mit Mediationserfahrung waren mit ihrem Konfliktmanagement zum Zeitpunkt der Untersuchung eher unzufrieden. Die Zufriedenheit war in erster Linie darauf zurückzuführen, dass Konflikte vermieden wurden und „Konfliktmanagement-Kompetenz im Unternehmen, die einen guten Umgang mit schwierigen Fällen ermöglichen". Gründe für die Unzufriedenheit waren insbesondere staatliche Gerichts- und Schiedsgerichtsverfahren.[121]

---

[113] 150 f.
[114] 153 f.
[115] 155.
[116] 156.
[117] 175.
[118] 175.
[119] 178.
[120] 2000 bis 2002.
[121] 178 f.

– Informativ ist auch im Teil 2 die Teiluntersuchung der „Kompatibilität der Vermarktungsstrategien von Mediatoren mit den Erwartungen der Unternehmen". Die Unternehmen hatten folgende Erwartung: Die Anwendung der Mediation diente der Vermeidung der „Nachteile traditioneller Konfliktlösungsverfahren wie z.B. Prozess". Eine wesentliche Rolle spielte auch die „Zeit- und Kosteneffizienz", der „angenehme Umgang mit dem Konflikt und den Streitparteien", der „vorhandene Leidensdruck sowie die persönliche Neugier, die Offenheit für Neues". Gegen die Anwendung der Mediation sprachen die Zufriedenheit mit dem jeweiligen Konfliktmanagement des befragten Unternehmens" die „Angst vor psychologischen Themen und Methoden". Problematisch war für die Unternehmen auch, dass der „Mediator nicht wirklich neutral und fachkompetent sein könnte". Der überwiegende Anteil der Unternehmen suchte sich selbst aktiv den Mediator aus. Die Initiative ging also nicht vom Mediator aus. Wichtig waren bei der Suche nach Mediatoren die „informellen Kontakte" über z.B. Bekannte oder das persönliche Erleben eines Mediators bei einem Seminar oder in einer anderen vorherigen Zusammenarbeit. Einige Unternehmen lassen sich auch Mediatoren durch institutionelle Anbieter empfehlen. Wenn aber der Mediator auf das Unternehmen zugegangen war und sich an die „direkten Entscheider" insbesondere in einem persönlichen Gespräch gerichtet hatte, hatte die Vermarktung des Mediators Erfolg. Für die Unternehmen war es auch wichtig, dass der Mediator „Fach- und Sozialkompetenz" sowie (Mediations-)Erfahrung hatte. Die Unternehmen waren auch daran interessiert, dass der Mediator ein „passendes Alter" hatte. Wichtig ist insofern, „das zum Fall und den Beteiligten passende Alter". Eine Mediationsausbildung erwarteten die Unternehmen ebenfalls. Diese Anforderung war jedoch nicht vorrangig. Wenn „Erfolgsquoten" vorliegen, sollte diese von den Mediatoren unbedingt erwähnt werden. Sinnvoll ist es aufgrund der Ergebnisse dieser Diplomarbeit, dass der Mediator „Fachkompetenz" hat und sich daher „auf einen bestimmten Wirtschaftszweig konzentrieren sollte".

b) *Dr. Myrto Leiss*: Zur Effizienz außergerichtlicher Verfahren im Wirtschaftsrecht – Eine empirische Untersuchung von Verhandlung und Mediation, München 2005

158 *Leiss* hat in ihrer Dissertation 2 empirische Untersuchungen durchgeführt. In Teil I, § 5 wird die empirische Untersuchung des Verhandlungsverhaltens von Anwälten einer internationalen wirtschaftsrechtlichen Anwaltssozität und in Teil II, § 8 die empirische Evaluationsstudie des Mediationsverfahrens anhand eines Trainingseminars für Wirtschaftsmediation vorgestellt.

aa) Empirische Untersuchung des Verhandlungsverhaltens von Anwälten einer internationalen wirtschaftsrechtlichen Anwaltsozität

Das durchschnittliche Verhandlungsverhalten der untersuchten Anwälte wird wie folgt zusammengefasst: „Insgesamt betrachtet lässt sich damit aufgrund der Daten feststellen, dass eine hohe Übereinstimmung des durchschnittlichen Verhandlungsverhaltens der befragten Anwälte mit dem interessenzentrierten Verhandlungsansatz, wie er überwiegend in der Verhandlungsliteratur vertreten wird, nicht besteht, vielmehr ist die Verhandlungsführung als tendenziell kompetitiv zu beschreiben. Ob dieser Stil überwiegend aktiv oder reaktiv ist, d.h. als Reaktion auf fremde Verhandlungsstile zustande kommt, kann hier nicht entschieden werden. Vor dem Hintergrund ökonomischer Betrachtung sind damit auf der Basis des überwiegend praktizierten Ansatzes Verhandlungsergebnisse zu erwarten, die vorhandene Wertschöpfungsmöglichkeiten nicht nutzen und damit bzgl. ihrer Effizienz suboptimal sind.“ 159

Der Einfluss demographischer Faktoren auf die Ergebnisse der Untersuchung zum Verhandlungsverhalten berücksichtigt das Tätigkeitsfeld bzw. das Rechtsgebiet, in dem die befragten Anwälte tätig waren. Die meist befragten Anwälte waren in den Bereichen „Banking“, „M&A“ und „sonstige“ tätig. Im Bereich „M&A“ wurden signifikant mehr Lösungsoptionen für den jeweiligen Fall von den Anwälten erarbeitet. Nach Auffassung von *Leiss,* der uneingeschränkt zugestimmt werden kann, besteht in diesem rechtlichen Bereich ein „besonders großer Gestaltungsspielraum und damit auch die Notwendigkeit, diesen durch das Generieren von verschiedensten Lösungsmöglichkeiten zu nutzen.“[122] Ein weiterer untersuchter Faktor ist der „Internationale Vergleich“. Bedeutsame Unterschiede zwischen den einzelnen europäischen Ländern wurden bzgl. des Verhandlungsverhaltens von *Leiss* nicht festgestellt. Es gab eine Ausnahme: Die Wichtigkeit der Geschäftsbeziehung. Interessant ist auch die Erkenntnis von *Leiss,* dass „aus eigener Sicht (der der Anwälte) in einer durchschnittlichen Verhandlungssituation deutlich mehr Aktivitäten unternommen werden, um die Interessenlage der anderen Seite zu verstehen, als umgekehrt Aktivitäten unternommen werden, der anderen Seite Einblick und Verständnis in die Interessenlage der eigenen Seite zu vermitteln, ...“.[123] 160

Der dritte demographische Faktor war „Status und Berufserfahrung“. Diese untersuchten Merkmale zeigten keine neuen Erkenntnisse. Status und Berufserfahrung spielten keine größere Rolle beim Verhandlungsverhalten der Anwälte. Es spielte auch keine größere Rolle, ob männliche oder weibliche Teilnehmer der Studie ihr Verhandlungsverhalten beschrieben.[124] 161

---

[122] 72.
[123] 72.
[124] 74.

162 Interessanter waren dann wieder die Erkenntnisse bei der Abfrage der „Charakteristika guter Verhandlungsführung nach Ansicht der befragten Anwälte“. 21% der Befragten hatten sich mit dem „Verständnis der Interessenlage der anderen Seite“, jedoch nur 7% der Befragten mit der „Vermittlung der eigenen Interessen an die andere Partei“ beschäftigt! 15% der befragten Anwälte beschäftigten sich mit Aspekten der Geschäftsbeziehung und 5% davon entfielen auf „Höflichkeit und Respekt“. 8% der Antworten befassten sich mit dem „Bewahren von Ruhe“ und 11% der Antworten bezogen sich auf „Kooperationsbereitschaft und Flexibilität“.[125]

163 Des Weiteren wurden die „häufigsten Verhandlungs- und Einigungshindernisse aus Sicht der befragten Anwälte“ abgefragt. Scheiterungsgründe waren z. B. „Inkompatibilität von Zielen oder Interessen“ (10%), „wirtschaftliche Gründe“ (3%), „Mandanten“ (7%). Die übrigen 80% der Antworten betrafen nicht fallspezifische Gründe:

- „Kommunikation“ (24%),
- „Geschäftsbeziehung“ (18%),
- „fehlendes Vertrauen/Lügen“ (3%).

Andere Gründe wurden nicht prozentual wiedergegeben, dafür aber wurde aufgrund der Befragungsergebnisse zu den „häufigsten Gründen für das Scheitern von Verhandlungen“ davon ausgegangen, dass „nicht nur Vorschläge und Zugeständnisse, die von der anderen Partei gemacht werden, sondern auch eigene an die andere Partei nicht den Anklang finden, den sie hätten, würden sie von einer als neutral wahrgenommenen Person stammen.“[126]

bb) Empirische Evaluationsstudie des Mediationsverfahrens anhand eines Trainingsseminars für Wirtschaftsmediation

164 Ziel dieser Studie war es zu untersuchen, ob die Mediation „tatsächlich das Potential für eine sehr effiziente Regelung von Wirtschaftskonflikten“ ist. Es sollte einmal „die Erfüllung verfahrensbezogener Zielkriterien durch das interessenzentrierte Moderieren über die Mediationsverfahren überprüft werden“. Darüber hinaus sollte untersucht werden, „ob und inwieweit die im Rahmen des interessenzentrierten moderierenden Mediationsansatzes erforderliche Verhaltensweisen trainierbar sind und inwieweit diese tatsächlich durch die Mediatoren eingehalten wurden“.[127]

165 In einem Mediationsverfahren, das mit trainierten Mediatoren durchgeführt wurde, zeigten sich folgende Ergebnisse:

- „Sehr hohe Zufriedenheitswerte der Parteien mit dem Ergebnis der Mediation“. Es wurde „im Rahmen des hier vermittelten interessen-

---

[125] 74 f.
[126] 76.
[127] *Leiss* 101.

zentrierten moderierenden Mediationsansatzes auf der Basis einer umfassenden Konfliktberatung wesentlich auf wirtschaftliche und persönliche Interessen und Bedürfnisse der Beteiligten abgestellt und auf dieser Basis Lösungen entwickelt, die gerade auf diese Interessenlage zugeschnitten sind und so Wertschöpfungspotentiale für die Parteien ausgeschöpft wurden."

- „Sehr hohe Zufriedenheitswerte der Parteien mit dem Prozess des Mediationsverfahrens. Dies ist sehr plausibel, denn die Parteien können im Rahmen der durch die Mediator gesteuerten Kommunikationen in der Verhandlung nicht nur ihre Sichtweite des Falles selbst mitteilen, und damit diejenigen Aspekte in den Vordergrund stellen, die ihrer Auffassung nach relevant sind – seien sie nun durch das Recht abgedeckt oder nicht – , sondern sie können auch selbstständig unter Beteiligung ihrer Parteianwälte an einer ihren Interessen und deren Priorisierung entsprechenden Einigung arbeiten."
- Die „mittels des Mediationsverfahrens entwickelte Einigung wurde von den Parteien auch als sehr fair eingestuft."
- „Die Qualität der Geschäftsbeziehung durch die Parteien im Anschluss an eine Wirtschaftsmediation mit trainierten Mediatoren wurde als hoch eingeschätzt". Dies wird darauf zurückgeführt, dass „der neutrale Dritte die Kommunikation zwischen den Parteien so zu steuern versucht, dass die Wahrnehmung der Gegnerschaft reduziert wird und die Parteien gemeinsam und problemorientiert an der Lösung des Konfliktes arbeiten können, indem sie ein gegenseitiges Verständnis ihrer Interessen sowie deren Priorisierungen entwickeln, das wiederum als Basis für die Entwicklung von Einigungsoptionen dienen kann."

Die Resultate dieser Teiluntersuchung lassen nach Auffassung von **166**
Leiss folgende Annahmen zu:

- Hohe Befolgungs- und Implementationsrate der vereinbarten Regelung ohne gerichtliche Zwangsmaßnahmen,
- maximale Wahrscheinlichkeit für Einhaltung und Umsetzung des vereinbarten Ergebnisses,
- kein Anlass, Konflikt in der Zukunft wieder aufleben zu lassen, da sehr hohe Ergebniszufriedenheit und gute Geschäftsbeziehung zwischen den Parteien,
- aufgrund dieser Ergebnisse hohe Kostenersparnisse wegen im Vergleich zu einem staatlichen oder schiedsgerichtlichen Verfahren eingesparter Transaktionskosten und aufgrund erheblich geringerer zeitlicher Einbindung zahlreicher Mitarbeiter und zugleich finanzielle und personelle Entlastung der Justiz.[128]

Der zweite Aspekt der Trainierbarkeit und Einhaltung der während des **167**
Trainings vermittelten Mediationstechniken durch den Mediator konnte ebenfalls bestätigt werden. Bei den trainierten Teilnehmern konnten im

[128] 119 ff.

Vergleich zur ersten Mediation bei Beginn des Trainings aufgrund der trainierten Mediationstechniken folgende Verbesserungen ermittelt werden:
- Vermittlung der Unparteilichkeit des Mediators,
- Leitung und Strukturierung des Verhandlungsprozesses ohne Rekurrierung auf ihre persönliche Auffassung zum Fall und infolgedessen den Parteien überlassene Verantwortung für die Entwicklung von Lösungsmöglichkeiten,
- deutliche Steigerungen der Erforschung der Interessenlage.

168 Nur leichte Steigerungen konnten im Vergleich zur ersten Mediation bei folgenden Aspekten erzielt werden:
- Stellen förderlicher Fragen,
- zusammenfassende Wiedergabe des durch die Parteien Gesagten,
- Förderung des Verständnisses für die Wahrnehmung der Interessen der jeweils anderen Partei,
- anregende Generierung von Lösungsoptionen durch die Mediatoren.

169 Eine Steigerung konnte dagegen nicht hinsichtlich der Anregung der Parteien zur Prüfung von Nichteinigungsalternativen durch die Mediatoren erzielt werden.[129]

170 Die wirtschaftliche Schlussfolgerung von *Leiss*[130] ist, dass Mediation bei internen Streitigkeiten in einem Unternehmen als auch bei Streitigkeiten zwischen Unternehmen einsetzbar ist, da
- flexible und interessengerechte Lösungen
- unter Ausschluss der Öffentlichkeit
- unter Schonung der Geschäftsbeziehung der Parteien,
- unter Kostenreduktion der Konfliktregelung und
- unter Zeitersparnis

geschaffen werden.

171 Zur Förderung des Einsatzes der Mediation und anderer Konfliktbeilegungsmechanismen empfiehlt der Verfasser, dass in den Unternehmen die Fragebögen von *Leiss* zur Untersuchung des Verhandlungsfalls im Wirtschaftsrecht praktizierender Anwälte in den Rechts-, Patent- und Lizenzabteilungen der Unternehmen[131] und zum Verhandlungsverhalten in allen Abteilungen des Unternehmens einschließlich der Geschäftsleitung bzw. des Vorstands[132] eingesetzt werden. Empfehlenswert erscheinen auch Anhang VI,[133] der den Evaluationsfragebogen für das Mediationsverfahren enthält und Anhang VII,[134] der die Ergebnistabellierung zur Evaluation des Mediationsverfahrens beinhaltet. Mit diesem Evaluationsfragebogen und der Ergebnistabellierung könnten dann auch unternehmensinterne Mediationsschulungen bewertet werden.

---

[129] *Leiss* 121 f.
[130] 142 ff.
[131] Anhang I; 157 f.
[132] Anhang II; 159 ff.
[133] *Leiss* 172 ff.
[134] *Leiss* 176 ff.

c) *Gerald Spindler*: Gerichtsnahe Mediation in Niedersachsen – Bilanz eines Forschungsprojekts, Göttingen 2006[135]

In Niedersachsen wurde im Jahr 2003 das Modellprojekt „Gerichtsnahe Mediation in Niedersachsen" gekoppelt mit einem Forschungsprojekt begonnen. Das Forschungsprojekt ging von der These aus, dass eine gerichtsnahe Mediation nur dann erfolgreich sein kann, wenn bestimmte „Anreizfaktoren" vorliegen: 172
- Richter dürfen nicht nur unliebsame Verfahren abschieben und müssen auch selbst eine Perspektive über die klassischen Vergleichsverhandlungen hinaus in den neuen Verfahren sehen,
- Anwälte dürfen die Verfahren nicht nur als lästiges Beiwerk und Zeitverschwendung empfinden und
- die streitenden Parteien müssen eine dauerhafte Lösung in der Mediation erkennen, die mehr als ein Vergleich eine Befriedigung der Streitigkeiten herbeiführen kann.[136]

In dem Modellprojekt ergab sich eine „vorsichtige Bestätigung der meisten Annahmen": 173
- Eine leichte Mehrheit der Richter konnte sich der These anschließen, dass sie sich aufgrund der gerichtsnahen Mediation den wirklich rechtlich und tatsächlich komplexen, für die Mediation nicht geeigneten Fällen besser widmen könnten,
- eine große Mehrheit bestätigte, dass durch die Mediation eine umfangreiche und zeitaufwendige Beweisaufnahme vermieden werden konnte,
- unliebsame Fälle würden nicht „abgedrückt",
- die Richter befürchten durch die gerichtsnahe Mediation keinen Ansehensverlust ihres Amtes,
- aus Sicht der Richter ergaben sich erhebliche Zeit- und Kostenersparnisse, allerdings mit teilweise gravierenden Ausnahmen,
- die meisten befragten Anwälte erklärten, dass durch die gerichtsnahe Mediation Beschleunigungen und Erleichterungen eintraten,
- die hinsichtlich der Parteien fielen die Ergebnisse vielschichtig aus; die Parteien gaben als Vorteil der gerichtsnahen Mediation eher die individuelle Zufriedenheit und weniger die Kostenersparnis an.

Hess sieht in der Regelung auf Landesebene ein „grundsätzliches Defizit des obligatorischen Streitschlichtungsverfahrens. Damit werde die Rechtseinheit im Prozessrecht aufgegeben; der Zugang zum Gericht bestimme sich nach den Grenzen der Bundesländer, lokales Recht bewirke Rechtsunsicherheit.[137] 174

---

[135] http://lehrstuhl-spindler.uni-goettingen.de, Downloads, Gutachten; Kurzform des Gutachtens: *Spindler* ZKM 2007, 79 ff.

[136] *Spindler* ZKM, 83.

[137] F 134.

d) PricewaterhouseCoopers-Studie 2005: „Commercial Dispute Resolution-Konfliktbearbeitungsverfahren im Vergleich"

175 PricewaterhouseCoopers hat in Zusammenarbeit mit der Europa-Universität Viadrina Frankfurt (Oder) im April 2005 die Studie „Commercial Dispute Resolution-Konfliktbearbeitungsverfahren im Vergleich" veröffentlicht. Thema der Studie war, wie deutsche Unternehmen ihre Konflikte mit anderen Unternehmen bearbeiten. Im Rahmen der Befragung wurde untersucht, welche Art der Konfliktbeilegungsverfahren (Gerichtsverfahren und verschiedene außergerichtliche Verfahren) die Unternehmen angewandt hatten und welche Vorstellungen, Referenzen, Veränderungsbedarf und Ansätze künftiger Entwicklungen die Parteien mit diesen Verfahren verknüpft hatten.

176 Erstaunlich war das Ergebnis. Die von den Unternehmen mit den Konfliktbearbeitungsverfahren verbundenen Vorstellungen der Wartungen entsprachen nicht in vollem Umfang dem eigentlichen Vorgehen im jeweiligen Streit. Dem Verhandeln wird zwar in der überwiegenden Anzahl der Fälle der Vorrang eingeräumt, jedoch bei Scheitern der Verhandlungen der Weg zum staatlichen Gericht und in geringerem Umfang der Weg zu Schiedsgerichten gewählt. Obwohl im Gegensatz zum überaus positiv bewertetem Verhandeln das Verfahren vor einem staatlichen Gericht eher negativ eingeschätzt wurde und darüber hinaus auch die als positiv eingeschätzten Verfahren der außergerichtlichen Konfliktbeilegung mittels Schiedsgerichtsverfahren, Schiedsgutachten, Schlichtung und Mediation, wurden diese Verfahren nicht sehr oft genutzt. Der Einsatz staatlicher Gerichte wird in der Regel als „unvermeidbar wahrgenommen". Gründe hierfür sind das „Scheitern vorgeschalteter Verfahren, Klageerhebung des Gegners oder mangelnde Bereitschaft der Gegenseite, sich auf andere Verfahren einzulassen". Immerhin haben 83% der an der Untersuchung beteiligten Unternehmen in gewissem Umfang Erfahrungen mit außergerichtlichen Verfahren unter Einsatz eines Dritten gewinnen können. Je größer das jeweilige Unternehmen ist, desto eher ist das Interesse ausgeprägt, außergerichtliche Verfahren unter Einsatz eines Dritten durchzuführen. Noch krasser erscheint der Unterschied zwischen Konfliktbearbeitung und andererseits der Erwartungshaltung der Unternehmen bei der Zuordnung der Vorteile (z.B. Kosten, Ergebnisqualität, Nachhaltigkeit, Gestaltungsautonomie) der einzelnen Konfliktbeilegungsverfahren. Wie schon erwähnt, wird nach einer gescheiterten Verhandlung zwar am Häufigsten ein staatliches Gerichtsverfahren zur Konfliktbeilegung eingesetzt, obwohl alle Befragten dem staatlichen Gerichtsverfahren die größten Nachteile zuordnen, gleichwohl aber Gerichtsverfahren, Schiedsgutachten, Schlichtung und der Mediation in dieser Reihenfolge ein stark vermindertes Interesse bzgl. des Einsatzes dieser Verfahren entgegengebracht wird. Die Mediation wird insoweit im Vergleich zu staatlichen Gerichtsverfahren fast nie eingesetzt, erhält aber bei der Beurteilung der Vorteile der einzelnen Verfahren die zweitbeste Einschätzung nach der Verhandlung. Es folgen die Schlichtung, Schiedsgutachten, Schiedsgerichtsverfahren und mit großem Abstand Gerichtsverfahren. Zur Veranschaulichung werden die beiden folgenden Schaubilder aus der genannten Studie aufgeführt:

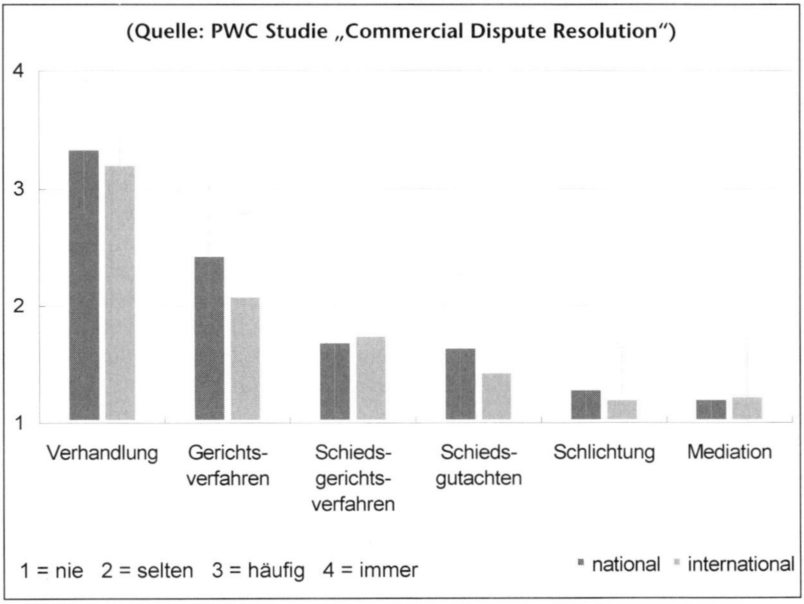

Abb. 1 Einsatz der Verfahren im Vergleich (mittlere Nutzungshäufigkeiten)[2]

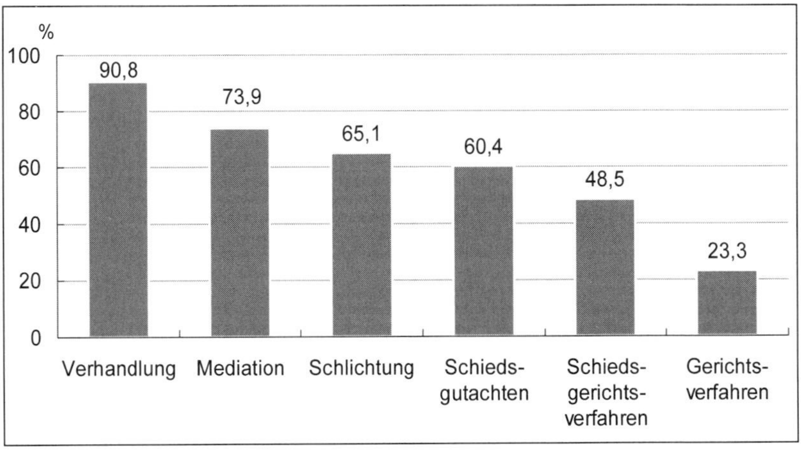

Abb. 10 Mittlere Vorteilswerte der Verfahren[5]

177 Relativ häufig werden außergerichtliche Verfahren unter Einsatz eines Dritten in den Bereichen Energie & Bergbau, Banken & Versicherungen eingesetzt. Die höchste Nutzungshäufigkeit wurde im Bereich Bau & Immobilien, die geringste Einsatzhäufigkeit in den Bereichen Verarbeitende Industrie, Handel & Dienstleistungen und IT & Medien verzeichnet.

178 Tendenziell wurde als Ergebnis der Studie formuliert, dass „das Ausmaß praktischer Erfahrung mit außergerichtlichen Verfahren trotz theoretisch bereits vorhandener Überzeugungen noch nicht ausreicht, um bekannte Verhaltensmuster nachhaltig zu verändern. Der Befund, dass mit zunehmender Unternehmensgröße der Einfluss der Rechtsabteilung auf die Verfahrenswaren und die Einsatzhäufigkeit von außergerichtlichen Verfahren steigt,. kann dahingehend interpretiert werden, dass ein systematischeres Konfliktmanagement zu einer effizienteren Nutzung der unterschiedlichen Verfahrensvorteile führt. Insgesamt legen die Vorstellungen Präferenz der Befragten wie der zuletzt dargestellte Trend nahe, dass die erkannten Vorteile der außergerichtlichen Verfahren in Zukunft stärker in Anspruch genommen werden. Zukunftsträchtig sind hier insbesondere Verfahren oder Verfahrenskombinationen („Hybride Verfahren“), die den Parteien eine ähnlich Gestaltungsautonomie wie die Verhandlungen zusätzlich die Vorteile der Unterstützung durch neutrale Dritte bieten“.[138]

e) PricewaterhouseCoopers-Studie 2007: „Praxis des Konfliktmanagements deutscher Unternehmen". Ergebnisse einer qualitativen Folgestudie zu „Commercial Dispute Resolution-Konfliktbearbeitungsverfahren im Vergleich"

179 PricewaterhouseCoopers veröffentlichte im Oktober 2007 in Zusammenarbeit mit dem Master-Studiengang Mediation an der Europa-Universität Viadrina Frankfurt (Oder) die Ergebnisse einer qualitativen Folgestudie zu „Commercial Dispute Resolution-Konfliktbearbeitungsverfahren im Vergleich“.

180 Es wurde in dieser zweiten Studie das in der Studie aus dem Jahr 2005 festgestellte Auseinanderfallen der positiven Bewertung und andererseits des tatsächlichen Einsatzes von Konfliktbearbeitungsverfahren von deutschen Unternehmen in Verbindung mit der Frage, was unter „Ergebnisqualität“ von Konfliktbearbeitungsverfahren zu verstehen sei, untersucht.

181 Die wichtigsten Ergebnisse dieser zweiten Studie sind:

- Nach wie vor werden außergerichtliche Konfliktbeilegungsverfahren selten eingesetzt. Dies liegt an immer noch nicht ausreichenden theoretischen Kenntnissen in den Unternehmen, bei den streitenden Parteien, den beauftragten Anwälten und den geringen Praxiserfahrungen mit derartigen Verfahren.

---

[138] 4 ff.

- Die immer noch seltene Nutzung außergerichtlicher Verfahren liegt nicht unbedingt an mangelndem „Leidensdruck" der streitenden Parteien bzgl. der Qualität staatlicher Gerichtsverfahren. Sehr groß ist dagegen die Unzufriedenheit der Unternehmen bzgl. Kosten und Zeitaufwand bei durchgeführten staatlichen Gerichtsverfahren.
- Hinderlich sind ebenfalls immer noch bzgl. des Einsatzes des Verfahrenspektrums, die mangelhafte Kommunikation im bzw. in den Unternehmen und die Ablehnung derartiger Verfahren seitens der jeweiligen Geschäftsleitung.
- Entgegen den Ergebnissen der Studie aus dem Jahr 2005, wonach außergerichtliche Konfliktbeilegungsverfahren in den Unternehmen zumindest teilweise dokumentiert und systematisch gesteuert wurden, konnte in dieser Folgestudie festgestellt werden, dass diese Verfahrensteuerung in diesen Unternehmen „optimierungsbedürftig" ist.
- Erfreulich ist die Bestätigung des Ergebnisses der ersten Studie aus dem Jahr 2005 in der Hinsicht, dass die Unternehmen nach wie vor der Auffassung sind, dass außergerichtliche Konfliktbeilegungsverfahren erheblich mehr Vorteile als staatliche Gerichtsverfahren aufweisen.
- In einer nicht unbeträchtlichen Anzahl von Unternehmen fehlen gezielte und zukunftsorientierte Maßnahmen für die Bearbeitung von Konflikten. Die Unternehmen wünschen sich zwar „maßgeschneiderte Maßnahmen, die für eine Anpassung der Unternehmensphilosophie bis hin zur unternehmensspezifischen Konfliktmanagementmodellen reichen", jedoch mangelt es – wie erwähnt – an der Umsetzung des als notwendig erkannten Änderungsbedarfs.
- In dieser zweiten Studie wurde des Weiteren die Erkenntnis gewonnen, dass „Unternehmensjuristen ihre Rolle als Rechtsanwälte erweitern und sich zu aktiven Konfliktmanagern wandeln sollten, die betriebliche Managementmodelle und -prinzipien auf die Konfliktbearbeitung in ihren Unternehmen übertragen. Dies bedeutet, in der Konfliktbearbeitung das gesamte zur Verfügung stehende Verfahrensspektrum einzubeziehen, bei der Verfahrensauswahl wirtschaftlicher Aspekte verstärkt zu berücksichtigen und die betrieblichen Prozesse zu optimieren."[139]

2. Ausland: EU

a) Österreich

aa) Alpen-Adria Universität Klagenfurt: Wirtschaftsmediation für Klein- und Mittelunternehmen in Österreich im Auftrag des Bundesministeriums für Wirtschaft und Arbeit, 2005.[140]

Ende 2003 bis Anfang 2004 wurden von der Universität Klagenfurt **182**
558 Klein- und Mittelunternehmen in Österreich hinsichtlich ihrer Er-

---

[139] 7 ff.

[140] www.konfliktkultur.com/projekt_3htm

fahrungen im Bereich der Wirtschaftsmediation um Auskunft gebeten. 5,2% aller befragten Unternehmen benannten den Bereich „Nutzungsrechte & Patente“ als Grund und Gegenstand ihrer Konflikte. Zum Zeitpunkt der Untersuchung besaßen erst 5% der befragten österreichischen Unternehmen über eigene Erfahrungen hinsichtlich der Wirtschaftsmediation,[141] der überwiegende Anteil dieser Unternehmen (90%) bewertete die Erfahrungen mit der Wirtschaftsmediation als positiv und mehr als 80% der befragten Anwender der Wirtschaftsmediation würden diese auch anderen Unternehmen zur Konfliktbearbeitung empfehlen.[142]

183 Folgende Hürden wurden als Ergebnis der Studie definiert:

- Hürde 1: Tabuthemakonflikt – Konflikt als Managementversagen: „Fremder“ Konflikt Vermittler stören die Intimität kleinerer Unternehmen und Familienbetriebe schon durch ihre Anwesenheit und zeigen außerdem noch „wie's geht“. Als nachteilig wird es auch empfunden, dass über die Medien ständig das Versagen von Führungskräften offenkundig gemacht wird.[143]
- Hürde 2: Ausblendung von Konfliktfolgekosten: Ein Ergebnis der quantitativen Studie ist es, dass es zu wenig „Bewusstsein für die ökonomischen Folgen eines Konfliktes“ in den befragten Unternehmen gibt. Es besteht z.B. bei den befragten Unternehmen keine Kenntnis darüber, „welche Kosten durch den Wegfall bisheriger Kunden oder dem Neuaufbau von Lieferantenbeziehung entstehen. Selbst die Kosten für die Rekrutierung von neuen Mitarbeitern und deren Einarbeitung als Folge von Konflikten können zahlenmäßig in der Mehrzahl der Unternehmen nicht angegeben werden und fließen daher bei der Entscheidung für die jeweilige Konfliktbearbeitungsstrategie nicht ein. Indirekte Kosten, die etwa aufgrund von verzögerten Entscheidungen, Diebstählen oder Beschädigungen von Produktionsmitteln entstehen, werden aufgrund dessen noch viel weniger berücksichtigt.“[144]
- Hürde 3: Ausblendung von Kosten der Konfliktbearbeitung: Fast alle befragten Unternehmen sehen die Notwendigkeit, ein Konfliktmanagement zu betreiben. Nur ein geringer Anteil dieser Firmen setzt jedoch entsprechende Verfahren ein. Es gibt keine formalen Regeln und vorgegebenen Verfahrensabläufe bei der Konfliktbearbeitung. Dies führt zu einer nicht unerheblichen zeitlichen und psychischen Belastung der Beteiligten und steigert daher die internen Kosten, die aufgrund der nicht strukturierten Verfahrensabläufe nicht erkennbar werden. Dies führt sogar zu der Annahme, dass die Bearbeitung kosteneffektiver erscheint. Bei Einschaltung externer Dritter werden nur

---

141 4.
142 5.
143 157f.
144 158f.

die erkennbaren Kosten für Rechtsanwälte und die Gerichtskosten berücksichtigt. Der unternehmensinterne Aufwand wird nicht berücksichtigt.[145]

- Hürde 4: Selber bewältigen statt externer Unterstützung: Die befragten Mitarbeiter setzten sich aus überwiegend „Konsensorientierte" ein und bevorzugten eine aktive Strategie der Konfliktbearbeitung. Ein Drittel der befragten Unternehmen ist grundsätzlich der Auffassung, dass die Einschaltung von Dritten nicht notwendig ist. Die Einbeziehung eines Dritten wird erst dann akzeptiert, wenn „man sich dem externen Konfliktgegner unterlegen fühlt oder wenn die interne Ressource und Mechanismen der Konfliktbearbeitung nicht mehr ausreichen, zumeist in bereits stark eskalierten Konflikten."[146]
- Hürde 5: Erwartungshaltungsentlastung: In der Regel gibt es bei den Unternehmen „hohe, aber tendenziell auch eher diffuse Erwartungen" an die Mediatoren. Gewünscht ist bei der Einschaltung von Mediatoren die Delegation der Konfliktlösung mit der Folge, dass die in Österreich als notwendig angesehene Anwesenheit von Mediatoren zur Enttäuschung von Erwartungen führt, wobei diese einerseits auf die Reduzierung des zeitlichen Einsatzes von Führungskräften und darüber hinaus auf eine Reduzierung der „emotionalen Kosten" abzielen. Die Befragten möchten den Streit lieber delegieren, um sich aus „Angst vor weiteren Kränkungen möglichst wenig mit der anderen Seite und der Konfliktthematik weiter beschäftigen zu müssen."[147]

bb) Studie „Angstkultur statt Konfliktlösungskultur in österreichischen Unternehmen?", 2004 und Studie „Konfliktlösung und Wirtschaftsmediation in den Österreichischen Unternehmen", 2006, der Unternehmensberatung *Wietasch* & *Partner* und des Instituts für Grundlagenforschung GmbH (IGF) im Auftrag der Wirtschaftskammer Österreich.

Die beiden Studien wurden mit dem Ziel erhoben, den Bekanntheits- **184**
grad und die Einstellung zum Thema Wirtschaftsmediation und Umgang mit Konfliktsituationen in den österreichischen Unternehmen zu untersuchen. Es wurden 300 Interviews geführt. In der zweiten Studie im Jahr 2006 wurden dann in denselben Unternehmen, allerdings nur noch Unternehmen mit 80 und mehr Mitarbeitern die gleichen Fragen wie in der Studie aus dem Jahr 2004 gestellt.

Es gab folgende Ergebnisse: **185**

- In einem Drittel der befragten Unternehmen gab es sowohl im Jahr 2004 als auch im Jahr 2006 speziell ausgebildete Mitarbeiter für die Konfliktlösung.

---

[145] 159 f.
[146] 160 f.
[147] 161 f.

- In 14% der Unternehmen gibt es schriftlich dokumentierte und jedem Mitarbeiter bekannte Richtlinien für den Umgang mit Konflikten/Konfliktpotenzialen. In weiteren 30% der Unternehmen gibt es ebenfalls diese Richtlinien, jedoch nicht in schriftlicher Form.
- Im Jahr 2006 (21%) kannten die befragten Unternehmen im Vergleich zum 2004 (13%) erheblich mehr Betriebe, in denen eine Wirtschaftsmediation eingesetzt wurde.
- Im Jahr 2006 (13%) wurden im Vergleich zum Jahr 2004 (6%) mehr als doppelt sooft Wirtschaftsmediatoren im Unternehmen eingesetzt.
- Wenn ein Mediator im Unternehmen eingesetzt worden war, waren 97% der befragten Unternehmen mit der Lösung zumindest teilweise (25%) zufrieden, bzw. zufrieden (40%) bzw. sehr zufrieden (33%).
- Bei 51% aller externen Konflikte, bei 54% aller Konflikte im unternehmensstrategischen Bereich und bei 63% aller Konflikte im zwischenmenschlichen Bereich wurden Wirtschaftsmediatoren eingesetzt.
- Als hauptsächliche Vorteile der Mediation für das Unternehmen wurden im Vergleichszeitraum von dreiviertel aller Unternehmen die „Konfliktlösung durch eine neutrale Person" genannt. „Kosten- und Zeiteffizienz" wurden jeweils mit 13% im Mai 2006 als weitere stark im Vordergrund stehende Vorteile genannt. Es folgten die „Vermeidungen juristischer Auseinandersetzungen" (12%) und die „bessere Kommunikation" (11%) im Mai 2006.
- Das Image von Wirtschaftsmediation/Mediatoren wurde als sehr/eher positiv in 37% der Betriebe mit 80–149 Mitarbeitern und in 56% der Betriebe mit 500 und mehr Mitarbeitern gesehen.
- 75% der Befragten gingen im Mai 2006 davon aus, dass sich die Wirtschaftsmediation in Österreich in den nächsten 2–3 Jahren wahrscheinlich (67%) bzw. ganz sicher (8%) durchsetzen wird.

186 *Laukemann*[148] geht davon aus, dass die die von dem österreichischen Bundesgesetz über Mediation in Zivilrechtssachen (ZivMediatG vom 1.5. 2004) „erhofften Impulse zur Festigung der gerichtsnahen Mediation als alternatives Instrument der Konfliktbewältigung ausgeblieben sind".[149]

cc) Forschungsprojekt des „Europäischen Instituts für Wirtschaftsmediation" im Auftrag des Bundesministerium für Wirtschaft und Arbeit: Wirtschaftsmediation im Europäischen Vergleich, Wien 2005

187 Dieses Forschungsprojekt widmete sich den Ländern Frankreich, Deutschland, Österreich sowie den skandinavischen Ländern.

188 Als Ergebnis dieser Studie kann festgehalten werden, dass in Europa zum Zeitpunkt der Untersuchung die Wirtschaftsmediation noch nicht sehr stark verbreitet ist. Lediglich in Großbritannien kann von einer Viel-

---

[148] *Hess* F 75 ff.

[149] F 83 und siehe auch *Schlehe* 7 ff.

zahl erfahrener Wirtschaftsmediatoren ausgegangen werden. Dies mag daran liegen, dass Großbritannien „10 Jahre Entwicklungsvorsprung" hat. Im Übrigen kann auf Ergebnisse der bisher dargestellten Ergebnisse der anderen genannten Studien verwiesen werden. Bezeichnend ist der erste Satz des 10. Abschnitts dieses Forschungsprojekts.[150] „Der Wirtschaftsmediation steht in Europa noch die Morgenröte im Antlitz!"

b) Frankreich

In Frankreich ist seit 1996 die gerichtsnahe Mediation („médiation judiciaire") geregelt (Art. 131–1 bis 131–15 Nouveau Code de Procédure Civile). Bisher ist die Erfolgsquote gering. Im Jahr 2000 wurde in nur 185 Fällen von 35 000 Verfahren vor der Cour d'Appel de Paris ein gerichtsnahes Mediationsverfahren durchgeführt.[151] **189**

In den letzten drei Jahren ist jedoch ein Wandel eingetreten. In Wirtschaftsstreitigkeiten ist ein Trend zugunsten der Mediation zu verzeichnen. Der Cour de Cassation hatte am 13. 2. 2004 einen Fall zu behandeln, der die Wirksamkeit vertraglicher Mediationsklauseln betraf. Aufgrund des Vertrags musste als erster Schritt vor irgendwelchen anderen rechtlichen Verfahren die Mediation gewählt werden. Aufgrund dieser Klausel war die Mediation als erster Schritt, um den Streit zu beenden, zwingend vorgeschrieben. Das Gericht entschied, dass gerichtliche Verfahren, die von einer Partei ohne die Folgemediation begonnen werden, nicht länger zulässig sind. **190**

Die CMAP (Paris Mediation and Arbitration Centre, eine Abteilung der Handelskammer Paris) veröffentlichte im Jahr 2005 eine Statistik, wonach in 60% der Fälle, in denen vor Beginn eines Rechtstreits ein Angebot zur Durchführung der Mediation an die gegnerische Partei geschickt wurde, dieses Angebot akzeptiert wurde. In 71% der Fälle führten die bei der CMAP durchgeführten Mediationen zu einem Vergleich zwischen den Parteien. 12% der in 2005 bei der CMAP durchgeführten Mediationen betrafen IP-Streitigkeiten. **191**

Unter der Führung des französischen Ministers für Wirtschaft und Finanzen wurde am 22. 11. 2005 die „Charta für Mediation" von 55 der größten französischen Firmen unterschrieben. Am 16. 10. 2006 wurde dann eine entsprechende Charta für Mediation von französischen Anwälten unterzeichnet.[152] **192**

c) Großbritannien

In Großbritannien übergab 1996 Lord *Woolf*, Master of the Rolls, seinen Abschlußbericht über das Zivilrechtssystem in England und **193**

---

[150] 468.

[151] *Lacabarats* ZKM 2003, 153 ff.

[152] Siehe zur gerichtsnahen Mediation in Zivilsachen in Frankreich *Hess* F 83 ff.; und zu den übrigen im Text genannten statistischen Daten und *Chartas Barbier/Drouault-Gardrat* Mediation in France les Nouvelles 2007, 335.

Wales („Access to Justice“) dem Lord Chancellor. Dieser Bericht (heute oft „*Woolf*-Report“ genannt) forderte eine faire, schnelle und angemessene Streitlösung und den einen Satz alternativer Verfahren zur Streitlösung vor der Inanspruchnahme staatlicher Gerichte. Diese Prinzipien wurden im Jahr 1999 in das Zivilprozessrecht (Civil Procedure Rules“). Weitere Anstrengungen wurden in den letzten Jahren unternommen, um die Alternative Dispute Resolution (ADR) verstärkt einzuführen. Zum Beispiel bekam das UK Patent Office die rechtlichen Möglichkeiten, nicht bindende Stellungnahmen/Gutachten bzgl. der Nichtigkeit und der Verletzung von Patenten zu erteilen.[153]

194 Das UK Patent Office bot dann ab April 2006 einen Mediation Service an, um bei IP-Streitigkeiten Firmen und einzelnen Personen eine Hilfestellung zu geben. Das UK Patent Office erklärt ausdrücklich, dass es Streitigkeiten über Lizenzverträge, Patentverletzungen und Schutzrechtseigentumsfragen für mediationsgeeignet hält. Obwohl der Woolf-Report schon 10 Jahre alt ist, hat die Industrie in Großbritannien die Mediation nur zögerlich akzeptiert. So hat der Court of Appeal im Jahr 2004 in dem Fall Reed Executive and others v Reed Business Information and others et al, EWCA Civ 887, entschieden, dass Mediation nicht für Jedermann zugänglich ist. Es wurde entschieden, dass eine Partei die Kosten des Verfahrens nicht zu tragen hat, wenn sie sich vorher geweigert hatte, eine Mediation durchzuführen. Der Court of Appeal hat jedoch in dem Fall IDA Ltd and others v The University of Southampton and others im Jahr 2006 entschieden, dass die Mediation für IP-Streitigkeiten geeignet ist. Dieser Fall betraf Fragen zum Eigentum an bestimmten Patenten bzgl. einer Insektenfalle. Der Court of Appeal legte dar, dass Streitigkeiten vor staatlichen Gerichten „could be protracted, very very expensive and emotionally draining,“ and „On top of that, very often development or exploitation of the invention under dispute will be stultified by the dead hand of unresolved litigation. This sort of dispute is particularly apt for early mediation.“ Die Kommentare des Gerichts in diesem Fall zeigen an, dass ein steigender Druck auf bestimmte Streittypen – wie z.B. das Eigentum an IP und Lizenzgebührenstreitigkeiten – durch Mediation zunächst gelöst werden sollen. Diese Erwartung wird durch eine Veröffentlichung des UK Government commissioned report[154] reflektiert. In diesem Bericht wird erklärt, dass die Anzahl der IP-Fälle vor staatlichen Gerichten durch ADR reduziert werden sollten und dass die streitenden Parteien ein größeres Interesse daran haben sollten, ihre Streitigkeiten durch Mediation zu lösen.[155]

---

[153] Sections 74A und 74B des Patentgesetzes von 1977 mit Änderungen und Rules 77A bis 77K der Patents Rules 1995 mit Änderungen, die am 1. 10. 2005 wirksam wurden.

[154] Gowers Review of Intellectual Property December 2006.

[155] *Hayley French* Mediation and Arbitration in England les Nouvelles, 2007, 333f.; zur gerichtsnahen Mediation in England vgl. *Hess* F 70ff.

195 Das Centre for Effective Dispute Resolution (CEDR) hat in „The Third Mediation Audit" vom 8. 11. 2007[156] ausgeführt, dass aufgrund der Zahlen der wesentlichen Mediationseinrichtungen in Großbritannien es im Jahr 2007 ca. 3400–3700 Mediationsfälle, mithin also 33% mehr Mediationsfälle als im Jahr 2005 (2500–2700 Fälle) gab. Der Markt wird von relativ wenigen Mediatoren dominiert. Eine Gruppe von ca. 80 Mediatoren ist in fast 80% aller ad hoc-Fälle involviert. Im Jahr 2005 waren es 65 Mediatoren, die 70% der ad hoc-Fälle bearbeiteten. 50% aller Mediatoren sind sehr erfahren, 27% aller Mediatoren durchschnittlich erfahren und 23% aller Mediatoren sind neu in diesem Geschäft. Die neuen Mediatoren und die Mediatoren mit mittlerer Erfahrung berichteten, dass sie nicht mehr als vier Mediationen je Jahr hatten, dagegen die erfahrenen Mediatoren mehr als zehn Mediationen pro Jahr und Mediator betreuten. Das Durchschnittsalter der Mediatoren ist zwei Jahre höher als bei der letzten Umfrage in 2005. Bei weiblichen Mediatoren beträgt das Durchschnittsalter 49 und bei männlichen Mediatoren 54 Jahre und sind damit ca. sieben Jahre älter als die durchschnittlichen Partner von Rechtsanwaltskanzleien. 31% der befragten Mediatoren sind Vollzeitmediatoren. Die Verdienstmöglichkeiten haben sich im Vergleich zum Jahr 2005 bei weniger erfahrenen Mediatoren nicht verbessert und liegen bei einem Tagessatz von ca. 1200,– £. Die erfahrenen Mediatoren haben dagegen statt einem Tagessatz von 2196,– £ in 2005 in 2007 nunmehr einen Tagessatz von 3120,– £, mithin einen Anstieg von 42% innerhalb von zwei Jahren verzeichnen können. Der Jahresverdienst erfahrener Mediatoren wird wie folgt aufgeführt:

- 4% der erfahrenen Mediatoren, die 20–30 Mediationen pro Jahr durchführen, verdienen pro Jahr 53 000,– £ (2005: 43 000,– £),
- 5% der erfahrenen Schiedsrichter, die 30–50 Mediationen pro Jahr durchführen, verdienen ca. 121 000,– £ pro Jahr (2005: 102 000,– £),
- 13% aller erfahrenen Schiedsrichter, die mehr als 50 Mediationsfälle pro Jahr bearbeiten, verdienen ca. 282 000,– £ pro Jahr (2005: 177 000,– £).

196 Die Mediatoren berichteten, dass 75% aller Fälle am ersten Verhandlungstag des Mediationsverfahrens und weitere 13% kurz danach verglichen wurden, was zu einer Vergleichsrate von 88% führt. In 2005 betrug diese Rate 93%.

197 Die Mediatoren wurden auch nach dem Verhalten der streitenden Parteien und deren Anwälten gefragt:

- 64% der Anwälte und 63% der Parteien wurde ein gutes bis sehr gutes Verhalten bei der Durchführung der Mediation attestiert.
- 17% der Anwälte und 20% der Mandanten wurden bezüglich ihres Verhaltens als angemessen beurteilt.

---

[156] 1 ff.

- 19% der Anwälte und 17% der Mandanten wurden bezüglich ihres Verhaltens als weniger adäquat eingestuft.

198 Die beteiligten Anwälte schätzten das Verhalten ihrer gegnerischen Kollegen zu 52% als gut oder sehr gut und das Verhalten ihrer Mandanten zu 62% als gut oder sehr gut ein. 17% der gegnerischen Anwälte und 10% der Mandanten wurden als unterdurchschnittlich bezüglich ihres Verhaltens eingestuft.

199 Das Verhalten der Mediatoren wurde von den Parteianwälten wie folgt eingestuft:
- 80% der Mediatoren wurden als sehr gut oder gut eingestuft, wobei 56% als sehr gut eingestuft wurden.
- 14% der Mediatoren wurden als durchschnittlich eingestuft und
- nur 6% als unterdurchschnittlich eingeschätzt.

3. Ausland: International

a) Australien

200 Alternative Dispute Resolution (ADR) wird auch in Australien regelmäßig für IP-Streitigkeiten eingesetzt. Der Federal Court of Australia, Annual Report 2005/2006, enthält zwar keine statistischen Daten speziell für IP-Mediationsfälle, sondern enthält nur generelle statistische Daten, die auch IP-Fälle enthalten. Im Zeitraum 2005/2006 gab es insgesamt 369 Mediationssitzungen, die von Gerichtsmediatoren behandelt wurden, wobei 36 Fälle mittels einer Mediation weitergeführt wurden. 56% der Fälle wurden durch Streitbeilegung beendet.[157]

b) China

201 In China gibt es kein spezifisches Mediationsgesetz. Eine Mediationsinstanz ist die CCPIT/CCOIC Conciliation Center („CCC"). CCC wurde 1987 gegründet. Inzwischen gibt es mehr als 40 dezentrale Center der CCC in China. Die CCC hat bisher mehr als 4000 Fälle in unterschiedlichen Branchen und in mehr als 30 Ländern und Regionen betreut. 80% der Fälle wurden erfolgreich durch Conciliation verglichen.[158]

c) Japan

202 Das 1998 gegründete Japan Intellectual Property Arbitration Center (JIPAC) betreut IP-Streitigkeiten. Das JIPAC hat eine Kooperationsvereinbarung mit der WIPO. Das JIPAC verwaltet alle Arten von IP-Strei-

---

[157] *Khajaque Kortian* Mediation And Arbitration Of Intellectual Property Disputes In Australia les Nouvelles 2007, 315 f.

[158] *John Budge/Wang Dong Hui*, les Nouvelles 2007, 328, 331 f.; s. a. *Shaojie Chi* les Nouvelles 1996, 77 ff.

tigkeiten über z. B. die Zuordnung des Rechts auf Anmeldung eines Patents in einem gemeinsamen Forschungs- und Entwicklungsvorhaben, Lizenzgebührensatz, Zahlungsverzug, Erfindervergütung, Patentverletzung und/oder Nichtigkeitsklagen bzgl. ausländischer Patente. Zwischen 1998 und 2004 ist die Anzahl der Mediations-/Schiedsgerichtsfälle von einigen wenigen auf 20 angestiegen. 95% der Fälle vor dem JIPAC waren Mediationsfälle, die übrigen 5% waren Schiedsgerichtsfälle. 61% der Fälle betrafen Patente, 18% Marken, 10% Geschmacksmuster, 5% Urheberrechte, 3% Unlauteren Wettbewerb und 3% betrafen Verträge. Die durchschnittliche Mediationsdauer vor dem JIPAC beträgt 4,8 Monate.[159]

d) Singapur

Das Intellectual Property Office Of Singapore hatte im März 2008 die folgende Statistik für Mediationsfälle im IP-Bereich für die Jahre 2001–2007 veröffentlicht: 203

Hearings and Mediation Statistics

	2001	2002	2003	2004	2005	2006	2007
Pre-hearing Reviews	19	49	69	73	55	65	98
Interlocutory Hearings	23	29	16	13	20	10	12
Full Hearings	15	6	15	17	30	18	19
Case Management Conferences	0	9	11	20	2	4	5

e) USA

Hinsichtlich der USA werden nur empirische Daten eines Aufsatzes 204 von *Brousseau/Chasserant/Bessy/Coeurderoy*,[160] The Diversity of Technology Licensing Agreements And Their Causes wiedergegeben, da in diesem Aufsatz sehr interessante Bezüge auch zur Streitschlichtung enthalten sind. Die Untersuchung begann im Frühjahr 2001. Es wurden 2685 Firmen angeschrieben. 35,5% aller angeschriebenen Firmen hatten ihren Sitz in Europa, 13% in Japan und 48,5% in Nordamerika. 160 Fragebögen (6%) wurden lediglich ausgefüllt und zurückgeschickt. Diese Fragebögen enthalten Antworten zu insgesamt 297 Technologielizenzverträgen.

Die folgenden Übersichten[161] beinhalten die empirischen Untersu- 205 chungsergebnisse im Hinblick auf Regelungen zur Streitschlichtung:

---

[159] *Kei Konishi* Mediation/Arbitration Under Japanese Law les Nouvelles 2007, 337 f.

[160] Les Nouvelles 2005, 179 ff.

[161] Die Nummerierung der Übersichten wurde für dieses Werk geändert.

Übersicht 1: The Role of Private Institutions on Licensing Practices, by Industry

Collective organizations facilitate TLA by:	Raw Material Transformation	Cemicals	Equipment	Services	Other	Total
Facilitating contacts	66.7	81.5	25	58.1	63.6	59.9
Producing information	20	46.3	22.2	19.4	27.3	26.5
Publishing guidelines	20	31.5	8.3	41.9	27.3	30.6
Providing disputes resolution mechanisms	33.3	25.9	5.6	3.2	9.1	30.6
Total number of responses	**15**	**54**	**36**	**31**	**11**	**147**

Quelle: Eric Brousseau/Camille Chasserant/Christian Bessy/Régis Coeurderoy The Diversity of Technology Licensing Agreements And Their Causes, les Nouvelles 2005, 179 ff.

Übersicht 2: The Role of Private Intermediaries and Institutions

Services provided by private entities	Number	%
Reference		
In matter of TLA conditions	33	11.8
Regarding financial conditions	57	20.4
Total number of responses	**279**	
Supervision	32	11.6
Total number of responses	**277**	
Dispute resolution	117	41.8
Total number of responses	**280**	

Quelle: Eric Brousseau/Camille Chasserant/Christian Bessy/Régis Coeurderoy The Diversity of Technology Licensing Agreements And Their Causes, les Nouvelles 2005, 179 ff.

Übersicht 3: IPRS related Conflicts, by Industry

More frequent type of conflict (scale from 1 to 5)	Raw Material Transformation	Cemicals	Equipment	Services	Other
Infringement	2.8 (0.7)	3.1 (1)	2.9 (1.1)	2.7 (1)	2.6 (1.1)
Violation of payment obligations	1.8 (0.7)	2.4 (1)	1.8 (0.8)	2.8 (1.2)	2.5 (0.8)
Violation of other obligations	2.0 (0.4)	2.2 (0.8)	2.0 (0.7)	2.3 (1)	2.2 (0.7)
Violation of secrecy	1.7 (0.5)	2.1 (0.9)	1.9 (0.8)	2.2 (0.9)	1.9 (0.5)
Total number of responses	**16**	**27**	**35**	**32**	**11**

Quelle: Eric Brousseau/Camille Chasserant/Christian Bessy/Régis Coeurderoy The Diversity of Technology Licensing Agreements And Their Causes, les Nouvelles 2005, 179 ff.

Übersicht 4: IPRS related Conflicts, by Region

More frequent type of conflict (scale from 1 to 5)	North America	Europe	Japan	Rest of the world	Other
Infringement	3.1 (1)	2.7 (1)	2.8 (1)	2 (1.1)	2.9 (1)
Violation of payment obligations	2.6 (1)	2.1 (1.1)	1.8 (0.8)	2.4 (1)	2.3 (1)
Violation of other obligations	2.3 (0.8)	2.1 (0.8)	1.7 (0.6)	2.6 (1.6)	2.1 (0.8)
Violation of secrecy	2.3 (0.9)	2 (0.8)	1.6 (0.6)	2.2 (1.2)	2 (0.9)
Total number of responses	**68**	**41**	**37**	**5**	**151**

Quelle: Eric Brousseau/Camille Chasserant/Christian Bessy/Régis Coeurderoy The Diversity of Technology Licensing Agreements And Their Causes, les Nouvelles 2005, 179 ff.

Übersicht 5: Governance Mechanismus, by Industry (in percent of the sub-populations)

Characteristics of the contracts:	Raw Mat. Trans-fomation	Cemicals	Equip-ment	Services	Other	Total
Renegotiation						
Provision of renegotiation	56.3	36.6	50	40.7	42.1	43.5
For royalty rate	15.6	15.8	27	30.5	15.8	21.8
For geographical extension	21.9	11.9	14.9	22	26.3	16.8
For provided technology	18.8	13.9	17.6	22	10.5	16.8
For the entire contract	37.5	10.9	20.3	22	15.8	18.9
Total number of responses	**32**	**101**	**74**	**59**	**19**	**285**
Formal negatiation mechanism	18.8	44.6	23.6	22.8	29.4	30.8
Total number of responses	**32**	**101**	**72**	**57**	**17**	**279**
Supervision						
Formal supervision mechanism	15.6	28	9.6	11.9	18.8	17.9
Committee	15.6	28	5.5	6.8	0	14.6
Independent third party	0	0	4.1	5.1	18.8	3.2
Total number of responses	**32**	**100**	**73**	**59**	**16**	**280**

Governance Mechanisms, by Industry (in percent of the sub-populations)

Characteristics of the contracts:	Raw Mat. Transfor-mation	Cemicals	Equip-ment	Services	Other	Total
Inspection Rights						
On books	78.1	79.4	79.7	82.8	63.2	78.9
Licensor	25	33.3	44.6	43.1	31.6	37.2
Third party	37.5	39.2	27	39.7	26.3	35.1
Both	15.6	6.9	8.1	0	5.3	6.7
On products	62.5	19.6	43.2	43.1	42.1	36.8
Licensor	50	9.8	33.8	3.1	2.9	27.4
Third party	87.3	60.8	0	0	0	6.7
Both	12.7	39.2	0	0	0	2.8
On industrial installations	34.4	25.5	21.6	36.2	5.3	26.3
Licensor	31.3	18.6	16.2	25.9	5.3	20
Third party	0	2.9	1.4	10.3	0	3.5
Both	3.1	3.9	4.1	0	0	2.8
On R&D projects	6.3	11.8	6.8	13.8	10.5	10.2
Licensor	6.3	8.8	5.4	10.3	10.5	8.1
Thrid party	0	2	1.4	3.4	0	1.8
Both	0	1	0	0	0	0.4
Total number of responses	**32**	**102**	**74**	**58**	**19**	**285**

Governance Mechanisms, by Industry (in percent of the sub-populations)

Characteristics of the contracts:	Raw Mat. Transfor-mation	Cemicals	Equip-ment	Services	Other	Total
Dispute resolution						
Formal mechanism	77.4	78.4	59.5	42.6	78.9	65.9
A committee	6.5	8.8	0	1.6	10.5	4.9
An independent arbitrator	29	42.2	29.7	16.4	57.9	33.1
A private authority	41.9	19.6	25.7	23	5.3	23.3
A combination of these mechanism	0	2	1	0.4	1.3	3.1
Total number of responses	**31**	**102**	**74**	**61**	**19**	**287**
Suspending mechanism	40	53	28.8	30.5	29.4	39.1
Total number of responses	**30**	**100**	**73**	**59**	**17**	**279**

Quelle: Eric Brousseau/Camille Chasserant/Christian Bessy/Régis Coeurderoy The Diversity of Technology Licensing Agreements And Their Causes, les Nouvelles 2005, 179ff.

Übersicht 6: A characterization of TLAs in function of their governance mechanisms and recourse to „external" devices (in percent)

Variables / Typological class (No. of contracts)	Total (297)	Clas 1 (91)	Clas 2 (123)	Clas 3 (37)	Clas 4 (46)
Intellectual property					
Right to use the brand	29.3	24.2	28.5	18.9	50.0
Right to use other IPRs.	64.0	58.2	65.9	70.3	65.2
Transfer of resources					
„Tacit knowledge" (at least one element)	36.7	23.1	40.7	40.5	50.0
Codified data (at least on element)	73.1	64.8	72.4	89.2	78.3
Inputs	12.8	7.7	12.2	18.9	19.6
Modus of payment					
No payment	5.1	7.8	2.4	8.1	4.4
Royalties	20.9	13.2	25.2	13.5	30.4
Mixed	61.3	61.5	65.0	59.5	52.2
Lump sums	11.5	16.5	4.9	18.9	13.0
Sole or exclusive license	54.2	49.5	53.7	64.9	56.5

A characterization of TLAs in function of their governance mechanisms and recourse to „external" devices (in percent)

Variables / Typological class (No. of contracts)	Total (297)	Clas 1 (91)	Clas 2 (123)	Clas 3 (37)	Clas 4 (46)
Industries					
Raw material transformation	10.8	6.5	13.0	13.5	10.9
Chemical industry	36.0	34.1	28.5	48.7	50.0
Machine tools and equipment	25.3	28.6	27.6	16.2	19.6
Services	21.5	18.7	26.8	16.2	17.4
Other	6.4	12.1	4.1	5.4	2.2
Partner's description					
Equity relationships	22.2	18.7	26.1	35.1	8.7
Prior licensing agreement	25.3	23.1	27.6	27.0	21.7
Wider agreement (R&D project, partnership, ...)	39.0	25.6	42.3	59.5	39.1

A characterization of TLAs in function of their governance mechanisms and recourse to „external" devices (in percent)

Variables	Typological class (No. of contracts)	Total (297)	Clas 1 (91)	Clas 2 (123)	Clas 3 (37)	Clas 4 (46)
Safeguards						
	Restrictions	62.0	52.8	67.5	73.0	56.5
	Reselling of rights forbidden	57.5	60.4	46.3	67.6	73.9
	Sub-licensing forbidden	41.8	58.2	20.3	40.5	67.4
	Grant-back	54.2	16.5	75.6	75.7	54.4
	Perpetuation of the license in the cas of improvement	63.6	18.7	91.1	83.8	63.0
	Most favored licensee provision	22.9	6.6	39.8	16.2	15.2
	Minimal performances	39.1	34.1	44.7	40.5	32.8
	Bundling	20.9	17.6	11.4	27.1	47.8
	Guarantee of an absence of infringement problems	22.2	4.4	17.9	12.2	73.9
	„Patent immunity"	20.2	8.8	4.1	21.6	84.8

A characterization of TLAs in function of their governance mechanisms and recourse to „external" devices (in percent)

Variables	Typological class (No. of contracts)	Total (297)	Clas 1 (91)	Clas 2 (123)	Clas 3 (37)	Clas 4 (46)
Governance provisions						
	Renegotiation	45.8	24.2	62.6	40.5	47.8
	Supervision mechanism	16.9	5.5	3.3	91.9	15.2
	Audit of facilities and products	39.4	33.0	41.5	40.5	45.7
	Audit of books	79.8	67.0	87.8	83.8	80.4
	Professional standards	19.2	13.2	26.8	10.8	17.4
	Professional instances of legation settlement	39.4	29.7	40.7	56.8	41.3

Quelle: Eric Brousseau/Camille Chasserant/Christian Bessy/Régis Coeurderoy The Diversity of Technology Licensing Agreements And Their Causes, les Nouvelles 2005, 179 ff.

4. *Hopt/Steffek*: Rechtsvergleichendes Gutachten des Max-Planck-Instituts für ausländisches und internationales Privatrecht, zur Mediation im Auftrag des Bundesministeriums der Justiz, Hamburg 2008[162]

206 Das rechtsvergleichende Gutachten zur Mediation, das vom Max-Planck-Institut für ausländisches und internationales Privatrecht, Hamburg, im Auftrag des Auftrag des Bundesministeriums der Justiz erstellt wurde, dürfte und wird hoffentlich die Grundlage für die Umsetzung der EU-Mediationsrichtlinie in deutsches Recht sein.

[162] Passim.

Hopt/Steffek haben mit ihrem Team rechtsvergleichende Untersuchungen zu Rechtstatsachen und Regelungen der Mediation in 20 Rechtsordnungen vorgenommen. Dieses Werk beinhaltet 6 umfangreiche Untersuchungen zu Regelungen und Praxis der Mediation in Österreich, Frankreich, England, den Niederlanden, den USA und Japan. Kürzere Berichte zur Mediation in Australien, Bulgarien, China, Irland, Kanada, Neuseeland, Norwegen, Polen, Portugal, Russland, Schweiz, Spanien und Ungarn ergänzen diese 6 Untersuchungen. Die Länderberichte weisen umfangreiche Passagen mit statistischen Angaben und empirischen Befunden auf. Die Erkenntnisse aus den Länderberichten werden in einem Generalbericht dargestellt. Rechtsvergleichend werden Regelungsmodelle, Grundsatzprobleme und Rechtstatsachen mit einer Fokussierung auf Deutschland und Europa dargestellt. Das Werk enthält zusätzlich eine ökonomische Analyse der Mediation zwischen Rechtsschutz und Privatisierung der Justiz in den USA. Ergänzend werden Normtexte und Materialien zur Mediation dargestellt. Dieses Werk hat den Stand vom 1. Mai 2008 und bildet eine aktuelle Grundlage für die Überlegungen einerseits des Bundesjustizministeriums zur Umsetzung der EU-Mediationsrichtlinie. Andererseits sollte diese Untersuchung auch die Basis für z. B. Industrieunternehmen für die Ausgestaltung ihres zukünftigen Konfliktmanagements sein. **207**

Es werden im Folgenden die empirischen Befunde[163] nur ansatzweise wiedergegeben. Es kann nur empfohlen werden, dieses Werk nicht nur bei den Überlegungen zur Mediation in IP-/IT-Streitigkeiten durchzuarbeiten und zu berücksichtigen. *Hopt*, *Steffek* und das Team wurden „dafür sensibilisiert, dass sich die Mediation abstrakt als Methode nicht statistisch erfassen und bewerten lässt. Ihre Wirkung und Bedeutung für die Rechtspraxis ergibt und erklärt sich vielmehr erst im Zusammenspiel mit dem Rechtsumfeld und der Streitbewältigungskultur, in die sie eingebettet ist … . Aufschlussreicher ist demgegenüber eine wertende Gegenüberstellung von Recht, Rechtskultur und Rechtstatsachen, die im Folgenden vorgenommen wird. Dabei ist zu berücksichtigen, dass die Mediation in vielen Ländern eine neue Streitschlichtungsmethode ist, deren rechtliche und kulturelle Rahmenbedingungen sich rasant ändern. Nicht selten geben daher nur wenige Jahre alte Statistiken nicht mehr den aktuellen Stand wieder." Ein relativ uneinheitliches Bild ergab sich bei dem statistischen Vergleich der Bedeutung der Mediation in den untersuchten Ländern.[164] Das Verhältnis von Zivilschlichtungsanträgen zu eingereichten Klagen lag in Japan 1999 bei ca. 1 zu 2, in China dagegen in 2004 bei durch Volksschlichtungskomitees beigelegten Streitigkeiten im Vergleich zu den vor den Volksgerichten erster Instanz in Zivilsachen beigelegten Streitigkeiten zu einem Verhältnis von ca. 1 zu 1.[165] In Eng- **208**

[163] *Hopt/Steffek* 77 ff.
[164] *Hopt/Steffek* 77 ff.
[165] *Hopt/Steffek* 77.

land und Wales wurden in den Jahren 2005 und 2006 74% der arbeitsrechtlichen Streitigkeiten – in nicht beträchtlichem Umfang durch Mediation – beigelegt.[166] Vor US-Bundesgerichten werden im Wesentlichen durch Mediation ⅔ und mehr Verfahren im Wege des Vergleichs beendet.[167]

209 Auch die Erfolgsquote in diesen Ländern spricht für die Akzeptanz der Mediation: Bei der Schlichtung japanischer zivilrechtlicher Streitigkeiten liegt die Erfolgsquote bei etwa 2/3.[168] In China liegt die Erfolgsrate in den Jahren 2003–2006 bei mehr als 95%.[169] Geringere Akzeptanz der Mediation findet sich z. B. in Polen, Russland, Schweiz, Niederlande und in einigen Rechtsgebieten in Frankreich.[170] In den Niederlanden wurde eine Erfolgsquote von 60% und mehr festgestellt. Die „Zufriedenheitsrate" lag bei ca. 80%. In England gab es nicht nur erfolgreiche Modellprojekte. In einem Projekt des Manchester County Court (Start 2005) wurde in 41% der Fälle eine Mediation durchgeführt. Die Erfolgsrate lag bei etwa 80%.[171] Die Modellprojekte in den Niederlanden und England wurden analysiert. Die Analyse zeigte, dass „die Mediation bei attraktiven Rahmenbedingungen in geeigneten Fällen durchaus als Methode der Streitschlichtung gewählt wird und dann auch hohe Erfolgschancen hat. … Fördernd wirkte sich hier aus, dass Gerichte und Mediatoren bereits vor der Mediationssitzung telefonischen Kontakt mit den Parteien aufnahmen und diesen die Streitschlichtungsmethode erklärten. Essenz der Erfahrungen in den Niederlanden war, dass die erfolgreiche Institutionalisierung der Mediation wesentlich auf der Ausbildung einer entsprechenden Infrastruktur in Justiz und Verwaltung aufbaute. Dazu gehörte die Anstellung spezieller Mediationskoordinatoren, die als Ansprechpartner für Richter und Parteien zur Verfügung stehen, sowie die Schulung der beteiligten Richter und Mitarbeiter. Weitere wichtige Aspekte des Erfolgs der Mediation waren die Sicherung der Teilnahme von gut ausgebildeten Mediatoren sowie finanzielle Anreize der Parteien hinsichtlich der Kosten der Mediation." Die Autoren des Gutachtens kamen letztlich zu dem Ergebnis, dass „die Mediation eine sinnvolle und förderungswürdige Methode der Streitbewältigung ist. Sie erreicht ihr Potenzial allerdings nur, wenn sie aus Sicht der Beteiligten attraktiv im System der Konfliktbewältigungsmethoden verankert wird."

210 Die Autoren des Gutachtens konnten darüber hinaus auch bzgl. der Dauer und der Kosten der Mediation aufgrund ihrer rechtstatsächlichen Untersuchungen feststellen, dass „die Mediation aufs Ganze gesehen durchweg schneller und günstiger für die Beteiligten als das klassische

[166] *Hopt/Steffek* 77.
[167] *Hopt/Steffek* 77 f.
[168] *Hopt/Steffek* 78.
[169] *Hopt/Steffek* 78.
[170] *Hopt/Steffek* 78.
[171] *Hopt/Steffek* 79.

streitige Gerichtsverfahren ist."[172] Eine untersuchte Studie zur Mediation im englischen Familienrecht von 2004–2006 zeigte, dass die durchschnittlichen Kosten einer Mediation nicht einmal die Hälfte der Kosten eines Gerichtsverfahrens betrugen. Auch der Faktor Zeit sprach letztlich für die Mediation: Eine Mediation dauerte im Durchschnitt ca. 110 Tage, ein Gerichtsverfahren dagegen ca. 435 Tage.[173] Die Dauer eines Mediationsverfahrens betrug also im Durchschnitt nur 1/4 des Zeitaufwands eines Gerichtsverfahrens! In den Niederlanden entschieden sich aus Kostengründen 41% der streitenden Parteien für die Mediation und nur 10% für ein Gerichtsverfahren. Ohne Bezug zu einem Gerichtsverfahren entschieden sich sogar 61–69% der Parteien aus Kostengründen für die Mediation. Nur 1–3% der Parteien sprachen sich aus Kostengründen gegen die Mediation aus. Auch bei der Zeitdauer schnitt die Mediation erheblich besser ab als ein Gerichtsverfahren. Eine erfolgreiche Mediation ersparte im Vergleich zum Gerichtsverfahren etwa 1/3 bis 1/2 der Zeit. War die Mediation dagegen nicht erfolgreich, verlängerte sich im Vergleich zum Gerichtsverfahren die Verfahrensdauer um ca. 1/3.[174]

In Deutschland konnten dagegen nur Statistiken für die Dauer von Gerichtsverfahren ausgewertet werden, da in Deutschland der Zeitumfang von Mediationen nur vereinzelt bisher dargestellt wurde und daher keine verlässliche Quelle bildet. Im Jahr 2005 betrug die durchschnittliche Verfahrensdauer in Zivilprozessen vor den Amtsgerichten 4,4 Monate, vor den Landgerichten in 1. Instanz 7,4 Monate, vor den Landgerichten in der Berufungsinstanz 15,5 Monate und vor den Oberlandesgerichten in der Berufungsinstanz 23,2 Monate. Der Literatur wurden Beispiele für die Zeitdauer einer Mediation von „max. 2–3 Monaten“, „selten länger als ein paar Wochen“ und „2 Wochen – 2 Monate“ entnommen. Beim Landgericht Rostock wurden in einem Pilotprojekt zur Gerichtsnahme bzw. gerichtsinternen Mediation hinsichtlich des Abschlusses der Mediationsverfahren durchschnittlich „1 Termin, selten 2 oder mehrere Termine mit einer Durchschnittsdauer von ca. 3,5 Stunden“ je Termin genannt. Das Landgericht Göttingen verweist auf durchschnittliche Sitzungsdauern von 2,5–3 Stunden. Im Modellprojekt „Gerichtsnahe Mediation Niedersachsen“ bekundeten 97% der befragten Richtermediatoren, dass „die betreuten Mediationsverfahren kürzer als vergleichbare Gerichtsverfahren dauerten, wobei 71,2% das Prädikat „sehr viel kürzer“ oder „viel kürzer“ erteilten“.[175] Ähnliche Erfahrungen ergab es auch mit dem Bayerischen Schlichtungsgesetz, wobei 79% der untersuchten 749 Schlichtungsverfahren in nicht mehr als 2 Monaten beendet werden konnten.[176] 158 befragte 211

[172] *Hopt/Steffek* 80.
[173] *Hopt/Steffek* 80.
[174] *Hopt/Steffek* 80.
[175] *Hopt/Steffek* 81 f.
[176] *Hopt/Steffek* 82.

Unternehmen bekundeten, dass die Mediation im Vergleich zum Gerichtsverfahren als „eindeutig schneller erfahren wird.“[177]

212 Die Autoren der rechtsvergleichenden Studie kamen bei den „sonstigen Erfahrungen“[178] zu folgenden Ergebnissen bzw. stellten einige Aspekte in den Fordergrund:

– Erfolgsfaktoren

213 Bei einem Vergleich des Rechts der Mediation mit dem Vergleich der Rechtstatsachen kam zu Tage, dass „der Erfolg der Mediation als Institution nicht davon abhängt, ob ihr Verfahren umfassend und detailreich Normen zwingender Natur unterworfen wird oder ob sich die hoheitlichen Normengeber auf punktuelle Regelungen beschränken und auf die Marktkräfte vertrauen. Die Mediation hat sich in Rechtsordnungen mit geringer hoheitlicher Regelungsintensität wie die Niederlanden und vor allem England ebenso nachhaltig etabliert wie in den USA oder Japan, wo die Verrechtlichung der Mediation weiter fortgeschritten ist“.[179]

214 „Entscheidend für die Akzeptanz der Mediation ist vielmehr zum einen ihre institutionelle Einbindung in die verschiedenen Verfahren der Streitlösung und das materielle Recht“.[180] Die Autoren der Studie nennen als wichtigste Aspekte: „Institutionell verankerte Anreize für die Mediationseinleitung, attraktive Regelung betreffend die Kosten und Wirkungen der Mediation, Sicherung der Ergebnisse der Mediation und Vertraulichkeit“.[181]

215 Wichtig ist für die Autoren auch die Erkenntnis, dass insbesondere auch „nicht die Menschen vergessen werden sollten, denen sie (die Regeln) dienen und die sie anwenden“.[182] Eine umfassende Untersuchung in England zeigt, dass mehr als ¼ aller Mediatoren darauf hinwiesen, dass „die Anwälte als häufig erster Ansprechpartner bei Konflikten über die Mediation aufgeklärt und für die Mediation gewonnen werden müssten, um ihre Verbreitung sicherzustellen.[183] Zusätzlich ergaben Untersuchungen in England bzgl. des Jahres 2006, dass „die Vorteile der Mediation nicht nur den Anwälten bewusst sein müssen, sondern dass es auch gilt, die Parteien durch Information für die Mediation zu interessieren“.[184]

– Versöhnungsfunktion

216 Analysiert wurde auch die Erfüllung niederländischer Mediationsvereinbarungen für den Zeitraum 2002 + 2003. Die Untersuchung er-

---

[177] *Hopt/Steffek* 82.
[178] *Hopt/Steffek* 82 ff.
[179] *Hopt/Steffek* 82.
[180] *Hopt/Steffek* 82.
[181] *Hopt/Steffek* 82 f.
[182] *Hopt/Steffek* 83.
[183] *Hopt/Steffek* 83.
[184] *Hopt/Steffek* 83.

gab, dass „innerhalb von 3 Monaten rund 2/3 der getroffenen Vereinbarungen vollständig und zusätzlich ca. 20% zumindest teilweise erfüllt wurden."[185] Aus einer Untersuchung, die sich mit den Auswirkungen gescheiterter Mediationsversuche befasste, ergab sich, dass „zwar 69% der Parteien – angesichts des Scheiterns im Ergebnis – über den Verlauf der Mediation nicht erfreut waren. Dennoch lag die Zufriedenheitsquote im Ganzen noch bei 79%, worin sich widerspiegelt, dass auch die im Ergebnis gescheiterten Mediationen letztlich Früchte getragen hatten.[186]

– Probleme

Die Autoren der Untersuchung stellen klar, dass „die Probleme der Mediation stets vor dem Hintergrund der jeweiligen Rechtsordnung zu sehen und zu analysieren sind".[187] Gleichwohl versuchen die Autoren, „Probleme" aufzuzeigen. Rechtsordnung, in denen die Mediation erst ansatzweise verankert ist, preisen „Kinderkrankheiten" (z.B. mindere Qualität der Mediationsverfahren, fehlende Bekanntheit, mangelnde institutionelle Unterstützung, fehlende Vertraulichkeit des Verfahrens und Missbrauch der Prozessverschleppung) auf.[188] In den Rechtskreisen, in denen die Mediation bereits häufiger in der Praxis eingesetzt wird, besteht z.T. ein „ausdifferenziertes Normgeflecht", das „sich letztlich doch wieder in Richtung des formellen und starren Prozessrechts entwickeln (könnte)."[189] Weiterer negativer Kreditpunkt ist, dass „dass das Normgeflecht mit der Zeit zu komplex werde."[190] „Verhandlungsschwache Parteien würden systematisch in Mediationsverfahren gelotst, wo die verhandlungsstarke Gegenseite die Abwesenheit eines Richters dazu ausnutzt, die schwache Partei zu einem nachteiligen Vergleich zu bewegen. Wegen der mangelnden Transparenz der Mediationsverfahren – so die Kritik – gäbe es in solchen Fällen zudem keine Möglichkeit nachträglicher Korrektur."[191] In Ländern mit Rechtsordnungen des common law bestehe bei in der Mediation geschlossenen Vergleichen „zudem die Gefahr, dass eine Rechtsforderentwicklung wie durch die veröffentlichten Gerichtsurteile unterbleibe."[192] **217**

Alle untersuchten Rechtsordnungen müssten in der Zukunft noch Antworten zu folgendem Problemkreis geben: „Wonach bestimmt sich das Verhältnis von Mediation und klassischer Gerichtsbarkeit, welche Konflikte sind für die Mediation und welche für den Prozess geeignet **218**

[185] *Hopt/Steffek* 84.
[186] *Hopt/Steffek* 85.
[187] *Hopt/Steffek* 85.
[188] *Hopt/Steffek* 85.
[189] *Hopt/Steffek* 86.
[190] *Hopt/Steffek* 86.
[191] *Hopt/Steffek* 86.
[192] *Hopt/Steffek* 86.

und wie ist die Zuweisung der einzelnen Konflikte zum geeigneten Konfliklösungsverfahren institutionell zu bewerkstelligen?“[193]

219 Die Vision des Multi-Door-Courthouse, das unter seinem Dach verschiedene Streitschlichtungsverfahren versammelt und die eingehenden Konflikte entsprechend zuweist, wartet bislang aber nicht nur darauf, dass das Gerichtsgebäude gebaut wird, sondern vor allem auch darauf, dass die Türen beschriftet werden“.[194]

220 Die rechtsvergleichende Untersuchung führte bzgl. der Regelungsprobleme zu dem Teilergebnis, dass „Pilotprojekte in England eher zu dem Ergebnis kamen, dass erzwungene Mediation wenig Früchte tragen, in den USA scheint man mit Mediationspflichten gute Erfahrungen zu verbinden. Möglicherweise bietet sich für das Spannungsverhältnis zwischen Freiwilligkeit, Steuerung und Rechtsgewährung aber ein Mittelweg an. Nicht selten wird man durch gezielte Anreizsetzung eine ähnliche Verhaltenssteuerung erreichen wie durch zwingende Normen. Die Regulierung der Mediatorentätigkeit in Österreich und Japan durch ein System von Marktanreizen anstelle einer zwingenden Zulassungslösung ist dafür nur ein Beispiel.“[195]

221 Bei der Behandlung der Fragen der Umsetzung der EU-Mediationsrichtlinie in den Mitgliedsstaaten verfolgen die Autoren einen pragmatischen Ansatz, in dem sie sich auch bei den Sachverhalten, die die jeweilige Rechtsordnung bereits zufriedenstellend regelt, für die deklaratorische Normsetzung „ausnahmsweise“ aussprechen, „um die Akzeptanz der Mediation als Konfliktlösungsmethode dadurch zu fördern, dass man den Rechtsanwendern durch klarstellende Regelung hinsichtlich komplexer Rechtsfragen kosten- und zeitintensive Rechtsgutachten erspart.“ Das Autorenteam schlägt dann eine Liste der Regelungsaspekte vor, die von den EU-Mitgliedsstaaten „hinsichtlich des Ob und Wie der rechtlichen Normierung zu bedenken“ wären:[196]

222 **Grundstrukturen:**

- Regelungsbereich: Zivil- und Handelsrecht, allgemeines Mediationsrahmengesetz, Sonderregeln;
- Normtypen: zwingendes oder dispositives Gesetzesrecht, Verordnungen, Kodizes, Modellverträge, etc.; weiterhin: Integration in die ZPO oder eigenständiges Gesetz; deklarative Normen zur Klarstellung; Abdingbarkeit durch die Parteien: einseitig oder einvernehmlich;
- Normgeber: Parlament, Exekutive, Gerichte, private Mediationsanbieter, unabhängige Institutionen, Parteien;

Definition und Abgrenzung der Mediation:

- Definition der Mediation: insbesondere Abgrenzung von anderen Formen der außergerichtlichen Streitbeilegung, Verhältnis zu alltäglichen

[193] *Hopt/Steffek* 87.
[194] *Hopt/Steffek* 87.
[195] *Hopt/Steffek* 88 f.
[196] *Hopt/Steffek* 94 ff.

Schlichtungsversuchen und zur Tätigkeit der Anwalte, Psychologen, etc.;

Mediation und Gerichtsverfahren:

- Verhältnis der Mediation zum Gerichtsverfahren: gemeinsame und/ oder abweichende Regeln zur gerichtsexternen, gerichtsnahen und gerichtsinternen Mediation; Information des Gerichts während des Mediationsverfahrens;
- Verankerung der Mediation vor Klageerhebung: Unzulässigkeit der Klage, Durchsetzbarkeit von Mediationsabreden, Hinweispflichten der Rechtsanwälte, etc.;
- gerichtlich initiierte Mediation: Prüfungsrecht bzw. -pflicht, Hinweisrecht- bzw. -pflicht, Anordnungsrecht bzw. -pflicht, Rechtsbehelf;

Kosten der Mediation:

- Kosten der Mediation: Kostenanreize und -sanktionen, staatliche Subvention, Verhältnis zu den Gerichtskosten, Regelung der Mediatorenhonorare, Kostenhilfe;

Mediation und Verjährung:

- Verjährung: Hemmung oder Neubeginn der Verjährungsfristen;
- Reichweite: Ansprüche, sonstige Rechte (insbes. materiell- und prozessrechtliche Ausschlussfristen), relative Wirkung zwischen den Mediandenden, Auswirkungen auf Dritte, Maßstab zur Bestimmung der betroffenen Ansprüche (und ggf. der sonstigen Rechte);
- Beginn der Mediation: Übereinkunft zur Mediation, Aufforderung zur Mediation bei Pflicht zur Mediation;
- Ende der Mediation: Erklärung einer Partei, beider Parteien oder des Mediators, die Mediation sei gescheitert, Medianden haben ein Ergebnis erzielt, Bewältigung unterbrochener und dann fortgesetzter Mediationen;
- Bestimmung von Beginn und Ende: Vermutungen, Absicherung durch Dokumentationspflichten;

Folgen einer erfolgreichen oder gescheiterten Mediation:

- Vereinbarung bei erfolgreicher Mediation: neuer Vertragstyp (Feststellungsvertrag) oder Bewältigung mit bestehenden Vertragstypen (insbes. Vergleich), rechtliche Grenzen der Vereinbarung;
- Vollstreckung der Vereinbarung: Vollstreckbarkeit, Verfahren zur Vollstreckbarkeit, Zuständigkeit für die Vollstreckbarkeitserklärung, materielle Überprüfung (falls ja: Überprüfungsmaßstab), Antragserfordernis (einer oder beider Parteien);
- Verfahren bei gescheiterter Mediation: Übergang in streitiges Verfahren, Verhältnis zu anderen Formen außergerichtlicher Streitschlichtung;

Vertraulichkeit

- Grundlage: hoheitliche Normen oder Vertrag;
- materiell-rechtliche und prozessrechtliche Vertraulichkeitsregeln;
- relevante Verfahren: Gerichtsverfahren, Schiedsverfahren;

- relevante Personen: Parteien, Mediatoren, Rechtsberater, Sachverständige, beteiligte Richter, sonstige Dritte und Hilfspersonen all dieser Personen;
- materiell-rechtlich: Verschwiegenheits- und sonstige Vertraulichkeitspflichten;
- prozessrechtlich: Zeugnisverweigerungsrecht, Vortrags- und Beweismittelbeschränkungen;
- Reichweite: verschiedene Arten der Informationsträger und -weitergabe einerseits, Gefahr der „Flucht in die Mediation“ andererseits, Beschränkung auf den Gegenstand und die Parteien der Mediation;

Mediationsverfahren:

- Struktur und Ablauf des Mediationsverfahrens: Regulierung des Mediationsverfahrens, Regelung der Vereinbarung zwischen den Parteien und dem Mediator, Rolle des Mediators, Regelungen zu Auswahl und Ablehnung des Mediators, Co-Mediation, Anwesenheit von Beratern, Höchstpersönlichkeit der Mediation, Protokollierung und entsprechende Pflichten, Dauer;

Berufsrecht der Mediatoren:

- Regelungsansätze: Zulassungsmodell, Anreizmodell, Marktmodell;
- Berufszugang: Qualitätssicherung, Ausbildungsanforderungen, Zulassungsvoraussetzungen, Ausschlussgründe;
- Mediatorenliste(n): führende Institution(en), Eintragungsinhalte;
- Berufsausübung: Titelführung, zwingende Haftpflichtversicherung (falls ja: Versicherungssumme), Fortbildungspflichten, besonderer Verbraucherschutz, Verhältnis zu sonstigem Berufsrecht (Recht der Anwälte, Notare, etc.);
- Institutionen der Berufsregulierung: hoheitliche Aufsicht, private Selbstregulierung, Zwischenlösungen;
- Mediatoren: Neutralität, Pflichten, Haftung, Rechte.

VI. Verträge, Berufsrecht, Kosten der Mediation, Marketing, Ausbildung

1. Verträge

223 Es wird zwischen 4 Arten von Verträgen unterschieden:

- Dem Mediationsvertrag zwischen den Parteien des Mediationsverfahrens, auch Mediantenvertrag genannt,
- dem Vertrag zwischen den Parteien (Medianten) und der Mediationsorganisation, falls eine derartige Organisation den Parteien bei der Organisation (z. B. bei der Suche und der Bestimmung des Mediators, der zur Verfügung Stellung von Räumlichkeiten etc.) und der Durchführung des Mediationsverfahrens (z. B. unter Berücksichtigung der Verfahrensordnung einschl. der Kostenregelung für die Kosten des Mediators) behilflich sein soll,

- dem Mediatorvertrag, der das Verhältnis zwischen den streitenden Parteien und dem Mediator regelt und
- dem Mediationsvergleich, der eine abschließende und vollstreckbare Regelung zwischen den Parteien bewirken soll.

a) Mediantenvertrag (Partei – Partei)

Mediantenvereinbarungen werden als „Vereinbarungen zwischen 2 oder mehr Personen (Konfliktparteien) über die Durchführung einer Mediation hinsichtlich eines bestimmten Konfliktgegenstandes im Konfliktfall" beschrieben. „Eine Mediationsvereinbarung ist der Weg in eine Mediation und gleichzeitig deren Grundgesetz im Verhältnis zwischen den Konfliktparteien. Sie kann selbstständig (Mediationsabrede), aber auch als Vertragsklausel (Mediationsklausel) getroffen werden."[197] **224**

Von Schubert[198] schlägt folgende Regelungskategorien vor: **225**

- Die Streitigkeit sollte lediglich „thematisiert" und nicht allzu präzise beschrieben werden, um nicht mögliche Interessen und Ansprüche von Anfang an auszuklammern;
- dagegen ist insbesondere die Neutralität des Mediators hervorzuheben und die Aufgaben des Mediators so präzise wie möglich zu beschreiben. Insbesondere nichtanwaltliche Mediatoren sollten im eigenen Interesse darauf hinweisen, dass durch sie keine Rechtsberatung erfolgt;
- aufzunehmen ist auch der Hinweis, dass das Verfahren der Geheimhaltung unterliegt. Anwaltsmediatoren sind gemäß § 43a BRAO zur Verschwiegenheit verpflichtet. Auch müssen die Parteien daran denken, dass ihr Anwaltsmediator ein Zeugnisverweigerungsrecht gemäß § 383 Abs. 2 Nr. 6 ZPO hat. Die Parteien müssen zusätzlich vereinbaren, dass der Mediator Informationen, die ihm bei getrennten Gesprächen mit jeder Partei offenbart werden, nur mit ausdrücklicher Zustimmung der anderen Partei wiederum mitteilen darf. (Caucus-Verfahren). Aus eigener Erfahrung sollte dann in dem Mediantenvertrag auch daran gedacht werden, dass bei derartigen Caucus-Verfahren auch geregelt werden sollte, dass die Parteien keine „Befangenheits"-Anträge gegenüber dem Mediator stellen werden, nur weil er in Abstimmung mit den Parteien ein Caucus-Verfahren durchführt. Eine derartige Regelung ist erst recht dann sinnvoll, wenn in einem Schiedsverfahren auch mediative Elemente in Abstimmung mit den Parteien einfließen sollen;
- geregelt werden muss auch, dass zu jedem Zeitpunkt des Mediationsverfahrens jede Partei (jeder Mediant) das Recht hat, den Vertrag auch ohne wichtigen Grund zu kündigen;
- wenn die Medianten sich entschlossen haben, mit Hilfe von Rechts- und/oder Patentanwälten (bei technischen Streitfragen) das Verfahren

---

[197] *Eidenmüller* 8 mwN; *Huttner* 11 f.
[198] Schiffer – *von Schubert* 287 ff.

durchzuführen, sollten aus Gründen der „Waffengleichheit" alle Medianten durch Anwälte vertreten werden. Bei Inanspruchnahme der Anwälte ist vor Beauftragung des jeweiligen Anwalts zu klären, ob die Anwälte auch eine Mediatorausbildung hatten und in welchem Umfang sie Mediationserfahrung in dem spezifischen Themenfeld aufweisen können. Der anwaltliche Beistand ist aus Sicht des Verfassers insbesondere dann sinnvoll, wenn der Rechtsbeistand die Mediatorausbildung hat und daher nicht nur aus rechtlicher Sicht, sondern auch aus Sicht eines Mediators das Verfahren besser strukturieren und begleiten kann;

- die Parteien sollten auch im eigenen Interesse daran denken, dass in dem Mediantenvertrag aufgeführt wird, dass bei allen Parteien Personen an dem Mediationsverfahren teilnehmen, die bevollmächtigt sind, jede erdenkliche Entscheidung mitzutragen und einen möglichen Vergleich vor Ort unterzeichnen zu können;
- da insbesondere bei umfangreichen Mediationsverfahren auch ein längerer Zeitraum für die Verhandlungen eingeplant werden muss, ist in dem Mediantenvertrag auch festzuhalten, dass auf die Erhebung der Einrede der Verjährung für die Dauer des Mediationsverfahrens verzichtet wird. Die Medianten sollten sich nicht selbst unter Zeitdruck setzen.[199]

b) Mediationsorganisationsvertrag (Medianten – Mediationsorganisation)

226 Unter einem Mediationsorganisationsvertrag wird die Vereinbarung zwischen den Medianten und einer Mediationsorganisation verstanden. Hier kann auf die entsprechenden Organisationen verwiesen werden (es wird insoweit auf die im Anhang aufgeführten Regelungen der IHK München, der DIS, der WIPO, der ICC und des UK Patent Office sowie die Webseiten im Literaturverzeichnis verwiesen.

c) Mediatorvertrag (Medianten – Mediator(en))

227 Der Mediatorvertrag wird zwischen den Medianten und dem Mediator geschlossen. Es kann hier zunächst auf die obigen Ausführungen zum Mediantenvertrag verwiesen werden. Dies gilt erst recht deshalb, weil in vielen Fällen in einer einzigen Vereinbarung das Verhältnis der Medianten untereinander und das Verhältnis der Medianten zum Mediator geregelt wird.

228 Ausdrücklich wird noch einmal betont, dass auch in dem Mediatorvertrag folgende Aspekte berücksichtigt werden müssen:

---

[199] Schiffer – *von Schubert* 287 ff.; *Huttner* 11 f. und insbesondere auch *Nölting* 9 f.; vgl. auch *Schwarz* Mediationsvereinbarung – Muster mit Kommentierungen ZKM 2008, 111 ff.

- Thematisierung der Streitigkeit,
- Beauftragung des Mediators mit der Leitung und Durchführung des Verfahrens unter präziser Bezeichnung der Rolle des Mediators (Neutralität, Verfahrensleitung, Förderung der Kommunikation und des wechselseitigen Verständnisses zwischen den Medianten, Herausarbeitung der Interessen der Medianten),
- Geheimhaltung der Existenz des Verfahrens und der Inhalte sowie der beteiligten Personen sowie das Recht des Mediators, ein Caucus-Verfahren durchführen zu können, ohne dabei die Weisung der jeweiligen Partei, nur in bestimmten Umfang Informationen an die andere Partei weiterzugeben, zu missachten,
- Dokumentationspflicht zumindest bzgl. wesentlicher Schritte und Ergebnisse des Verfahrens und Unterstützung der Medianten bei der Formulierung der einzelnen Teilergebnisse des Gesamtergebnisses des Mediationsverfahrens,
- jede Partei sollte entsprechend der Gesamtzahl der Parteien die Verfahrenskosten und das Honorar des Mediators zu gleichen Teilen tragen; die gesamtschuldnerische Haftung der beteiligten Medianten sollte ebenfalls geregelt werden. Die Transaktionskosten (interne Kosten jedes Medianten) und die eigenen Anwaltskosten sollte jeder Mediant tragen;
- Vertragsbeginn und -ende und die Möglichkeit zur Kündigung des Mediatorvertrags sollte ebenfalls schriftlich festgelegt werden. Beispielhaft sollten auch außerordentliche Kündigungsgründe bei der Kündigung aus wichtigem Grund erwähnt werden. Dies gilt insbesondere bzgl. der „Neutralität" jedes Mediators. Sollten Zweifel an der „Unparteilichkeit" des Mediators bestehen, sollten die Parteien verpflichtet sein, diese Verletzung der Neutralität detailliert darzulegen. Wenn ein Mediant die Mediatorvereinbarung kündigt, sollte auch der Vertrag der anderen Medianten mit dem Mediator konsequenterweise beendet sein. Unabhängig von der Beendigung des Mediatorenvertrages sollte die Mediantenvereinbarung weiterhin bestehen.[200]

d) Mediationsvergleich

Art. 6 der EU-Mediationsrichtlinie sieht in Abs. 1 vor, dass die Mitgliedsstaaten sicherstellen, dass von den Parteien – oder von einer Partei mit ausdrücklicher Zustimmung der anderen – beantragt werden kann, dass der Inhalt einer im Mediationsverfahren erzielten schriftlichen Vereinbarung vollstreckbar gemacht wird. Der Inhalt einer solchen Vereinbarung wird vollstreckbar gemacht, es sei denn, in dem betreffenden Fall steht der Inhalt der Vereinbarung dem Recht des Mitgliedstaats, in dem der Antrag gestellt wurde, entgegen oder das Recht des Mitgliedstaats sieht die Vollstreckbarkeit des Inhalts nicht vor. **229**

[200] Vgl. insbesondere *Nölting* 10 ff.; Henssler-*Koch* 323 ff.; *Huttner* 12 ff.

230 In Abs. 2 des Art. 6 der EU-Mediationsrichtlinie wird bestimmt, dass der Inhalt der Vereinbarung von einem Gericht oder einer anderen zuständigen öffentlichen Stelle durch ein Urteil oder eine Entscheidung oder in einer öffentlichen Urkunde nach dem Recht des Mitgliedstaats, in dem der Antrag gestellt wurde, vollstreckbar gemacht werden kann.

231 Man darf gespannt sein, wie der deutsche Gesetzgeber die Richtlinie auch insoweit umsetzen wird. Bisher stehen den Parteien im Wesentlichen 4 Varianten offen:

- Anwaltsvergleich
  Die Medianten können einen Anwaltsvergleich gemäß §§ 796 a ff. ZPO schließen und gemäß § 794 Abs. 1 Nr. 4 b ZPO vollstrecken. *Hess,*[201] geht zu Recht davon aus, dass die Vollstreckung des Anwaltsvergleichs mit erheblichen Mühen und Kosten verbunden ist, da die Medianten sich durch Anwälte vertreten lassen müssen.[202] § 796 a Abs. 3 ZPO sieht vor, dass die Rechtswirksamkeit des Vergleichs und ein evtl. ordre-public-Verstoß bei der Vollstreckbarerklärung des Anwaltsvergleichs zu prüfen sind. Vor der Entscheidung über den Antrag auf Vollstreckbarerklärung ist der Gegner zu hören.[203]
  Aufgrund dieser Situation fallen bei der Vollstreckung des Anwaltsvergleichs zusätzliche Gebühren (0,3 Verfahrens- und eine 0,3 Termingebühr (vom Streitwert abhängig)) an.[204] Der Anwaltsvergleich hat sich da in der Mediation als Vollstreckungsmittel nicht durchsetzen können.[205]
- Hinterlegung des Anwaltsvergleichs beim Notar
  Die Hinterlegung des Anwaltsvergleichs beim Notar[206] hat sich aus den gleichen Gründen nicht bewährt. Die Kosten der Errichtung einer notariellen Urkunde, die gemäß § 794 Abs. 1 Nr. 5 ZPO vollstreckbar ist, ist mit Kosten verbunden, die sich nach dem Gegenstandswert richten.[207]
- Schiedsspruch mit vereinbartem Wortlaut durch den Mediator als Schiedsrichter
  Nach bisher herrschender Meinung ist der Mediator nach Abschluss des Mediationsverfahrens nicht berechtigt, als Schiedsrichter einen Schiedsspruch mit vereinbartem Wortlaut[208] zu erlassen. Der Mediator, der anschließend als Schiedsrichter tätig wird, um mittels eines Schiedsspruchs mit vereinbartem Wortlaut den Mediationsvergleich

---

[201] F 110.
[202] § 796 a ZPO.
[203] § 796 b Abs. 2 ZPO); *Hess* F 110 unter Verweis auf *Münzberg* NJW 1999, 1357, 1358 f.
[204] *Hess* F 110 unter Verweis auf Münzberg, NJW 1999, 1157 f.
[205] *Hess* F 110.
[206] § 796 c ZPO.
[207] § 140 S. 2 KostenO.
[208] § 1053 Abs. 1 S. 2 ZPO.

vollstreckbar zu machen, könnte wegen Befangenheit gemäß § 1036 ZPO abgelehnt werden. *Hess*[209] sieht § 1053 Abs. 1 ZPO nicht als problematisch an, da § 1053 Abs. 1 S. 2 ZPO „keinerlei Vorlagen im Hinblick auf den Zeitpunkt, an dem ein Schiedsspruch mit vereinbartem Wortlaut frühestens abgeschlossen werden kann, enthält".

- Verfahren bei Gütestellenvergleichen
  Ein Mediationsvergleich kann auch von einer durch die Landesjustizverwaltung eingerichteten oder anerkannten Gütestelle abgeschlossen werden.[210] Dies ist z. B. das IHK-Mediations-Zentrum der Industrie- und Handelskammer für München und Oberbayern.

Hess[211] schlägt daher bei der Umsetzung des Art. 6 der EU-Me- 232
diationsrichtlinie vor, den Anwaltsvergleich gemäß § 726a ZPO effektiver zu gestalten. *Hess* empfiehlt einen „Mediationsvergleich", in dem sich die Medianten der sofortigen Zwangsvollstreckung unterwerfen und verweist insoweit auf § 696a ZPO. Dieser Mediationsvergleich sollte nach Auffassung von *Hess* vom Anwaltsmediator abgefasst und unterschrieben werden.[212] Der Vergleich sollte dann beim am Sitz des Mediators örtlichen Amtsgericht niedergelegt und auf Antrag einer der Parteien für vollstreckbar erklärt werden.[213] Bei Ablehnung und bei Erteilung sollten beide Parteien die Möglichkeit gemäß § 796c Abs. 2 S. 2 ZPO haben, beim Prozessgericht Klage zu erheben. Diese Vorgehensweise ist nach *Hess*[214] geeignet, eine Stärkung der außergerichtlichen Mediation als eigenständige Form der Streitbeilegung zu fördern. Die Vollstreckung des Mediationsvergleich könnte schnell und preiswert erfolgen.[215]

2. Berufsrecht

a) Allgemein

Bei den berufsrechtlichen Aspekten der Mediation steht im Mittel- 233
punkt des Interesses die Beantwortung der Frage, ob die Mediation nur Anwälten oder auch anderen Berufszweigen als Tätigkeitsfeld offenstehen soll. Bis zum 30. 6. 2008 fiel die Mediation zugunsten der Anwaltschaft unter das Rechtsberatungsgesetz.[216] Ab dem 1. 7. 2008 bestimmt das Rechtsdienstleistungsgesetz[217] ausdrücklich in § 2 Abs. 3 Nr. 4, dass

209 F 111, Fn. 656 unter Darstellung des Meinungsstreits in der Literatur.
210 §§ 794 Abs. 1 Nr. 1, 797a ZPO.
211 F 112.
212 F 112.
213 § 697 ZPO.
214 F 112 f.
215 *Hess* wie vor; vgl. auch *Eidenmüller* 43 ff. und insbesondere auch *Huttner* 14, 241 ff. und auch *Hacke* 33 ff., 272 ff. mit zahlreichen Klauselvorschlägen für die Formulierung von Mediationsvergleichen.
216 RBerG.
217 RDG.

die Mediation und jede vergleichbare Form der alternativen Streitbeilegung, sofern die Tätigkeit nicht durch rechtliche Regelungsvorschläge in die Gespräche der Beteiligten eingreift, nicht Rechtsdienstleistung ist.

234 Da aber in der Regel die Medianten davon ausgehen, dass Anwaltsmediatoren zumindest geeignet sind, während des Mediationsverfahrens rechtliche Sachverhalte zu denken und auch in der Lage sind und dies – dies gilt jedenfalls nach der Praxiserfahrung des Autors – rechtliche Hinweise zu geben, wird in der Praxis die Mediation sehr oft zu den Rechtsdienstleistungen gemäß RDG zu zählen seien. Es wird daher der Rechtsprechung obliegen, Haftungskriterien für die Tätigkeit anwaltlicher und nichtanwaltlicher Mediatoren zu entwickeln.[218] Bei der Umsetzung der EU-Mediationsrichtlinie wird auch der deutsche Gesetzgeber prüfen müssen, ob in den neuen Regelungen der Beruf des Mediators konkretisiert wird.[219] Zu berücksichtigen sein wird auch der Beschluss des Bundesverfassungsgerichts vom 27. 9. 2002 – 1 BvR 2251/01 –,[220] dass, „wenn eine Person berufsmäßig auf der Grundlage eines zivilrechtlichen Vertrags die Ermittlung von Tatsachen anbietet, um Rechtsansprüche durchzusetzen, die Berührungspunkte mit der Rechtspflege jedenfalls als gering einzustufen sind, wenn die eigentliche Rechtsbesorgung nach den Vertragsrechtsanwälten vorbehalten bleibt. Die Dienstleistung lässt sich dann in die Rechtsbesorgung und die sonstigen unterstützenden Tätigkeiten aufteilen. Letztere unterfallen nicht dem Erlaubnisvorbehalt des Rechtsberatungsgesetzes". *Hess*[221] ist ohne Einschränkung auch insoweit beizupflichten, als „Mediation nicht mehr eine bloße Methode der Streiterledigung ist – sie entwickelt sich zum eigenständigen Streitbeilegungs-, sprich Rechtsgebiet. Den veränderten Gegebenheiten ist durch entsprechende Gesetzgebung im anwaltlichen Berufsrecht Rechnung zu tragen."

b) Haftung, Verjährung, Versicherung

235 Wenn der Mediatior die Pflichten aus dem Mediatorvertrag verletzt, haftet er gemäß §§ 280, 823 Abs. 1 BGB und der Notarmediator, wenn ihn gleichzeitig eine Amtspflichtverletzung trifft, gemäß § 19 BNotO. Das Haftungsrisiko ist allerdings für die Anwalts- und Notarmediatoren relativ gering, da die Medianten eine erhebliche Mitverantwortung aufgrund ihrer Mitgestaltung des Mediationsverfahrens haben. Dies gilt erst recht dann, wenn die Medianten durch Anwälte vertreten werden. Es kann auch insoweit wieder auf *Hess*[222] verwiesen werden, der zu Recht auf die unvollständigen und systematische Regelung der berufsrecht-

---

[218] Siehe z. B. Schiffer-*von Schubert*, 282 ff.; Hess F 55 f.; Henssler/Koch-*Henssler* 100 ff. zum bis 30. 6. 2008 geltenden RBerG.

[219] Vgl. *Hess* F 56, 60 ff. mwN.

[220] www.bundesverfassungsgericht.de/Entscheidungen, 2002, 5.

[221] F 64

[222] F 63 f.

lichen Voraussetzungen der Mediatorentätigkeit abhebt und daher eine den veränderten Gegebenheiten entsprechende Gesetzgebung im anwaltlichen Berufsrecht fordert.[223] *Hornung,*[224] deren Dissertation über „Rechtliche Rahmenbedingungen für die Tätigkeit freier Mediatoren" nicht nur im Hinblick auf die für den Mediator wichtigen Haftungsfragen sehr lesenswert ist, fasst die Aspekte der Haftung des Mediators außer den bereits genannten (geringes Haftungsrisiko für Mediatoren aufgrund der Einbindung der Parteien in das Mediationsverfahren; Haftung gemäß §§ 280, 823 Abs. 1 BGB bzw. § 19 BNotO) wie folgt zusammen:

- Fehlen allgemein gültiger Regeln über die kunstgerechte Vorgehensweise eines Mediators. Pflichtverletzungen sind bei Erfüllung der Hauptleistungspflicht daher oft nicht feststellbar.
- Schadensersatzansprüche können sich aus der Verletzung von Nebenleistungspflichten des Mediators ergeben. Aufgrund der Beweislastverteilung besteht die Gefahr der Inanspruchnahme des Mediators aber nur, wenn der Mediator nicht auf die Ungeeignetheit der Mediation für die Konfliktkonstellation, auf ein in seiner Person vorliegendes Neutralitätshindernis oder auf die dauernde Vermögenslosigkeit der schuldenden Partei hingewiesen hat.
- Ist der Anwaltsmediator Mitglied einer Sozietät, haften alle ihre Mitglieder. Die Haftung kann aber auf den handelnden Rechtsanwalt begrenzt werden.
- Das Haftungsrisiko wegen Kündigung des Mediators zu Unzeit oder wegen fehlerhafter oder unterlassener psychologischer Beratung ist gering.
- Die Schadensersatzpflicht wegen fehlerhafter Rechtsberatung folgt den für Rechtsanwälte und Notare entwickelten Maßstäben. Für Mediatoren ohne juristischen Grundberuf gilt ein geringerer Sorgfaltmaßstab.
- Bei Notarmediatoren kommt § 16 KostO nur zur Anwendung, wenn der Mediator nicht auf die Ungeeignetheit der Mediation für die Konfliktkonstellation, auf einen in seiner Person liegendes Neutralitätshindernis oder auf die dauernde Vermögenslosigkeit der schuldenden Partei hingewiesen hat.
- Anwalts- und Notarmediatoren können aus berufsrechtlichen Gründen keinen Haftungsausschluss vereinbaren. Anderen Mediatoren steht es offen, ihre Haftung für einfache Fahrlässigkeit in AGB oder individualvertraglich und ihre Haftung für grob fahrlässiges Verhalten individualvertraglich auszuschließen.
- Mediatoren können mit den Parteien Haftungshöchstsummen vereinbaren. Für die Haftung wegen leicht fahrlässigen Verhaltens ist dies in AGB möglich, soweit nicht die Haftung wegen einer Verletzung von Kardinalpflichten erfasst ist. Die Haftung wegen grob fahrlässigen

---

223 Siehe insoweit auch *Hornung* 286 ff., 315 ff.

224 Wie vor.

Verhaltens kann nur durch Individualvereinbarungen summenmäßig begrenzt werden; für vorsätzliches Verhalten ist eine Begrenzung ausgeschlossen. Für Anwaltsmediatoren richtet sich die Zulässigkeit der Vereinbarung von Haftungshöchstsummen nach § 51 a BRAO. Nur die Notarmediatoren ist dieser Weg verwährt.

- Mediatoren können sich nicht auf das Richterprivileg des § 839 Abs. 2 BGB oder einer stillschweigend geschlossene Vereinbarung desselben Inhalts berufen.
- Die Verjährung der Haftungsansprüche folgt in den allgemeinen Regelungen. Für Anwaltsmediatoren gilt § 51 b BRAO.
- Eine Verkürzung der Verjährung ist für die Haftung wegen vorsätzlichen Handels ausgeschlossen. Für die Haftung wegen grob fahrlässigen Verhaltens nur individualvertraglich möglich. Anwaltsmediatoren müssen auch bei individualvertraglichen Vereinbarungen darauf achten, dass die gegenseitigen Interessen ausreichend berücksichtigt sind. Notarmediatoren können die Verjährung nicht abkürzen.
- Allen Mediatoren steht der Abschluss einer Haftpflichtversichtung offen. Für Rechtsanwälte, Notare und Psychologen ist die Mediatorentätigkeit von der Berufshaftpflichtversicherung erfasst. Für andere Mediatoren besteht die Möglichkeit, eine Mediatorenversicherung abzuschließen.

Zu Haftungsfragen sollten zusätzlich noch Henssler/Koch-*Brieske*[225] und Haft-*Prütting*[226] beachtet werden.

3. Kosten der Mediation

a) Empirische Daten

aa) *Gerald Spindler*

236 *Spindler* untersuchte in einem Forschungsprojekt mit dem Titel „Gerichtsnahe Mediation Niedersachsen“, der Bericht wurde 2006 veröffentlicht, die Rahmenbedingungen und Anreizwirkungen der gerichtsnahen Mediation in Niedersachsen unter Berücksichtigung rechts- und sozialwissenschaftlicher wie ökonomischer Aspekte.[227]

237 Die befragten Richter bestätigten im Raum dieser Untersuchung erhebliche Zeit- und Kostenersparnisse, wobei allerdings mit nicht unerheblichen Ausnahmen. Die befragten Anwälte erklärten überwiegend, dass aufgrund der gerichtsnahen Mediation die Verfahren erheblich schneller und einfacher wurden. Den befragten Parteien kam es weniger auf die Kostenersparnis an. Im Vordergrund standen bei den Parteien die persönliche Zufriedenheit sowie Vorteile bzgl. der abschließenden Streiterledigung.

---

[225] Henssler/Koch-*Brieske* 357 ff.

[226] Haft-*Prütting* 1135 ff.

[227] S. o. Rn. 172 ff.; ZKM 2007, 79 ff. mwN.

bb) CEDR

Die CEDR hat am 8. 11. 2007 einen Überblick über das Verhalten von Mediatoren im Zusammenhang mit dem The Third European Mediation Congress veröffentlicht.[228] **238**

Aus diesem Überblick ergibt sich u. a., dass in Großbritannien im Vergleich zum Jahr 2005, in dem ca. 2500–2700 Mediationen registriert wurden, im Jahr 2007 ca. 3400–3700 Fälle, dies entspricht einem Wachstum gegenüber dem Jahr 2005 von 33%, behandelt wurden. **239**

In 2007 waren 50% aller beteiligten Mediatoren sehr erfahren, 27% der Mediatoren relativ erfahren und 23% der Mediatoren mit wenig Erfahrung ausgestattet. Die weniger erfahrenen und relativ erfahrenen Mediatoren hatten im Schnitt mehr als 10 Mediationen pro Jahr je Mediator aufzuweisen. 31% der sehr erfahrenen Mediatoren sind Vollzeit-Mediatoren, die verbleibenden 69% der sehr erfahrenen Mediatoren kombinieren ihre Tätigkeit als Mediator mit einem anderen Beruf. **240**

4% der überdurchschnittlich erfahrenen Mediatoren haben 20–30 Mediationen pro Jahr bei einem Verdienst im Jahr 2007 von £ 5300 (2005 – £ 43 000). **241**

5% der überdurchschnittlich erfahrenen Mediatoren, die zwischen 30 und 50 Mediationen im Jahr 2007 durchführten, verdienten pro Jahr £ 121 000 (2005 – £ 102 000).

13% der überdurchschnittlich erfahrenen Mediatoren, die mehr als 50 Fälle pro Jahr hatten, verdienten im Jahr 2007 £ 282 000 (2005 – £ 177 000). Dieser Einkommenszuwachs von fast 60% im Verhältnis zum Vergleichszeitraum 2005 bedeutet nicht nur einen Zuwachs der Honorare von 42%, sondern gleichzeitig eine Erhöhung der Fallzahlen dieser Gruppe. Die am meisten beschäftigten Mediatoren hatten 12% mehr Fälle als im Vergleichzeitraum.

Der Durchschnittsverdienst eines Mediators für eine 1-tägige Mediation lag überwiegend zwischen £ 501 und £ 2500. Der erfolgreichste Mediator verzeichnete durchschnittliche Einkünfte von £ 6500 bei einer Fallzahl von fast 100 Fällen, die insgesamt zu einem Jahreseinkommen von ca. £ 650 000 somit führten. **242**

cc) Civil Procedure Rules (CPR 1998)

Aufgrund der 1999 in Kraft getretene Reform des Zivilprozessrechts in Großbritannien ist es den dortigen Gerichten möglich, die Kosten eines Rechtsstreits sogar im Fall des Obsiegens einer Partei ganz oder teilweise aufzuerlegen, wenn diese sich grundlos weigern, ein vom entscheidenden Gericht vorgeschlagenen Mediationsversuch zu unternehmen.[229] **243**

---

[228] www.cedr.com; s. o. bereits ausführlicher Rn. 195 ff.

[229] S. o. bereits Rn. 194 und Halsey v. Milton Keynes General NHS Trust/Steel v. Halliday [2004] EWCA Civ 576, Nr. 16 ff.; Niedostadek ZKM 2007, 50 ff., 52; Spindler ZKM 2007, 79 ff., 82 f. mwN.

dd) eucon

244 Auf der Webseite der eucon[230] und kann vergleichend festgestellt werden, welche Kosten
- bei ordentlichen Gerichtsverfahren (1. + 2. Instanz),
- in einem Schiedsgerichtsverfahren (DIS-Tabelle),
- in einem Mediationsverfahren (mit Anwälten nach RVG oder auf Honorarbasis),
- Zusatzkosten (z.B. Gutachter),
- Opportunitäts-/Transaktionskosten (Arbeitsaufwand der Parteien),
- kalkulatorische Kosten (Zinsaufwand und Kundenverlust)

den Parteien tatsächlich entstehen.

Bei einem Streitwert von EUR 5 Millionen entstehen danach Kosten für ein

– Mediationsverfahren	von EUR	104 650,–,
– Schiedsgerichtsverfahren	von EUR	938 955,–,
– Streitiges Verfahren vor einem ordentlichen Gericht (2 Instanzen)	von EUR	2 083 198,–.

ee) Ditges

245 *Ditges*[231] fokussiert in seinem sehr lesenswerten Aufsatz „Mediation und Rechtsstreit – ein Kosten- und Effizienzvergleich" bereits in seinen Eingangsbemerkungen die Kostenproblematik der Mediation im Vergleich zu einem Rechtsstreit vor einem staatlichen Gericht wie folgt: „Generell rühmen die Anhänger der Mediation unter deren Vorteilen die relative Kostengünstigkeit. Der Beweis ist nicht erbracht, weder im Bereich der Kosten, die Ausgaben darstellen, noch Recht hinsichtlich des Weiteren nicht unmittelbar zahlungswirksamen Aufwands. Dessen Einbeziehung in die Betrachtung eröffnet weitere Perspektiven des Kostenvergleichs. Es geht um Ausgaben, um kalkulatorische und um Opportunitätskosten, um vor-, außer- und gerichtliche sowie um entsprechende Kosten vor und während der Mediation und um die Folgekosten. Eine systematisierende Erfassung der gesamten Kostenarten sowie deren Interdependenzen und ein Kostenvergleich fehlen ebenso wie Einschätzungen zur Höhe der das Mediations- und das Gerichtsverfahren prägenden Kosten. Für die planerische Quantifizierung der Effizienz der Systeme gilt Entsprechendes. Sie folgt als Reflex aus der weiten Fassung des Kostenbegriffs."

246 *Ditges* zeigt in seinen Ausführungen unter Verwendung von ergänzenden Graphiken, tabellarischen Kostenanalysen und tabellarischen, beispielhaften Kostenberechnungen bzw. -vergleichen, dass tendenziell „die

[230] www.eucon-institut.de; s. a. eucon Newsletter, Juni 2007, 2.

[231] IDR 2005, 74 ff.

Kosten der Mediation mit steigendem Wert des Streitgegenstands zunehmend wesentlich geringer sind als die Kosten des Rechtsstreits. Im Durchschnitt der gebildeten Fälle machen die Kosten der Mediation ca. 3% der Vollkosten des Rechtsstreits aus. Ohne Opportunitätskosten entfallen auf die Mediation ca. 14% der im Rechtsstreit zu erwartenden Kosten."

b) Transaktionskosten

Die bisherigen Ausführungen zu den Kosten zeigen – dies gilt insbesondere für die Ausführungen von *Ditges* –, dass trotz ausführlicher Behandlung der Kostenproblematik in der Literatur[232] insbesondere die Transaktionskosten, d.h. die bei den Medianten z.B. im jeweiligen Unternehmen anfallenden internen Kosten nicht berücksichtigt wurden und wohl auch nur unzureichend bisher berücksichtigt werden. Gerade in den Unternehmen ist nach eigener Kenntnis des Verfassers es versäumt worden, die internen Kosten bei den einzelnen Konfliktlösungsarten (z.B. Mediation, Schiedsverfahren, staatliche Gerichtsverfahren, Schiedsgutachten etc.) jeweils zu dokumentieren. Dies führt auch nach wie vor bei der Geschäftsleitung bzw. dem Vorstand, zumindest aber beim Controlling zu der Frage an die entsprechenden Abteilungen (z.B. Rechts-, Patent-, Lizenzabteilung), wo denn der finanzielle Vorteil z.B. einer Mediation gegenüber den anderen Konfliktbeilegungsarten zu sehen sei. Dies ist auch das Ergebnis entsprechender Fragen des Autors im Rahmen von ihm bei Seminarveranstalter und bei Firmen durchgeführten Seminaren. Insbesondere die deutsche Großindustrie ist daher seit ca. 2 Jahren bemüht, diesem Manko abzuhelfen. Es wird jedoch aufgrund dieser erst in den letzten Jahren begonnenen Bemühungen noch einige Jahre dauern, bis verlässliche Daten vorliegen, die aus Kostensicht eine verlässliche Basis für die Entscheidung für eine bestimmte Streitbeilegungsart bilden. Es sind daher insbesondere nicht nur die Großunternehmen, sondern auch gerade die kleinen und mittleren Unternehmen gefragt, zusammen mit ihrem jeweiligen Controlling die entsprechenden Kostendaten zu dokumentieren und vorzuhalten. Die externen Kosten ergeben sich (teilweise) auch aus den entsprechenden Kostentabellen der Schlichtungsorganisationen. Beispielhaft wird auf die im Anhang abgebildeten Schlichtungsordnungen verwiesen. **247**

---

[232] Vgl. auch zusätzlich zu den bereits angeführten Fundstellen *Hornung* 197ff.; *Duve/Eidenmüller/Hacke* 279ff.; *Volpert* 18ff.; Haft/Schlieffen-*Host* 838ff.; *ders.* Mediatorenvergütung – Neuerungen durch das RVG ZKM 2004, 178ff.; *Rüssel/Sensborg* Vergütungsvereinbarungen für die Durchführung von Mediationsverfahren nach der neuen Regelung des RVG zum 1. 7. 2006 SchiedsVZ 2006, 324ff.; *Posner* Transaction Costs And Antitrust Concerns In The Licensing Of Intellectual Property les Nouvelles, 2005, 1ff., jeweils mwN.

4. Marketing

248 Angesichts der stetig wachsenden Zahl der MediatorInnen (im Jahre 2007 sollen es ca. 6000 gewesen sein) und andererseits nicht stark steigenden Fallzahlen ist das Marketing insbesondere für den Mediator bzw. die Mediatorin eine nicht zu vernachlässigende Komponente.

Für interessierte Medianten ist es nur bedingt erkennbar, welcher Mediator für das konkrete Mediationsverfahren der Geeignetste ist. Hilfestellungen bieten insoweit die z.T. öffentlichen Datenbanken der Schlichtungsorganisationen. Für MediatorInnen, die (in erster Linie) als Rechtsanwälte bzw. Rechtsanwältinnen tätig sind, können der Autor aus eigener Erfahrung die Empfehlung geben: „Je spezialisierter, desto mehr Akquisitionspotential!". Wenn z.B. ein Rechtsanwalt gleichzeitig ein Fachanwalt für Gewerblichen Rechtsschutz ist, dürfte es wohl keinen Sinn machen, die Mediationstätigkeit beispielsweise auf „Baustreitigkeiten" zu fokussieren. Trotz erheblicher Meinungsverschiedenheiten in der Literatur ist es nach Auffassung des Autors sehr hilfreich für einen Anwaltsmediator, wenn er in einem bestimmten Fachgebiet überdurchschnittliche Kenntnisse und Erfahrungen vorweisen kann. Medianten nehmen in erster Linie einen Mediator, der in einem speziellen Fachgebiet über einen längeren Zeitraum tätig war und dies durch hohe Fallzahlen sowie durch Veröffentlichungen und Vortragstätigkeit in einem speziellen Fachgebiet nachgewiesen hat. Hilfreich ist es insoweit auch, wenn neben der fachgebietsorientierten Veröffentlichungs- und Seminarpraxis dieses fachspezifische Marketing durch ein auf dieses Fachgebiet bezogenes Mediationsmarketing ergänzt wird. Förderlich ist es auf jeden Fall auch, nicht nur auf Seminaren großer Seminarveranstalter oder auf entsprechenden Veranstaltungen bekannter Schlichtungsorganisationen als Redner fachspezifisch seine Erfahrungen vorzutragen, sondern konkret bei den Führungskräften noch nicht zum Mandantenstamm gehörender Firmen zum Thema Mediation in einem speziellen Fachgebiet sich zu präsentieren.

249 Einzelheiten des Marketings können der Literatur[233] entnommen werden. Hilfreich sind auch insofern die Schlussfolgerungen und der Empfehlungskatalog bzgl. des Marketing der empirischen Studie der Alpen-Adria-Universität Klagenfurt „Wirtschaftsmediation für Klein- und Mittelunternehmen in Österreich"[234] sowie die Ergebnisse der empirischen Studie „Wirtschaftsmediation im europäischen Vergleich".[235]

5. Ausbildung

250 Aus der Sicht des Verfassers ist – wie bereits unter dem vorhergehenden Abschnitt „Marketing" erwähnt – es essentiell, dass angehende und

[233] Haft/Schlieffen-*Krauter/Lüer/Ripke* (1183 ff.), Henssler/Koch-*Hehn* 289 ff.
[234] 172 ff.
[235] 93 ff. und dort für die Länder Österreich: 93 ff., Deutschland: 132 ff., 139 ff., Frankreich: 187, United Kingdom: 233 ff., Skandinavien: 321 ff. und insbesondere auch 407 ff.

schon tätig werdende MediatorInnen sich möglichst fachspezifisch ausbilden lassen. Anwälte haben insofern den Vorteil, dass sie auch immer mehr sich der Fachanwaltsausbildung widmen und daher – wie bereits erwähnt – auch ihrer Mediationstätigkeit auf ihren rechtlichen Fachbereich zuschneiden sollten. Auf den ersten Blick ist dies eine Einschränkung der Verdienstmöglichkeiten. Auf mittlere Sicht (5–10 Jahre) führt hier wohl jedoch kein Weg daran vorbei. Vielleicht hilft hierbei die Überlegung, dass auch in anderen Berufsbildern schon seit Jahrtausenden eine Spezialisierung stattfand (z. B. bei Lehrern und Ärzten) bei den Anwälten jedoch erst in den letzten Jahrzehnten Ansätze zur Spezialisierung erkennbar wurden.

Anwälte und Anwältinnen die sich der Mediation widmen möchten wird empfohlen, sich die Ausbildungsmöglichkeiten auf den Webseiten der fachspezifischen Seminaranbieter der Schlichtungsorganisationen und der berufsständischen Anbieter sich anzuschauen und auch langjährig tätige Mediatoren nach ihren Ausbildungserfahrungen zu befragen.

Ergänzend wird auf *Henssler/Koch-Koch*[236] verwiesen.

---

[236] *Henssler/Koch-Koch* 195 ff.

C. Praxisbeispiele für IP-/IT-Streitigkeiten

I. Rechtliche Bereiche bei IP-/IT-Streitigkeiten

In diesem Kapitel werden zunächst die rechtlichen Felder beispielhaft erörtert, in denen IP-/IT-Streitigkeiten relativ häufig entstehen

1. Verträge

a) Forschungs- und Entwicklungs-Verträge

251 IP-/IT-Streitigkeiten beginnen häufig schon bei Forschungs- und Entwicklungs-Verträgen. Zu unterscheiden sind jeweils zunächst horizontale und vertikale Forschungs- und Entwicklungs-Verträge (F+E-Verträge).

aa) Horizontale F+E-Verträge

252 Unter den horizontalen F+E-Verträgen zählen insbesondere die Verträge die die sog. Verbundforschung beinhalten. Mehrere Firmen und/oder Forschungseinrichtungen arbeiten gleichrangig miteinander und versuchen im Rahmen des Verbunds bestimmte F+E-Ergebnisse mit eigenen Mitteln und/oder öffentlichen Mitteln zu erzielen.

Diese Verträge werden teilweise auch Kooperationsverträge genannt.

bb) Vertikale F+E-Verträge

253 Im Gegensatz zu horizontalen Verträgen arbeiten die F+E-Partner nicht gleichrangig, sondern in der Regel in der Weise zusammen, dass ein Vertragspartner dem anderen Vertragspartner einen Auftrag erteilt, unter bestimmten, zu definierenden Bedingungen bestimmte F+E-Ergebnisse zu erzielen. Die Auftragsforschung ist sehr häufig im Verhältnis der Industrie zu einem Forschungsinstitut, aber auch zwischen Industriepartnern untereinander oder auch zwischen Forschungseinrichtungen untereinander möglich.

b) Lizenzverträge

254 Auch bei den Lizenzverträgen ist zwischen horizontalen und vertikalen Verträgen zu unterscheiden

aa) Horizontale Lizenzverträge

255 Bei den horizontalen Verträgen kann es sich um Verträge handeln, die z. B.

– die Beziehungen von Mitinhabern gemeinschaftlicher Rechte (z. B. Gemeinschaftserfindung, gemeinschaftliche Urheberrechte) regeln,

- das Verhältnis mehrerer Lizenzgeber, die in einem Patentpool ihre Patente bündeln, um dann als Patentpool interessierten Dritten eine Lizenz an den gepoolten Patenten zu erteilen;
- die Beziehungen von zwei Parteien, die eine Crosslizenz vereinbart haben, zu bestimmen. Crosslizenzen werden in erster Linie aus zwei Gründen geschlossen. Oft handelt es sich um Wettbewerber, die die Crosslizenzvereinbarung schließen, um unabhängig von ihren jeweiligen Patenten sich nur um die Vermarktung ihrer Produkte kümmern zu können. Jede Partei erteilt der anderen Partei entweder eine entgeltliche oder unentgeltliche Lizenz an ihren eigenen jeweiligen Rechten. Eine Crosslizenz wird auch relativ häufig als „Vergleich" in einem Verletzungsstreit bei Patent und/oder Software Urheberrechtsstreitigkeiten vereinbart.

bb) Vertikale Lizenzverträge

Vertikale Lizenzverträge bilden in der Praxis die häufigste Form von Lizenzverträgen. Ein Lizenzgeber erteilt einem Lizenznehmer eine Lizenz an bestimmten Rechten (z. B. Patente, Software, Urheberrechte, Knowhow), damit diese unter bestimmten Voraussetzungen von dem Lizenznehmer verwertet werden. **256**

c) Arbeitsverträge

Auch im Arbeitsrecht gibt es eine Vielzahl von Streitigkeiten. Dies betrifft Arbeitsverträge zwischen technologieorientierten Unternehmen und deren Arbeitnehmern. **257**

d) Fusionen, Ausgründungen

Bei Firmenfusionen und auch bei Ausgründungen aus Unternehmen kommt es ebenfalls im IP/IT-Bereich häufig zu Streitigkeiten, die in rechtlicher Hinsicht oft die Inhaberschaft an z. B. Erfindungen und Urheberrechten und deren Vergütung betreffen. **258**

e) Verschiedene

Darüber hinaus gibt es immer häufiger auch Streitigkeiten zwischen Finanzämtern und Firmen über „konzerninterne Verrechnungspreise", d. h. die angemessene Bewertung von Rechten und Lizenzgebühren, die im Konzern im Rahmen von Lizenzverträgen, die der Optimierung der Gewinne der einzelnen Unternehmensbestandteile dienen, und die Lizenzverträge zwischen Firmeninhabern und ihrem jeweiligen Unternehmen, die von den Finanzämtern immer häufiger als „Mittel zur verdeckten Gewinnausschüttung" gesehen werden. **259**

2. Widerrechtliche Entnahme, Einspruch, Verletzungs- und Nichtigkeitsklagen

260 Angesichts eines immer intensiveren weltweiten Wettbewerbs werden gewerbliche Schutzrechte (z. B. Patente) und Urheberrechte immer wertvoller und somit auch immer häufiger Gegenstand von entsprechenden Streitigkeiten (z. B. Widerrechtliche Entnahme, Einspruch, Patentverletzungs- und Patentnichtigkeitsklagen).

3. Kartellrecht

261 Auch die Zahl der Streitigkeiten, die kartellrechtliche Aspekte beinhalten, wächst zunehmend. Dies gilt für den Bereich der F+E-Verträge, aber auch für Lizenzverträge und nicht zuletzt auch im Rahmen von z. B. Patentverletzungsprozessen.

262 Zusammenfassend können hinsichtlich der in diesem Abschnitt aufgeführten rechtlichen Bereiche folgende Ursachen für Streitigkeiten genannt werden:

- Verletzung von Vertragspflichten (z. B. bezüglich der Abrechnung und Zahlung von Vergütungen sowie Rechts- und Sachmängel),
- Verletzung Gewerblicher Schutzrechte und Urheberrechte,
- Kartellrecht.

II. Praxisbeispiele

1. Forschung und Entwicklung

a) Allgemein

263 *Dietrich*[1] erläutert in dem Artikel „Was Software-Entwickler von Ingenieuren lernen können“ sei ein Standpunkt „Mit weniger Fehlern könnte die deutsche Software-Industrie ihre Wettbewerbsposition verbessern“. *Dietrich* ist der Auffassung, dass das größte Problem der Software-Branche darin besteht, dass „die Verringerung der noch immer dramatisch hohen Fehlerquote bei der Entwicklung produktferner Software-Systema“ ist. Die Untersuchungen z. B. der Standish Group zeigten, dass in den USA im Jahr 2006 jedes 5. Software-Projekt auf der Strecke geblieben sei. Weitere 46% aller Software-Vorhaben wären mit massiven Mängeln oder erst mit Verzögerungen zum Laufen gebracht worden und hätten das geplante Budget gesprengt. Lediglich 35% hätten planmäßig abgeschlossen werden können. Wie Software-Projekte zum Alptraum werden könnten, hätte der Staat des Hongkonger Flughafens „Chek Lap Kok“ vor wenigen Jahren auf einer künstlichen Insel im Südchinesischen Meer gezeigt. Das 20 Mrd. $ teure Prestige-Objekt sei zwar aller Her-

---

[1] VDI nachrichten, 20. 7. 2007, 2.

ausforderungen nahezu planmäßig in Betrieb gegangen, dann aber hätte die Software den Flughafen völlig lahmgelegt. Falsche Informationen auf den Hinweistafeln hätten die Passagiere in die Irre geführt. Gepäckstücke seien verschwunden. Telefonsysteme wären zusammengebrochen. Insgesamt hätte sich der Schaden auf 600 Mio. $ summiert. Allein in den USA verursachten Software-Fehler jährlich Schäden bis 50 Mrd. $. Dies hätte eine Studie im Auftrag des National Institute of Standards & Technology ergeben. Mehr als die Hälfte dieser Kosten würden die Software-Entwicklungsfirmen aufgrund von Nachbesserungen und ineffizienten Teststrukturen tragen. Im Gegensatz z. B. zur Automobilindustrie, zur Luft- und Raumfahrt oder zum Anlagenbau würden Software-Entwickler keine komplexe Aufgabe beginnen, ohne vorab ein digitales Modell des künftigen Produkts aufzubauen. Dies sei die entscheidende Voraussetzung für das Gelingen jedes derartigen Projekts. Bei Software-Projekten sei es dagegen trotz der Möglichkeit einer Modellierung von Software-Projekten in vielen Fällen so, dass „auf Grundlage eines auf 400 Seiten umfassenden Textes mit den Anforderungen des Auftraggebers direkt mit der Entwicklung einer groben Software-Architektur begonnen werde. Getestet wird in der Regel erst, wenn erste Teile des Projekts schon abgeschlossen seien. Dann optimierten sie in Zusammenarbeit mit dem Kunden das System solange, bis es dessen Anforderungen weitgehend erfülle. Aufgrund dieser Vorgehensweise seien häufig nicht unerhebliche weitere manuelle Veränderungen notwendig, um das gesamte Projekt dann an die neue Situation anzupassen. Aus diesem Grund würden sehr viele Software-Projekte den Zeitrahmen sprengen.

Aus der Sicht des Autors ist jedoch nicht nur bei Software-Ent- **264**
wicklung, sondern auch bei der Entwicklung anderer Technologien, gerade, aber nicht nur bei anwendungsorientierter Entwicklung mit hohen Fehlerquoten zu rechnen. Diese Situation kann zwar rein theoretisch durch Projektkoordinatoren vermieden werden. In der Praxis lässt sich jedoch aufgrund des hohen Erwartungsdrucks der entwickelnden Parteien und der oft zu gering bemessenen Entwicklungszeit diese Fehlerquote sehr oft nicht vermeiden.

Die nachfolgenden Praxisbeispiele zeigen, wie in der Realität mit **265**
Streitigkeiten umgegangen wird.

b) IBM v. FUJITSU

Der „IBM-FUJITSU-Fall“[2] war aus Sicht des Autors der erste be- **266**
kanntgewordene Fall mit Pilotcharakter, der sehr anschaulich zeigte, wie aus einem ursprünglichen Schiedsverfahren letztlich ein Konfliktbeilegungsverfahren mit zahlreichen Fassetten aufgrund der Flexibilität der „Schiedsrichter“ wurde. Die Schiedsrichter wandten einen Großteil der Streitschlichtungsmöglichkeiten an:

---

[2] S. o. Rn. 98 f.

- Strukturierte Verhandlung,
- Mini-Trial – Mediation – Final-Offer-Arbitration,
- durch die Schiedsrichter erleichtertes Verhandeln von zu schaffenden Armregelungen für eine Zusammenarbeit,
- die Überwachung der Erfüllung dieser Regeln durch neutrale Sachverständige,
- fortlaufende Streitschlichtung durch ein ständiges Gremium von zwei Schiedsrichtern mit der Möglichkeit, einen dritten Schiedsrichter ad hoc einzubeziehen,
- während der gesamten Streitdauer (ca. 12 Jahre), bestand eine sehr komplexe Beziehung zwischen dem Verhandeln und Adjudication,
- der Durchbruch der Verhandlungen dadurch, dass 2 der 3 Schiedsrichter die Möglichkeit hatten, sich zeitweise als Mediatoren zu betätigen und so die Vereinbarung ermöglichten, die für alle folgenden Festlegungen die Basis bildeten:
  - die Entscheidung, alle Streitigkeiten mit Bezug zu den bestehenden Software-Programmen durch Zahlung einer einmaligen Lizenzgebühr zu beenden
  - und die Entscheidung, ein „sicheres System" für den kontrollierten Austausch zukünftiger Software-Daten zu schaffen.

c) CONSORTIUM AGREEMENT FOR INTEGRATED FP 6 PROJECT

267 Bei von der EU-geförderten Forschungsprojekten gibt es in den hier beispielhaft genannten Projektbedingungen des CONSORTIUM AGREEMENT FOR INTEGRATED FP 6 PROJECT unter Ziffer 5.2 (General Assembly) und unter 5.3 (Executive Board) eine Beschreibung der Gremien, die die Projektkoordination vornehmen:

268 **5.2 General Assembly**

5.2.1 Composition of the General Assembly

The Parties shall establish, within thirty (30) days after the date of this Consortium Agreement, the General Assembly composed of one (1) duly authorised representative of each of them. The representative of the Coordinator is the Project Director. The representative of each Party shall have the necessary authority to commit his/her organisation when voting and shall use all reasonable endeavours to bring to the General Assembly the considered position of his/her organisation, duly interacting as required with senior management.
Each representative shall have a named deputy belonging to the same organisation. Each Party shall have the right to replace its representative although it shall use all reasonable endeavours to maintain the continuity of its representation.

5.2.2 *Project Director*

The Project Director chairs the General Assembly. He coordinates the management of the project and represents the Coordinator in the General Assembly.

5.2.3 *Meetings*

Meetings, may be held by e-mail or teleconference, providing suitable tools for authentication are available. All General Assembly meetings, whether virtual or physi-

cal, are held at the request of its chairperson or at any other time when necessary at the request of at least two of the Parties.
Meetings shall be convened by the chairperson with at least fifteen (15) calendar days prior notice. This notice shall be accompanied by an agenda. The agenda shall be proposed by the chairperson. The agenda shall be deemed to be accepted unless one of the Parties notifies the chairperson and the other Parties in writing of additional points to the agenda, at the latest two (2) working days before the date of the meeting.
Parties may also participate to the physical meetings of the General Assembly by teleconference, if the facilities are available.
In accordance with section 5.1.2 (a) hereof, it is the responsibility of the Coordinator to prepare and distribute the minutes of the meetings. The Coordinator may however nominate an external Secretary for this role, provided the General Assembly approves the nomination.
Minutes of the meetings of the General Assembly shall be transmitted to the Parties within thirty (30) calendar days after the date of the meeting. The minutes shall be considered as accepted by the other Parties if, within fifteen (15) calendar days from receipt, no Party has objected in a traceable form to the chairperson.

5.2.4 *Kick-off Meeting*

The first meeting of the General Assembly (Kick-off Meeting of the Project) shall take place at the latest one month after start of the Project. At this meeting, the management structure of the Project shall be presented to the General Assembly. Except for the Project Director, who is nominated by the Coordinator, nominations for the other Directors of the Executive Board, namely the Technical Director (nominated by FAST), the Scientific Director (nominated by Universität Hannover L3S) and the Innovation Director (nominated by France Telecom), must be made to and approved by the General Assembly at the Kick-off Meeting, and any subsequent changes in Directorships confirmed at the next General Assembly meeting. Subsequently at this meeting each Workpackage shall elect its chairperson.

5.2.5 Decisions

Any decision requiring a vote at a General Assembly meeting must be identified as such on the pre-meeting agenda, unless there is unanimous agreement to vote on a decision at that meeting and all Parties are present or represented, including those participating by teleconference.
In the case of „virtual" meetings, decisions may be taken by e-mail using suitable tools for authentication of sender, such as certified e-mail.

5.2.6 Responsibilities

The General Assembly, which is the ultimate authority in the Project, shall delegate the day-to-day management of the Project to the Executive Board and shall ratify decisions taken by the Executive Board. Any Party may appeal decisions of the Executive Board to the General Assembly should it consider that such decisions are unfair and contrary to its interests.
The General Assembly shall be responsible for:
(a) approving any change to the structure of the Project that requires a Contract amendment to be signed by the Parties and submitted to the Commission,
(b) approving the initial nominations of the Directors except for the Project Director,
(c) approving any subsequent changes in Directorships and membership within the General Assembly,
(d) approving the initial nomination of the chairpersons of the Workpackages,

(e) approving changes in work sharing and budget proposed by the Executive Board and approving respective amendments in Annex I of the Contract leading to a Contract amendment to be signed by the Parties and submitted to the Commission,
(f) approving proposals made by the Executive Board that the General Assembly should propose to the Parties (other than the Defaulting Party) that the Coordinator serve notice on a Defaulting Party in accordance with Section 8.6.2 and approving proposals made by the Executive Board on the assignment of Defaulting Party's tasks to other entities, preferably chosen from the remaining Parties,
(g) approving proposals made by the Executive Board for the modalities of use of the Common Liability Reserve,
(h) approving the entering into the Contract and the Consortium Agreement of new Contractors in accordance with Annex III.2, „Competitive Calls", leading to a Contract amendment and a revised Consortium Agreement to be signed by the Parties,
(i) recommending to the Parties the (even premature) completion/ termination of the Project,
(j) approving alterations to this Consortium Agreement proposed by the Executive Board, leading to a revised Consortium Agreement to be signed by the Parties,
(k) hearing appeals from any Party and deciding on appropriate action concerning decisions taken by the Executive Board that the Party concerned considers to be unfair and contrary to its interests
(l) in case of default of the Coordinator in the performance of its tasks as a coordinator, approving proposals made by the Executive Board on actions to be taken and possible nomination of a new Coordinator, to be proposed to the Parties.

5.2.7 Quorum

The General Assembly shall not deliberate and decide validly unless a majority of two-thirds (2/3) of its votes are present or represented, including those participating by teleconference. Where decisions are to be taken unanimously, all Parties must be represented at the meeting.

5.2.8 Decision-making

In voting each Party shall have a number of votes equalling the percentage of its Project Share in the total cost of the Project, as defined in Annex B.
(i) In the cases of paragraph 5.2.6, bullets (b), (d), (i), and (j) hereof, decisions shall be taken unanimously by all of the Parties;
(ii) In the case of paragraph 5.2.6 bullet (f) hereof, the decision shall be taken by a majority of 75% of the votes of non-Defaulting Parties present or represented at a quorate meeting;
(iii) In the case of paragraph 5.2.6 bullet (k) hereof, the decision shall be taken by a majority of 75% of the votes of Parties present or represented at a quorate meeting, excluding the interested Party making the appeal;
(iv) In the other cases of paragraph 5.2.6, that is bullets (a), (c), (e), (g). (h) and (l) hereof, decisions shall be taken by a majority of 75% of the votes of Parties present or represented by proxy at a quorate meeting.

269 **5.3 Executive Board**

5.3.1 Role

The Executive Board is delegated by the General Assembly to ensure the day-to-day management of the Project. It makes proposals or decides on the Implementation Plan, budgets, payment transfers and other matters necessary for the project advancement and success; takes action against non-performing Parties, and implements the project orientations approved by the General Assembly.

5.3.2 Composition of the Executive Board

The initial members of the Executive Board shall be the Project Director (nominated by Engineering), the Technical Director (nominated by FAST), the Scientific Director (nominated by Universität Hannover L3S) and the Innovation Director (nominated by France Telecom). Other directors may be nominated as necessary as members of the Executive Board. In this case the Executive Board shall put forward the proposal for new director(s) to the General Assembly. The Project Director is nominated by the Coordinator and is a senior manager from the Coordinator. The other directors are nominated during the Kick-off Meeting or at any other time and their nominations ratified by the General Assembly. Each Director shall have a named deputy.

5.3.3 Relation to the General Assembly

Under the control of, and in compliance with the decisions of the General Assembly, the Executive Board shall co-ordinate the Project. The Executive Board assumes overall responsibility towards the General Assembly for liaison between the Parties for analysing and approving the results generated by the Workpackages.

5.3.4 Meetings

The Executive Board shall meet regularly, typically every 2–3 months. Meetings may be called at any time at the request of the Project Director or by two (2) of the other Directors. „Virtual Meetings" may also be held by e-mail or teleconference.
All meetings, whether virtual or physical, shall be convened by the chairperson with at least fifteen (15) calendar days prior notice including an agenda. Directors may also participate to physical meetings of the Executive Board by teleconference, if the facilities are available.
In accordance with section 5.1.2 (a) hereof, it is the responsibility of the Coordinator to prepare and distribute the minutes of the meetings, which shall be made available to the members of the Executive Board within seven (7) days. The minutes shall be considered as accepted, if within fifteen (15) calendar days from receipt no member has objected in a traceable form to the Coordinator.

5.3.5 Decisions

Any decision requiring a vote at an Executive Board meeting must be identified as such on the pre-meeting agenda, unless there is a unanimous agreement to vote on a decision at that meeting.
In the case of „virtual" meetings, decisions may be taken by e-mail using suitable tools for authentication of sender, such as (but not limited to) certified e-mail.

5.3.6 Responsibilities

The Executive Board shall be responsible for:

(a) supporting the Coordinator in fulfilling obligations towards the European Commission;
(b) ensuring that all work meets the requirements specified in the Description of Work, deciding upon measures in the framework of controls and audit procedures to ensure the effective day-to-day co-ordination and monitoring of the Progress of the technical work affecting the Project as a whole;
(c) providing project management in relation to the activities of the Project on technical, financial, exploitation and dissemination issues, as applicable;
(d) providing necessary steering to the Workpackage Chairpersons, according to Section 5.4.2 hereof;

(e) proposing to the General Assembly changes to the Implementation Plan in terms of work sharing and budget between the Parties and the possible, respective amendments in Annex I of the Contract;
(f) deciding on the launching of competitive calls if required by the tems of Annex I of the Contract and in accordance with Annex III.2;
(g) proposing to the General Assembly the modalities of use of the Common Liability Reserve;
(h) preparing the annual Implementation Plan for submission to the Commission;
(i) agreeing on press releases and joint publications (without prejudice to Section 12.) by the Parties with regard to the Project;
(j) agreeing without prejudice to Section 12: hereof on procedures and policies in accordance with the Contract, Annex II. Article 34 for Dissemination of Knowledge from the Project which is not to be used by the Parties;
(k) deciding upon the technical roadmaps with regard to the Project;
(l) proposing to the General Assembly any alterations to the Consortium Agreement;
(m) in accordance with the payment conditions specified in Section 6: hereof, deciding on the distribution of parts of the advance payment from the Commission to Parties who are either demonstrating unsatisfactory financial soundness or in breach of this Consortium Agreement;
(n) in accordance with section 8.6 hereof deciding on appropriate actions to take concerning Parties who are in breach of this Consortium Agreement in that they are either under-performing or supplying unsatisfactory Progress reports or not providing the needed level of disclosure on work performed or not providing satisfactory deliverables also, but not limited to, in terms of quality of the deliverables;
(o) proposing to the General Assembly to serve notice upon a Defaulting Party in accordance with Section 8.6 hereof and to assign the Defaulting Party's tasks to other specific entities;
(p) attempting to resolve disputes among Parties concerning Access-rights according to section 10.3.2 hereof, otherwise Section 16: shall apply;
(q) reviewing and deciding in case of default of the Coordinator in the performance of its tasks as a coordinator to prepare a proposal to the General Assembly on actions to be taken and possible nomination of a new Coordinator.

5.3.7 Quorum

The Executive Board shall not deliberate and decide validly unless a majority of two-thirds (2/3) of its members (approximated by excess to the next integer number) are present or represented („quorate"), including those participating by teleconference. Where decisions are to be taken unanimously, all directors must be present or represented at the meeting.

5.3.8 Decision-making

Each director shall have one (1) vote.
(i) In the case of Section 5.3.6 bullets (e), (f) hereof the decision shall be taken unanimously by all the directors.
(ii) In the case of Section 5.3.6 bullets (m), (n), and (o) hereof the decision shall be taken unanimously by all the directors of the non-Defaulting or non-Under Performing Parties.
(iii) In the case of Section 5.3.6 bullets, (g), (h), (i), (j), (k), (l), (p) and (q) hereof and all other cases not referred to in Section 5.3.8 herein, decisions shall be taken by a majority of 75% of the votes of the Executive Board members present or represented by proxy at a quorate meeting.

In Abschnitt 16 (Settlement of Disputes) wird dann der Weg beschrieben, wenn eine Partei die Entscheidungen des Executive Board als „unfair“ und „im Gegensatz zu ihren Interessen“ ansieht (16.1):

16.1 General Assembly **270**
In accordance with Section 5.2.6 (k) hereof, any Party may appeal to the General Assembly if it considers that a decision taken by the Executive Board is unfair and contrary to its interests.

Im Abschnitt 16.2 (IPR Council) kann bei IPR-Streitigkeiten gemäß **271**
Abschnitt 10 der IPR Council angerufen werden:

16.2 IPR Council **272**
In accordance with Section 10: hereof, the IPR Council can be appealed to by each Party for clarification of controversies or disputes.
The IPR Council shall comprise three representatives who are not involved in the project and who are neither interconnected nor economically related in any manner with any of the Parties.
The membership of the IPR Council, which shall only be created when it is needed, shall be proposed by the Executive Board and ratified by the General Assernbly.
The advice of the IPR Council need a simple majority.

Im Abschnitt 16.3 (Arbitration) wird dann geregelt, dass bei allen **273**
Streitigkeiten im Zusammenhang mit diesem Consortium Agreement, die nicht gütlich beigelegt werden können, endgültig nach den Schiedsgerichtsregeln der ICC geregelt werden. Als Schiedsort wird Brüssel festgelegt. Dies hängt mit dem Sitz des Fördermittelgebers, der EU-Kommission zusammen. Anwendbares Recht ist belgisches Recht.

In diesem Abschnitt 16.3 kann allerdings von den Parteien als Alternative zur Schiedsgerichtsbarkeit die Mediation gewählt werden:

16.3 Arbitration **274**
All disputes or differences arising in connection with this Consortium Agreement which cannot be settled amicably shall be finally settled by arbitration under the rules of arbitration of the International Chamber of Commerce by three arbitrators to be appointed under the terms of those rules. The language of the proceedings shall be English and the arbitration shall take place in Brussels, Belgium. In any arbitration in which there are three arbitrators, the chairman shall be of juridical education.
The award of the arbitration will be final and binding upon the Parties concerned, and the costs of the arbitration shall be shared equally by the disputing parties.
The Parties may instead elect to resolve by mediation a dispute or difference arising in connection with this Consortium Agreement which cannot be settled amicably.

d) NATO SCIENCE FOR PEACE PROGRAMME (Project SfP-973 799 Semiconductors)

In Ziffer 7 des Projektvertrags aus dem Jahr 1999 zwischen der Tech- **275**
nischen Universität Eindhoven und der Universität Novgorod wird bei der Streitschlichtung auf ein dreistufiges Konfliktbeilegungsverfahren abgestellt, wonach für den Fall, dass das IPR Committee den Konflikt nicht lösen kann eine Mediation durchgeführt werden soll. Der Media-

tor wird benannt vom Assistant Secretary General for Scientific and Environmental Affairs. Sollte die Mediation nicht erfolgreich sein, kann eine Partei ein Schiedsgerichtsverfahren nach den Regeln der WIPO in Gang setzen. Interessant ist bei diesem Vertrag, dass als anwendbares Recht russisches Recht gewählt wurde und der Vertrag im Internet frei verfügbar ist.[3]

276 Ergänzend wird auf 2 Aufsätze von *Nicklisch*[4] verwiesen.

2. Lizenzverträge

a) Allgemein

277 The Diversity Of Technology Licensing Agreements And Their Causes

In diesem Aufsatz von *Brousseau/Chasserant/Bessy/Coeurderoy*[5] wird in der Übersicht 4[6] hinsichtlich der untersuchten Lizenzverträge zwischen Industriepartnern und privaten Institutionen als Ergebnis gezeigt, dass je nach Branche nur zwischen 3,2% und 33,3% aller untersuchten Lizenzverträge Streitschlichtungsmechanismen aufgeführt werden. Die Übersicht 10[7] dieser empirischen Untersuchung zeigt des Weiteren, dass[8] Lizenzvertragsparteien bestimmte Mechanismen nutzen, um im Nachhinein Anpassung und Durchsetzung der wechselseitigen Vereinbarungen zu ermöglichen. Hierzu gehören das „Nachverhandeln", „formale Überwachungsmechanismen durch ein Komitee bzw. durch einen unabhängigen Dritten" oder durch Streitschlichtung mittels eines formalen Mechanismusses, eines Komitees oder eines unabhängigen Schiedsrichters oder einer „privaten Autorität" oder in Form einer Kombination dieser genannten Mechanismen. Je nach Branche und Streitanlass und gewähltem Streitschlichtungsmechanismus variieren die Ergebnisse erheblich. Einen „formalen Mechanismus" haben unabhängig von der Branche durchschnittlich 65,9% aller Lizenzvertragspartner vorgesehen. Einen unabhängigen Schiedsrichter haben 33,1% und eine „Privatautorität" haben 23,3% aller Lizenzvertragspartner als Mittel zur Streitschlichtung gewählt. Ein Komitee bzw. eine Kombination dieser Mechanismen haben nur 4,9 bzw. 3,1% aller befragten Lizenzvertragspartner in ihren Verträgen vorgesehen:

---

[3] www.rf. unn.ro/NATO/eng/IPR_E.html.

[4] *Nicklisch* BOT-Projekte: Vertragstrukturen, Risikoverteilung und Streitbeilegung, BB1998, 2 ff.; *ders.* Vernetzte Projektverträge und vernetzte Streitbeilegungsverfahren, BB 2000, 2166 ff.; s. a. *Schneider* Combining Arbitration with Conciliation TDM, 1. 2. 2004, 1 ff. und zu Langzeitforschungs- und Kooperationsverträgen S. 19.

[5] les Nouvelles, 2005, 179 f.

[6] 185.

[7] 194.

[8] 192 ff.

Tabelle: Governance Mechanisms, by Industry (in percent of the sub-populations)[9]

Characteristics of the contracts	Raw Mat. Trans-form.	Chemi-cals	Equip-ment	Services	Other	Total
Renegotiation						
Provision of renegotiation	56,3	36,6	50	40,7	42,1	43,5
For royalty rate	15,6	15,8	27	30,5	15,8	21,8
For geographical extension	21,9	11,9	14,9	22	26,3	16,8
For provided technology	18,8	13,9	17,6	22	10,5	16,8
For the entire contract	37,5	10,9	20,3	22	15,8	18,9
Total number of responses	**32**	**101**	**74**	**59**	**19**	**285**
Formal negotiation mechanism	18,8	44,6	23,6	22,8	29,4	30,8
Total number of responses	**32**	**101**	**72**	**57**	**17**	**279**
Supervision						
Formal Supervision mechanism	15,6	28	9,6	11,9	18,8	17,9
Committee	15,6	28	5,5	6,8	0	14,6
Independent third party	0	0	4,1	5,1	18,8	3,2
Total number of responses	**32**	**100**	**73**	**59**	**16**	**280**
Inspection Rights						
On books	78,1	79,4	79,7	82,8	63,2	78,9
Licensor	25	33,3	44,6	43,1	31,6	37,2
Third party	37,5	39,2	27	39,7	26,3	35,1
Both	15,6	6,9	8,1	0	5,3	6,7
On products	62,5	19,6	43,2	43,1	42,1	36,8
Licensor	50	9,8	33,8	3,1	2,9	27,4
Third party	87,3	60,8	0	0	0	6,7
Both	12,7	39,2	0	0	0	2,8
On industrial installations	34,4	25,5	21,6	36,2	5,3	26,3
Licensor	31,3	18,6	16,2	25,9	5,3	20
Third party	0	2,9	1,4	10,3	0	3,5
Both	3,1	3,9	4,1	0	0	2,8
On R&D projects	6,3	11,8	6,8	13,8	10,5	10,2
Licensor	6,3	8,8	5,4	10,3	10,5	8,1
Third party	0	2	1,4	3,4	0	1,8
Both	0	1	0	0	0	0,4
Total number of responses	**32**	**102**	**74**	**58**	**19**	**285**

[9] Siehe auch Rn. 205.

Characteristics of the contracts	Raw Mat. Trans-form.	Chemi-cals	Equip-ment	Services	Other	Total
Dispute resolution						
Formal mechanism	77,4	78,4	59,5	42,6	78,9	65,9
A committee	6,5	8,8	0	1,6	10,5	4,9
An independent arbitrator	29	42,2	29,7	16,4	57,9	33,1
A private authority	41,9	19,6	25,7	23	5,3	23,3
A combination of these mechanisms	0	2	1	0,4	1,3	3,1
Total number of responses	**31**	**102**	**74**	**61**	**19**	**287**
Suspending mechanism	40	53	28,8	30,5	29,4	39,1
Total number of responses	**30**	**100**	**73**	**59**	**17**	**279**

278 Ergänzend wird auf die beiden Aufsätze von *Wälde*[10] hingewiesen.

3. WIPO Mediation Case Examples

279 Set out below are examples of mediations conducted under the WIPO Rules. The Center also makes available a summary overview of its caseload. These examples have been prepared while respecting the confidentiality of WIPO proceedings.

a) M1. A WIPO Patent Mediation

280 A technology consulting company holding patents on three continents disclosed a patented invention to a major manufacturer in the context of a consulting contract. The contract neither transferred nor licensed any rights to the manufacturer. When the manufacturer started selling products which the consulting company alleged included the patented invention, the consulting company threatened to file patent infringement court proceedings in all jurisdictions in which the consulting company was holding patents.
The parties started negotiating a patent license with the help of external experts but failed to agree on the royalty as the multimillion dollar damages sought by the consulting company significantly exceeded the amount the manufacturer was willing to offer.
The parties submitted their dispute to mediation under the WIPO Rules. The WIPO Arbitration and Mediation Center suggested to the parties potential mediators with specific expertise in patents and the relevant technology. The parties chose one of those rnediators, who conducted a two-day meeting in which the parties eventually reached a settlement that not only covered the royalty issue, but also included agreement on future consulting contracts.
The mediation was thus instrumental in transforming a hostile situation in which the parties were preparing to engage in prolonged and expensive litigation into

[10] Efficient Management of Transnational Disputes: Case Study of a Successful Interconnector Dispute Resolution TDM Februar 2007, 1 ff. und Pro-Active Mediation of International Business & investment Disputes Involving Long-Term Contracts: From Zero-Sum Litigation to Efficient Dispute Management TDM Mai 2004, 1 ff.

one in which they were able to conclude an arrangement which suits the business interests of both parties and ensures the profitable use of the technology in the service of those interests.
The Center, together with the mediator, has prepared a more detailed, step-by-step description of the development of this WIPO mediation.

b) M2. A WIPO Copyright Mediation

A Dutch company concluded a copyright license with a French company regarding **281** the publication of a technical publication. The license agreernent includes a WIPO mediation clause. The licensee became insolvent and defaulted on the royalties due under the license. When the licensor requested the mediation procedure, the Center, after consultation.
with the parties, and with approval of the court appointed liquidator, appointed an intellectual property specialist as the mediator. Following two rneetings between the parties and the mediator, a settlement agreement was concluded.

c) M3. A WIPO Copyright Mediation Followed by Expedited Arbitration

A publishing house entered into a contract with a software company for the deve- **282** lopment of a new web presence. The project had to be completed within one year and included a clause submitting disputes to WIPO mediation and, if settlement could not be reached within 60 days, to WIPO expedited arbitration. After 18 months, the publishing house was not satisfied with the services delivered by the developer, refused to pay, threatened rescission of the contract and asked for damages. The publishing house filed a request for mediation. While the parties failed to reach a settlement, the mediation enabled them to focus the issues that were addressed in the ensuing expedited arbitration proceeding.

d) M4. A WIPO Mediation of an IT/Telecom Dispute

A software developer based in the United States licensed software applications to a **283** European provider of telecommunications services. The agreement included a clause submitting disputes to WIPO Mediation, followed, in the absence of a settlernent, by WIPO expedited arbitration.
A controversy arose as to whether the licensee was entitled to let certain affiliated parties have access to the software, and whether additional license fees were due in respect of those third parties. The dispute was submitted to WIPO mediation.
Taking into account the criteria identified by the parties, the Center proposed as mediator several candidates with experience in the area of software licensing and appointed a mediator in accordance with the parties' preferences.
Mediation sessions were held at a location that was convenient to both parties. The parties developed a mutually acceptable framework for the mediation process and solved a number of the issues in dispute. Using some of the options developed during the mediation, direct negotiations between the parties continued after the termination of the mediation to solve their remaining issues The WIPO expedited arbitration was not initiated.[11]

e) M5. A WIPO Mediation of a Biotech Dispute

A French and a German company entered into a collaboration agreement for the **284** development of a human antibody for the treatment of a major disease. Two years

[11] S. a. les nouvelles 2007, 301 ff., 305.

later, a US corporation acquired the French company. Alleging that the US corporation shortly thereafter caused certain payments required under the collaboration agreement to be withheld the German entity filed an action for breach of contract against the US corporation in a district court in the United States. The US corporation filed counterclaims of rescission and breach of contract against the German company. After more than one year of court proceedings, the parties accepted the suggestion of the judge to submit their dispute to mediation and filed a joint request for mediation with the Center.

When the parties could not agree on the name of the mediator, the Center submitted for consideration of the parties a list of five possible candidates, meeting criteria set forth by the disputants in their mediation agreement. After some discussion, the parties agreed on one of the nominees proposed by the Center, an American intellectual property lawyer with considerable mediation experience.

The mediator conducted meetings with the parties in the United States. As a direct consequence of the facilitative role played by the mediator in the course of the case, the parties settled their dispute six months after the commencement of the mediation.[12]

f) M6. A WIPO IT Mediation

285 A European airline entered into an agreement with a US software company concerning the development of a worldwide platform for the management of ticket sales. This was followed by a professional services agreement, which contained a more detailed description of the project as well as the support services to be delivered by the software company. The latter agreement included a WIPO mediation followed by WIPO expedited arbitration clause. The airline paid several million USD for the application. Some years later, the airline terminated the agreement. In response, the software company asserted that, with the termination, the airline's rights in the application had lapsed and requested the software to be returned. The airline was of the position that it was entitled to retain the software application and initiated mediation. The result of the mediation was a new license between the parties.

g) M7. A WIPO Mediation of a Trademark Coexistence Dispute

286 After a dispute arose between them, a North American company requested mediation with two Italian companies and one Spanish company on the basis of an agreement which the parties had reached for mediation under the WIPO Mediation Rules. The goal of the mediation was to help the parties avoid confusion and misappropriation of their similar trademarks and to regulate future use of their marks. Although Italian was agreed as the language of proceedings, any settlement agreement would be recorded in both Italian and English.

The Center suggested to the parties potential mediators with specific expertise in European trademark law and fluency in Italian and English. The parties selected an Italian mediator with a trademark practice. The mediator conducted an initial telephone conference with the lawyers of the parties in which he scheduled the mediation timing, and agreed on the procedure.

Two months later, the mediator met with the parties in a two-day session in Milan. The meeting was held in joint session with the exception of two brief caucuses. At the end of the second day the parties – with the assistance of the mediator – were able to draft and sign a settlement agreement covering all of the pending issues in dispute.

---

[12] S. a. les nouvelles 2007, 301 ff., 305.

h) M8. A WIPO Mediation of a Pharma Patent License

A European university holding pharmaceutical patent applications in several countries negotiated a license option agreement with a European pharmaceutical company. The pharmaceutical company exercised the option and the parties started to negotiate a license agreement. After three years of negotiations the parties were unable to agree on the terms of the license. At that point the parties submitted a joint request for WIPO mediation. **287**

As requested by the parties, the Center appointed as mediator a lawyer who had worked in the pharmaceutical industry for many years and had considerable licensing experience. The parties requested that the mediator help them reach an agreement on the terms of the license.

The one-day meeting Session allowed the parties to identify the issues and deepen their understanding of the legal circumstances. On this basis, the parties continued direct negotiations amongst themselves and reached a settlement agreement.

4. CEDR case studies

a) Telecommunications contract dispute the risks of going to Court

Amount in dispute **288**
£ 120,000

Time between referral and mediation
Two months

Length of mediation
One day

Cost
£ 1,300 per party

A dispute arose between a provider of telecommunication and data links and a bank in connection with a £120,000 claim for early termination of telecommunications links. The bank was purchased by a larger organisation, which terminated the agreement and claimed that they were exempt from cancellation charges. The key issue was the interpretation of the contract. However there were questions in relation to an oral agreement and claim of misrepresentation.

The dispute began in early February 2000 and litigation was commenced in August 2000. The parties approached CEDR in November 2000 and a mediation was set up for January 2001.

Representatives from each side with sufficient authority to make a binding settlement attended the mediation together with their solicitors and barristers. The mediation opened with a joint session, where both parties and the mediator were present. The solicitor made an opening statement on behalf of the provider, whilst the principal representative made the opening statement for the bank.

After the opening statements were made, the mediator invited each of the parties to comment on the other side's statement. This opened up the discussions and the mediator allowed the joint session to continue until it became clear that private exploration of the issues was necessary.

A series of caucus sessions were held with each side. These enabled the mediator to further explore each side's case, to reality test their assumptions and to talk about the risks of proceeding to trial.

Although both sides believed their cases to be very strong, they acknowledged that the costs of going to trial would be very high. Furthermore, key witnesses were lo-

cated abroad and a number of them no longer worked for the party concerned. This affected the prospects of success on the misrepresentation issues.
The parties then began to talk about settlement options. As well as looking.

b) Manufacturing IP dispute avoids adverse publicity through mediation

289 A British manufacturer was given a one-year licence by an international entertainment company to sell spin-off merchandise from a television series. When the licence expired, the entertainment company refused to renew the licence. The manufacturer allegedly continued to produce and sell the merchandise without a licence for a number of years.
Proceedings were issued for breach of copyright and passing off. The manufacturer counter-claimed for failure to renew the licence. In addition, the manufacturer claimed that some of their own merchandise, registered at the UK Design Registry of the Patent Office, predated the creation of the entertainment company's merchandise. They therefore claimed for breach of their own copyright against the licensor. The amount in dispute was around £ 150,000.
Proceedings had been issued in the Chancery division for an injunction and damages and an application was pending in the Design Registry for cancellation of the design. The dispute had been running for several years with proceedings issued one year prior to approaching CEDR Solve. The parties agreed to mediate before a trial date was set and the mediation took two months to arrange.
The mediator liased by telephone with the parties' legal representatives prior to the mediation session to discuss the mediation procedure. This helped to establish rapport.
During the exploration phase of the mediation it became clear that the entertainment company wanted to bring an end to the dispute and to avoid any adverse publicity. The manufacturer wanted to ensure their business remained financially viable, since they had established a reputation in the trade.
Turning points occurred when a number of options were developed to bring the dispute to an end. Once each party realised that the other was negotiating seriously, contrary to their prior expectations, each side was prepared to make a concession in order to reach an agreement.
A Settlement agreement was reached by the parties at the end of eight hours of mediation. The agreement was recorded in writing with a Tomlin Order drafted and approved, to bring the dispute to an end.
One of the legal representatives stated that they were „extremely impressed with the process."

c) Government IT contract dispute resolves with specialist mediators

290 Amount in dispute
£ 44,000

Time between referral and mediation
Three months

Cost
£825 per party

A major government department entered into a contract for the supply of software licences. It was understood by the department that a trial period for software suitability and testing would precede final acceptance. During the trial, testers declared the software unsuitable and informed the supplier of termination of the contract. The parties were in dispute over:

- whether the department were entitled to terminate the agreement without making any payment;
- whether payment was contingent upon successful completion of the trial; and
- whether the software provided met the requirements of the brief.

A second dispute related to the duration of a contract for the provision of consultancy support and software maintenance following the issue of a further invoice.

A clause in both contracts directed the parties to arbitration in the event of a dispute. However, the parties wished to attempt to resolve the matter by mediation in the first instance to minimise costs, retain control of the dispute and resolve it more quickly. They agreed they would pursue arbitration should the mediation fail.

The parties were both keen for a rnediator with substantial IT experience. CEDR Solve was able to advise parties on several mediators suited to their requirements. Our dispute resolution adviser provided support and guidance throughout the process, particularly to the participants and advisers who had not been involved in a mediation before.

Exploratory work in the mediation established that there were additional factual matters in dispute and was helpful in highlighting the risks to each party of going to arbitration or litigation.

The parties were initially willing to negotiate, but on a positional basis. The mediator engaged the key decision-makers of each party in thorough reality testing and an evaluation of best and worst case scenarios. This produced immediate movement in negotiations and led swiftly to a final settlement.

The parties were able to see the commercial sense of the settlement and save face. The settlement was written up and signed at the mediation by the parties.

d) Entrenched parties in breach of copyright dispute achieve a clean break

An individual approached a publisher with a business plan for a new product. The **291**
publisher decided not to back the idea, but two yean later the individual discovered that the publisher had launched its own product which the individual believed was based on his idea.

At the initial presentation of the idea, the publisher had signed a confidentiality agreement with the individual. The individual claimed that this agreement had been breached together with his copyright in the business plan. The publisher, however, claimed that the idea had been developed entirely independently by one of its employees.

The amount in dispute was difficult to quantify, but parties had already spent a great deal in legal costs. The parties came to CEDR Solve to attempt mediation three weeks before the initial trial date to try and avoid further costs.

This was a heated and emotional dispute and it became apparent at the mediation that the parties had a deep mistrust of each other. The realisation that their relationship was strained beyond repair clarified that the purpose of the mediation was to achieve a clean break agreement.

The parties held genuinely opposing views as to success at trial and so an examination of the merits of each party's case was unlikely to assist with settlement. The mediator concentrated instead on the fact that parties had agreed to come to mediation.

Any Settlement would be met by the publisher's insurers, who were in telephone contact throughout the mediation. This knowledge enabled the publisher to move from a very emotional approach towards a commercial deal.

A key turning point came when the individual made a significant downwards jump in terms of what he would accept and then stated this to be the bottom line. This was taken seriously following a previous warning from the other side that any final offer should indeed be final. This appeared to cause the publisher to re-evaluate its position and agree to meet the bottom line.

e) Engineering firm resolves share purchase dispute in two days

292 Amount in dispute
£26 million

Time between referral and rnediation
Two and a half months

Length of rnediation
Two days

Cost
£ 7,600 per party

An engineering company developed a promising high specification machine but technical problems led to delays in marketing the product and thus financial difficulties. Continuing problems and lack of sales brought the company to the brink of liquidation. In order to continue operations the company was sold to one of its suppliers under a share sale agreement. After the purchase the supplier alleged that it discovered the stock of the company was about £6 million less than warranted, that additional creditors were not listed in the management accounts and additional liabilities existed in relation to the sale contract for the machine.
The total amount in dispute was £26 million, which was the amount the supplier had invested since the purchase, in an attempt to keep the engineering company afloat. The vendors had continued as employees but not directors of the engineering company, but were dismissed a year later on the basis of gross misconduct due to the alleged misrepresentations above. The ex-directors/employees therefore commenced proceedings for unfair dismissal in the Employment Tribunal.
The parties wanted to resolve all the issues through mediation and approached CEDR Solve for assistance with selecting an appropriate mediator. The parties were keen to select a mediator who could handle the strong emotions involved in this dispute.
The mediator's lengthy pre-mediation telephone contact with both sides built trust and enabled parties to come to the mediation with a proper understanding of their risk on particular issues.
The mediation commenced with a joint Session, which allowed the individuals involved to express their strong emotions in a manageable way. It became clear that, as well as a financial settlement, a driving influence in reaching agreement was a need to save face and to address the feeling of being ‚cheated'. The mediator helped the parties to identify the issues, and then grouped together the principals in one room and the legal representatives in another to tackle a number of issues in parallel sessions, run by the assistant mediator. Interestingly, due to the existence of personal guarantees by the ex-directors for the debts of the company, which could be called in at any time by the purchasers, discussions during the Course of the mediation centred on the commercial and personal interests of the parties rather than legal positions. The mediator was fairly robust with the parties in terms of reality-testing their positions and offers, and this often led to a more sensible offer being put to the parties.
After a long two-day mediation, parties reached a Settlement in relation to an agreement for lease, a side letter of nearly guarantee, and a side letter containing non-binding undertakings.

Parties commented that „the mediator was excellent ... built rapport well and was a great reality tester".

f) Commercial solution found to scientific design rights dispute

A dispute arose between two companies over the design rights for equipment used in scientific testing. The legal arguments concerning the design rights were complex and arguable both ways. The parties decided to attempt mediation to retain control of the dispute and to move towards a potentially acceptable commercial solution rather than face the risk and expense of a complex trial. **293**
The parties attended the mediation with their legal representatives, patent agents and counsel.
At the mediation important developments were made when the mediator brought together the principals from each party to explore and identify possible commercial solutions, whilst the legal representatives discussed parallel issues.
With the mediator keeping everyone informed of progress being made an agreement was reached in principle. It was necessary for the parties to sign off on technical drawings, which would take time to prepare, so the mediation session closed and the mediator remained in contact with the parties until final settlement was reached.

g) Government IT contract dispute resolves with specialist Mediators

Amount in dispute **294**
£ 44,000

Time between referral and mediation
Three months

Cost
£825 per party

A major government department entered into a contract for the supply of software licences. It was understood by the department that a trial period for software suitability and testing would precede final acceptance. During the trial, testers declared the software unsuitable and informed the supplier of termination of the contract.
The parties were in dispute over:
- whether the department were entitled to terminate the agreement without making any payment;
- whether payment was contingent upon successful completion of the trial; and
- whether the software provided met the requirements of the brief.

A second dispute related to the duration of a contract for the provision of consultancy support and software maintenance following the issue of a further invoice.
A clause in both contracts directed the parties to arbitration in the event of a dispute. However, the parties wished to attempt to resolve the matter by mediation in the first instance to minimise costs, retain control of the dispute and resolve it more quickly. They agreed they would pursue arbitration should the mediation fail.
The parties were both keen for a mediator with substantial IT experience. CEDR Solve was able to advise parties on several mediation suited to their requirements. Our dispute resolution adviser provided support and guidance throughout the process, particularly to the participants and advisers who had not been involved in a mediation before.
Exploratory work in the mediation established that there were additional factual matters in dispute and was helpful in highlighting the risks to each party of going to arbitration or Litigation.

The parties were initially willing to negotiate, but on a positional basis. The mediator engaged the key decision-makers of each party in thorough reality testing and an evaluation of best and worst case Scenarios. This produced immediate movement in negotiations and led swiftly to a final settlement.
The parties were able to see the commercial sense of the settlement and save face. The settlement was written up and signed at the mediation by the parties.

h) £ 17 million construction dispute resolved in two days

295 Amount in dispute
£17 million

Length of mediation
Two days

Cost
£ 5,600 per party

A dispute arose between the main contractor and a subcontractor in connection with the construction of a power station.
The main contractor employed the subcontractor to prepare the ground works for the power station. The subcontractor alleged that, due to a number of variations to the initial contract specifications requested by the main contractor, additional works were required. These variations extended the completion time of the ground work project. The effect of this was to substantially increase the subcontractor's costs. The main contractor counterclaimed alleging the delay in the groundwork had a knock-on effect in the commissioning of the power plant and had therefore increased their costs. The amount in dispute was £ 17 million.
Adjudication was an option for the parties, but they wished to attempt mediation in order to have more control over the outcome of the dispute. No separate legal representatives were involved as both parties had in-house legal teams.
The parties wanted a two-day mediation and had already identified two convenient dates in the following month. CEDR Solve was able to recommend a number of mediators available on those two days with the appropriate mediation skills and professional background for this dispute.
CEDR Solve arranged the venue and managed the exchange of documentation on behalf of the parties. At the request of the parties, CEDR Solve arranged a premediation conference call between the mediator and the parties to discuss the mediation procedure in advance. Settlement was reached on the second day of mediation after a series of joint and private meetings.
Discussion on previous negotiations clarified that the difference between the parties was much narrower than they had realised. The mediator was able to facilitate settlement during the mediation by careful and sensitive selection of appropriate negotiators to bring together at sub-group meetings at key moments.

5. Praxisfälle

296 Es werden im Folgenden 3 Praxisfälle des Autors, der bisher neun Mediationen, neun Schiedsverfahren und ein Schiedsgutachten als Mediator, Schiedsrichter und -gutachter betreut hat (bis auf ein Schiedsverfahren, das in 2008 mit einem Schiedsurteil abgeschlossen wurde, konnten alle übrigen Verfahren „mit einem Vergleich“ abgeschlossen werden.) geschildert, die der Autor in dieser Form veröffentlichen darf:

a) Patentlizenzvertrag

Bei den Personen handelt es sich um einen deutschen Erfinder, der Inhaber eines Herzkatheter-Patents war und einem sehr großen US-Pharmakonzern. Der deutsche Erfinder lizenzierte das v.g. Patent an die US-Firma. Der Patentlizenzvertrag stammt aus dem Jahre 1986 und wurde 3× geändert. Anwendbares Recht war deutsches Recht. Der Vertrag enthielt keine Streitschlichtungsklausel. Einige Jahre später hatte der Erfinder die Vermutung, dass an ihn zuwenig Lizenzgebühren gezahlt wurden. Nach Auffassung des Erfinders summierten sich die zuwenig gezahlten Lizenzgebühren auf einen Betrag von insgesamt 16 Millionen US $. Am 24. 7. 2001 wurde seitens des Erfinders trotz fehlender Streitschlichtungsklausel eine Mediation gegenüber seinem Lizenznehmer vorgeschlagen, um das Problem der zuwenig gezahlten Lizenzgebühren zu klären. Am 16. 8. 2001 wurde die Mediation in Minneapolis, USA, mit Hilfe eines pensionierten staatlichen Richters durchgeführt. Am 16. August begann die Mediation um 10:00 Uhr und endete am 17. August um 1:00 Uhr nachts. Der Erfinder und Lizenzgeber erhielt unter bestimmten Randbedingungen, die letztlich alle erfüllt wurden, eine einmalige Zahlung in Höhe von 80 Millionen US $. Gleichzeitig verkaufte der Erfinder und Lizenzgeber sein Patent an den Wettbewerber des Lizenznehmers, der dem Wettbewerber die Produktionsstätten für den Herzkatheter in der Schweiz zum Preis von 2,1 Milliarden Dollar verkauft hatte. 297

Es waren also letztlich drei Parteien an dieser Mediation beteiligt: Der deutsche Erfinder und Lizenzgeber, der US-Lizenznehmer sowie der Wettbewerber des US-Lizenznehmers, der letztlich Käufer des Patents des deutschen Erfinders wurde. Die Mediation verlief sehr sachlich und zielorientiert und konnte auf finanzieller Basis zum Erfolg geführt werden. 298

b) Entwicklung einer Software (Hotelbuchung)

Die Mediation wurde zwischen zwei Medianten durchgeführt. Es handelte sich um den Münchner Hotelverbund (Auftraggeber) und die Firma Web Creatives GbR (Auftragnehmer). Gegenstand des Streits war die Erfüllung der Software-Erstellung. Die Streitdauer betrug bis zum Beginn der Mediation 9 Monate. Die Mediation selbst benötigte 7 Wochen einschl. dreier Schriftsätze der Parteien. Die Verhandlungszeit am 3. 10. 2003 (Tag der Deutschen Einheit!) betrug 2 Stunden und 20 Minuten. Am 3. 10. 2003 wurde zwischen den Parteien folgender Vergleich geschlossen: Der Auftragnehmer zahlt an den Auftraggeber einen bestimmten Betrag zur Abgeltung aller Forderungen. Der Auftraggeber zahlt 5 und der Auftragnehmer zahlt 6 Stunden von 11 Stunden Zeitaufwand des Mediators. Jede Partei trägt 50% der Kosten der IHK München (MediationsZentrum München). 299

300 Streitanlass waren aus Sicht des Autors und Mediators die mangelnde Abstimmung der Pflichten bei der Software-Erstellung bzgl. beider Parteien. Ferner handelte es sich bei den Personen auf beiden Seiten um sehr unterschiedliche Charaktere.

301 Der Fall wurde veröffentlicht in: Wirtschaft, Das IHK-Magazin für München und Oberbayern 06/2004.

c) Lizenzvertrag

302 Bei den Medianten handelt es sich um zwei deutsche Firmen, die mi Textilmaschinenbau tätig sind. Streitgegenstand war der Fortbestand und die Rechte/Pflichten aus einem Patent-/Know-how-Lizenzvertrag, der von beiden Seiten gekündigt wurde.

303 Die Streitdauer bis zum Beginn der Mediation betrug ca. 1,5 Jahre. Die Dauer der Mediation selbst betrug ca. 7 Wochen. Die Schiedsklage wurde am 12. 12. 2005 eingereicht. Zwischen den Parteien wurde dann jedoch einvernehmlich statt des Schiedsverfahrens die Durchführung eines Mediationsverfahrens am 2. 2. 2006 vereinbart. Bei einem gemeinsamen Abendessen am 21. 3. 2006 wurde vor dem eigentlichen Mediationstermin innerhalb von 5 Stunden ein möglicher Vergleich nicht nur diskutiert, sondern nahezu abgeschlossen. Da die eine Partei selbst an dem Abendessen nicht teilnehmen konnte, vielmehr „nur" durch seinen Rechtsbeistand vertreten wurde (die andere Partei war mit der gesamten Geschäftsführung und dem Rechtsbeistand bei dem Abendessen anwesend), konnte der Vergleich lediglich diskutiert und nicht abgeschlossen werden. Am 22. 3. 2006 wurde dann innerhalb von 7 Stunden ein Vergleich geschlossen. Der Lizenzvertrag wurde einvernehmlich aufgehoben, die geleistete Einstandszahlung blieb bei dem (ehemaligen) Lizenzgeber und das lizenzierte Know-how wurde weiterhin geheim gehalten. Der (ehemalige) Lizenzgeber erhielt ein Kontrollrecht bzgl. der Auslieferung der lizenzierten Maschinenbauteile durch den (ehemaligen) Lizenznehmer. Dieses Kontrollrecht wurde letztlich deshalb eingeräumt, weil am 22. 3. 2006 – wohl erstmalig – offen angesprochen wurde, dass der eine Geschäftsführer des Lizenznehmers vor Beginn seines Arbeitsvertrags beim Lizenznehmer beim Lizenzgeber die streitgegenständliche Maschine zusammen mit dem Geschäftsführer des Lizenzgebers sich angesehen hatte und die dabei ihn vom Lizenznehmer offenbarten erfinderischen Ideen bei seinem neuen Arbeitgeber „einbrachte" und der Lizenznehmer eine Patentanmeldung vornahm, um diese erfinderischen Ideen des Lizenzgebers zu schützen. Dies war der eigentliche Kern des Streitanlasses. Die Medianten hatten jedoch diesen Streitanlass nur unzureichend kommuniziert, woraufhin der Streit eskalierte. Im Rahmen des Vergleichs übernahm der ehemalige Lizenznehmer die Kosten des Schiedsverfahrens und der Mediation (32 Stunden). Jede Partei trug ihre eigenen Kosten einschl. der eigenen Anwaltskosten.

Der Fall wurde in „WIRTSCHAFT, Das IHK-Magazin für München und Oberbayern 10/2006“ veröffentlicht. **304**

In allen 3 geschilderten Fällen wurden auf Bitten der jeweiligen Medianten seitens des Mediators rechtliche Hinweise in einer sehr neutralen Form gegeben. In allen 3 Fällen wurde unter Verzicht auf Befangenheitsanträge der Medianten die „Shuttle-Diplomatie“ seitens des Mediators durchgeführt. Der Mediator führte also Gespräche mit jedem Medianten und den entsprechenden Rechtsbeiständen und gab dem einen von den jeweiligen Medianten bestimmten Umfang Informationen an den anderen Medianten und dessen Rechtsbeistände weiter. In diesen 3 Fällen machte diese Vorgehensweise sehr viel Sinn, da die Parteien – nicht deren jeweilige Rechtsbeistände – die Gespräche mit sehr viel Emotionen „belasteten“ und es daher auch nach eigener Einschätzung der Parteien und ihren jeweiligen Rechtsbeiständen in allen 3 Fällen sinnvoller war, in getrennten Räumlichkeiten die jeweilige Mediation durchzuführen. In bestimmten Zeitabständen, die sehr individuell waren, wurden dann gemeinschaftliche Gespräche in einem Raum jeweils geführt. **305**

Anhang

I. European Code of Conduct for Mediators 2004

1. Europäischer Verhaltenskodex für Mediatoren

1. Kompetenz und Ernennung von Mediatoren
   1.1 Zuständigkeit
   Mediatoren sind sachkundig und kompetent in der Mediation. Sie müssen eine einschlägige Ausbildung und kontinuierliche Fortbildung sowie Erfahrungen mit Mediationstätigkeiten auf der Grundlage einschlägiger Standards oder Zulassungsregelungen vorweisen.
   1.2 Ernennung
   Der Mediator vereinbart mit den Parteien geeignete Termine für das Mediationsverfahren.
   Der Mediator vergewissert sich hinreichend, dass er die Voraussetzungen für die Mediationsaufgabe erfüllt und dass seine Kompetenz dafür angemessen ist, bevor er die Ernennung annimmt und stellt den Parteien auf ihren Antrag Informationen zu seinem Hintergrund und seiner Erfahrung zur Verfügung.
   1.3 Bekanntmachung der Dienste des Mediators
   Mediatoren können auf professionelle, ehrliche und redliche Art und Weise ihre Tätigkeit bekannt machen.
2. Unabhängigkeit und Unparteilichkeit
   2.1 Unabhängigkeit und Objektivität
   Der Mediator darf seine Tätigkeit nicht wahrnehmen bzw., wenn er sie bereits aufgenommen hat, nicht fortsetzen, bevor er nicht alle Umstände, die seine Unabhängigkeit beeinträchtigen oder zu Interessenkonflikten führen könnten oder den Anschein eines Interessenkonflikts erwecken könnten, offen gelegt hat. Die Offenlegungspflicht besteht im Mediationsprozess zu jeder Zeit.
   Solche Umstände sind
   - eine persönliche oder geschäftliche Verbindung zu einer Partei,
   - ein finanzielles oder sonstiges direktes oder indirektes Interesse am Ergebnis der Mediation oder
   - eine anderweitige Tätigkeit des Mediators oder eines Mitarbeiters seiner Firma für eine der Parteien.

   In solchen Fällen darf der Mediator die Mediatonstätigkeit nur wahrnehmen bzw. fortsetzen, wenn er sicher ist, dass er die Aufgabe vollkommen unabhängig und objektiv durchführen kann, so dass die vollkommene Unparteilichkeit gewährleistet ist und wenn die Parteien ausdrücklich zustimmen.
   2.2 Unparteilichkeit
   Der Mediator hat in seinem Handeln und Auftreten den Parteien gegenüber stets unparteilich zu sein und ist gehalten, im Mediationsprozess allen Parteien gleichermaßen zu dienen.
3. Mediationsvereinbarung, Verfahren, Mediationsregelung und Vergütung
   3.1 Verfahren
   Der Mediatior vergewissert sich, dass die Parteien des Mediationsverfahrens das Verfahren und die Aufgaben des Mediators und der beteiligten Personen verstanden haben.

Der Mediator gewährleistet insbesondere, dass die Parteien vor Beginn des Mediationsverfahrens die Voraussetzungen und Bedingungen der Mediationsvereinbarung, darunter insbesondere die einschlägigen Geheimhaltungsbestimmungen für den Mediator und die Parteien, verstanden und sich ausdrücklich damit einverstanden erklärt haben.
Die Mediationsvereinbarung wird auf Antrag der Parteien schriftlich niedergelegt.
Der Mediatior leitet das Verfahren in angemessener Weise und berücksichtigt die jeweiligen Umstände des Falls, einschl. einer ungleichen Machtverteilung und des Rechtsstaatsprinzips, evtl. Wünsche der Parteien und der Notwendigkeit einer raschen Streitbeilegung. Die Parteien können unter Bezugnahme auf vorhandene Regeln oder anderweitig mit dem Mediator das Verfahren vereinbaren, nach dem die Mediation vorgenommen werden soll.
Der Mediator kann die Parteien getrennt anhören, wenn er dies für nützlich erachtet.

3.2 Faires Verfahren

Der Mediator stellt sicher, dass alle Parteien in angemessener Weise in das Verfahren eingebunden sind.
Der Mediator kann das Mediationsverfahren gegebenenfalls beenden und hat die Parteien davon in Kenntnis zu setzen, wenn
- er aufgrund der Umstände und seiner einschlägigen Urteilsfähigkeit die vereinbarte Regelung für nicht durchsetzbar oder für vorschriftswidrig hält oder
- er der Meinung ist, dass eine Fortsetzung des Verfahrens aller Voraussicht nach nicht zu einer Regelung führen wird.

3.3 Ende des Verfahrens

Der Mediator ergreift alle erforderlichen Maßnahmen, um sicherzustellen, dass eine einvernehmliche Einigung der Parteien in voller Kenntnis der Sachlage erzielt wird und dass alle Parteien die Bedingungen der Regelung verstehen.
Die Parteien können sich jederzeit aus dem Mediationsverfahren zurückziehen, ohne dies begründen zu müssen.
Der Mediator kann auf Antrag der Parteien im Rahmen seiner Kompetenz die Parteien darüber informieren, wie sie die Vereinbarung formalisieren können und welche Voraussetzungen erfüllt sein müssen, damit sie vollstreckbar ist.

3.4 Vergütung

Soweit nicht bereits bekannt, gibt der Mediator den Parteien stets vollständige Auskünfte über die Kostenregelung, die er anzuwenden gedenkt. Er nimmt kein Mediationsverfahren an, bevor nicht die Grundsätze seiner Vergütung durch alle Beteiligten akzeptiert werden.

4. Vertraulichkeit

Der Mediator wahrt die Vertraulichkeit aller Informationen aus dem Mediationsverfahren oder im Zusammenhang damit und hält die Tatsache geheim, dass die Mediation stattfinden soll oder stattgefunden hat, es sei denn, er ist gesetzlich oder aus Gründen der öffentlichen Ordnung zur Offenlegung gezwungen, Informationen, die eine der Parteien dem Mediator im Vertrauen mitgeteilt hat, dürfen nicht ohne Genehmigung an andere Parteien weitergegeben werden, es sei denn, es besteht eine gesetzliche Pflicht zur Weitergabe.
Amtliche Übersetzung des European Code of Conduct for Mediators. Die Originalversion ist abgedruckt in ZKM 4/2004 sowie unter http://ec.europa.eu/civiljustice/adr/adr_ec_code_conduct_en.pdf

2. European Code of Conduct for Mediators

This code of conduct sets out a number of principles to which individual mediators can voluntarily decide to commit, under their own responsibility. It is intended to be applicable to all kinds of mediation in civil and commercial matters.

Organisations providing mediation services can also make such a commitment, by asking mediators acting under the auspices of their organisation to respect the code. Organisations have the opportunity to make available information on the measures they are taking to support the respect of the code by individual mediators through, for example, training, evaluation and monitoring.

For the purposes of the code mediation is defined as any process where two or more parties agree to the appointment of a third-party – hereinafter „the mediator" – to help the parties to solve a dispute by reaching an agreement without adjudication and regardless of how that process may be called or commonly referred to in each Member State.

Adherence to the code is without prejudice to national legislation or rules regulating individual professions.

Organisations providing mediation services may wish to develop more detailed codes adapted to their specific context or the types of mediation services they offer, as well as with regard to specific areas such as family mediation or consumer mediation.

1. Competence and Appointment of Mediators

1.1 Competence

Mediators shall be competent and knowledgeable in the process of mediation. Relevant factors shall include proper training and continuous updating of their education and practice in mediation skills, having regard to any relevant standards or accreditation schemes.

1.2 Appointment

The mediator will confer with the parties regarding suitable dates on which the mediation may take place. The mediator shall satisfy him/herself as to his/her background and competence to conduct the mediation before accepting the appointment and, upon request, disclose information concerning his/her background and experience to the parties.

1.3 Advertising/promotion of the mediator's services

Mediators may promote their practice, in a professional, truthful and dignified way.

2. Independence and Impartiality

2.1 Independence and neutrality

The mediator must not act, or, having started to do so, continue to act, before having disclosed any circumstances that may, or may be seen to, affect his or her independence or conflict of interests. The duty to disclose is a continuing obligation throughout the process.

Such circumstances shall include

- any personal or business relationship with one of the parties,
- any financial or other interest, direct or indirect, in the outcome of the mediation, or
- the mediator, or a member of his or her firm, having acted in any capacity other than mediator for one of the parties.

In such cases the mediator may only accept or continue the mediation provided that he/she is certain of being able to carry out the mediation with full independence and neutrality in order to guarantee full impartiality and that the parties explicitly consent.

2.2 Impartiality

The mediator shall at all times act, and endeavour to be seen to act, with impartiality towards the parties and be committed to serve all parties equally with respect to the process of mediation.

3. The Mediation Agreement, Process, Settlement and Fees

3.1 Procedure

The mediator shall satisfy himself/herself that the parties to the mediation understand the characteristics of the mediation process and the role of the mediator and the parties in it.

The mediator shall in particular ensure that prior to commencement of the mediation the parties have understood and expressly agreed the terms and conditions of the mediation agreement including in particular any applicable provisions relating to obligations of confidentiality on the mediator and on the parties.

The mediation agreement shall, upon request of the parties, be drawn up in writing.

The mediator shall conduct the proceedings in an appropriate manner, taking into account the circumstances of the case, including possible power imbalances and the rule of law, any wishes the parties may express and the need for a prompt settlement of the dispute. The parties shall be free to agree with the mediator, by reference to a set of rules or otherwise, on the manner in which the mediation is to be conducted.

The mediator, if he/she deems it useful, may hear the parties separately.

3.2 Fairness of the process

The mediator shall ensure that all parties have adequate opportunities to be involved in the process.

The mediator if appropriate shall inform the parties, and may terminate the mediation, if:

- a settlement is being reached that for the mediator appears unenforceable or illegal, having regard to the circumstances of the case and the competence of the mediator for making such an assessment, or
- the mediator considers that continuing the mediation is unlikely to result in a settlement.

3.3 The end of the process

The mediator shall take all appropriate measures to ensure that any understanding is reached by all parties through knowing and informed consent, and that all parties understand the terms of the agreement.

The parties may withdraw from the mediation at any time without giving any justification.

The mediator may, upon request of the parties and within the limits of his or her competence, inform the parties as to how they may formalise the agreement and as to the possibilities for making the agreement enforceable.

3.4 Fees

Where not already provided, the mediator must always supply the parties with complete information on the mode of remuneration which he intends to apply. He/she shall not accept a mediation before the principles of his/her remuneration have been accepted by all parties concerned.

4. Confidentiality

The mediator shall keep confidential all information, arising out of or in connection with the mediation, including the fact that the mediation is to take place or has taken place, unless compelled by law or public policy grounds. Any information disclosed in confidence to mediators by one of the parties shall not be disclosed to the other parties without permission or unless compelled by law.

II. EU-Richtlinie über bestimmte Aspekte der Mediation in Zivil- und Handelssachen (Mediationsrichtlinie, RL 2008/52/EG) vom 21. Mai 2008

1. Richtlinie 2008/52/EG des Europäischen Parlaments und des Rates

vom 21. Mai 2008
über bestimmte Aspekte der Mediation in Zivil- und Handelssachen

Das Europäische Parlament und er Rat der Europäischen Union –

gestützt auf den Vertrag zur Gründung der Europäischen Gemeinschaft, insbesondere auf Artikel 61 Buchstabe c und Artikel 67 Absatz 5 zweiter Gedankenstrich,

auf Vorschlag der Kommission,

nach Stellungnahme des Europäischen Wirtschafts- und Sozialausschusses[1],

gemäß dem Verfahren des Artikels 251 des Vertrags[2],

in Erwägung nachstehender Gründe:

1. Die Gemeinschaft hat sich zum Ziel gesetzt, einen Raum der Freiheit, der Sicherheit und des Rechts, in dem der freie Personenverkehr gewährleistet ist, zu erhalten und weiterzuentwickeln. Hierzu muss die Gemeinschaft unter anderem im Bereich der justiziellen Zusammenarbeit in Zivilsachen die für das reibungslose Funktionieren des Binnenmarkts erforderlichen Maßnahmen erlassen.

2. Das Prinzip des Zugangs zum Recht ist von grundlegender Bedeutung; im Hinblick auf die Erleichterung eines besseren Zugangs zum Recht hat der Europäische Rat die Mitgliedstaaten auf seiner Tagung in Tampere am 15. und 16. Oktober 1999 aufgefordert, alternative außergerichtliche Verfahren zu schaffen.

3. Im Mai 2000 nahm der Rat Schlussfolgerungen über alternative Streitbeilegungsverfahren im Zivil- und Handelsrecht an, in denen er festhielt, dass die Aufstellung grundlegender Prinzipien in diesem Bereich einen wesentlichen Schritt darstellt, der die Entwicklung und angemessene Anwendung außergerichtlicher Streitbeilegungsverfahren in Zivil- und Handelssachen und somit einen einfacheren und verbesserten Zugang zum Recht ermöglichen soll.

4. Im April 2002 legte die Kommission ein Grünbuch über alternative Verfahren zur Streitbeilegung im Zivil- und Handelsrecht vor, in dem die bestehende Situation im Bereich der alternativen Verfahren der Streitbeilegung in der Europäischen Union darlegt wird und mit dem umfassende Konsultationen mit den Mitgliedstaaten und interessierten Parteien über mögliche Maßnahmen zur Förderung der Nutzung der Mediation eingeleitet werden.

5. Das Ziel der Sicherstellung eines besseren Zugangs zum Recht als Teil der Strategie der Europäischen Union zur Schaffung eines Raums der Freiheit, der Sicherheit und des Rechts sollte den Zugang sowohl zu gerichtlichen als auch zu außergerichtlichen Verfahren der Streitbeilegung umfassen. Diese Richtlinie sollte insbesondere in Bezug auf die Verfügbarkeit von Mediationsdiensten zum reibungslosen Funktionieren des Binnenmarkts beitragen.

---

[1] ABl. C 286 vom 17. 11. 2005, S. 1.

[2] Stellungnahme des Europäischen Parlaments vom 29. März 2007 (ABl. C 27 E vom 31. 1. 2008, S. 129), Gemeinsamer Standpunkt des Rates vom 28. Februar 2008 (noch nicht im Amtsblatt veröffentlicht) und Standpunkt des Europäischen Parlaments vom 23. April 2008 (noch nicht im Amtsblatt veröffentlicht).

6. Die Mediation kann durch auf die Bedürfnisse der Parteien zugeschnittene Verfahren eine kostengünstige und rasche außergerichtliche Streitbeilegung in Zivil- und Handelssachen bieten. Vereinbarungen, die im Mediationsverfahren erzielt wurden, werden eher freiwillig eingehalten und wahren eher eine wohlwollende und zukunftsfähige Beziehung zwischen den Parteien. Diese Vorteile werden in Fällen mit grenzüberschreitenden Elementen noch deutlicher.

7. Um die Nutzung der Mediation weiter zu fördern und sicherzustellen, dass die Parteien, die die Mediation in Anspruch nehmen, sich auf einen vorhersehbaren rechtlichen Rahmen verlassen können, ist es erforderlich, Rahmenregeln einzuführen, in denen insbesondere die wesentlichen Aspekte des Zivilprozessrechts behandelt werden.

8. Die Bestimmungen dieser Richtlinie sollten nur für die Mediation bei grenzüberschreitenden Streitigkeiten gelten; den Mitgliedstaaten sollte es jedoch freistehen, diese Bestimmungen auch auf interne Mediationsverfahren anzuwenden.

9. Diese Richtlinie sollte dem Einsatz moderner Kommunikationstechnologien im Mediationsverfahren in keiner Weise entgegenstehen.

10. Diese Richtlinie sollte für Verfahren gelten, bei denen zwei oder mehr Parteien einer grenzüberschreitenden Streitigkeit mit Hilfe eines Mediators auf freiwilliger Basis selbst versuchen, eine gütliche Einigung über die Beilegung ihrer Streitigkeit zu erzielen. Sie sollte für Zivil- und Handelssachen gelten. Sie sollte jedoch nicht für Rechte und Pflichten gelten, über die die Parteien nach dem einschlägigen anwendbaren Recht nicht selbst verfügen können. Derartige Rechte und Pflichten finden sich besonders häufig im Familienrecht und im Arbeitsrecht.

11. Diese Richtlinie sollte weder für vorvertragliche Verhandlungen gelten noch für schiedsrichterliche Verfahren, wie beispielsweise bestimmte gerichtliche Schlichtungsverfahren, Verbraucherbeschwerdeverfahren, Schiedsverfahren oder Schiedsgutachten, noch für Verfahren, die von Personen oder Stellen abgewickelt werden, die eine förmliche Empfehlung zur Streitbeilegung abgeben, unabhängig davon, ob diese rechtlich verbindlich ist oder nicht.

12. Diese Richtlinie sollte für Fälle gelten, in denen ein Gericht die Parteien auf die Mediation verweist oder in denen nach nationalem Recht die Mediation vorgeschrieben ist. Ferner sollte diese Richtlinie dort, wo nach nationalem Recht ein Richter als Mediator tätig werden kann, auch für die Mediation durch einen Richter gelten, der nicht für ein Gerichtsverfahren in der oder den Streitsachen zuständig ist. Diese Richtlinie sollte sich jedoch nicht auf Bemühungen zur Streitbelegung durch das angerufene Gericht oder den angerufenen Richter im Rahmen des Gerichtsverfahrens über die betreffende Streitsache oder auf Fälle erstrecken, in denen das befasste Gericht oder der befasste Richter eine sachkundige Person zur Unterstützung oder Beratung heranzieht.

13. Die in dieser Richtlinie vorgesehene Mediation sollte ein auf Freiwilligkeit beruhendes Verfahren in dem Sinne sein, dass die Parteien selbst für das Verfahren verantwortlich sind und es nach ihrer eigenen Vorstellung organisieren und jederzeit beenden können. Nach nationalem Recht sollte es den Gerichten jedoch möglich sein, Fristen für ein Mediationsverfahren zu setzen. Außerdem sollten die Gerichte die Parteien auf die Möglichkeit der Mediation hinweisen können, wann immer dies zweckmäßig ist.

14. Diese Richtlinie sollte nationale Rechtsvorschriften, nach denen die Inanspruchnahme der Mediation verpflichtend oder mit Anreizen oder Sanktionen verbunden ist, unberührt lassen, sofern diese Rechtsvorschriften die Parteien nicht daran hindern, ihr Recht auf Zugang zum Gerichtssystem wahrzunehmen. Ebenso sollte diese Richtlinie bestehende, auf Selbstverantwortlichkeit der Parteien beruhende Mediationssysteme unberührt lassen, insoweit sie Aspekte betreffen, die nicht unter diese Richtlinie fallen.

15. Im Interesse der Rechtssicherheit sollte in dieser Richtlinie angegeben werden, welcher Zeitpunkt für die Feststellung maßgeblich ist, ob eine Streitigkeit, die die Par-

teien durch Mediation beizulegen versuchen, eine grenzüberschreitende Streitigkeit ist. Wurde keine schriftliche Vereinbarung getroffen, so sollte davon ausgegangen werden, dass die Parteien zu dem Zeitpunkt einer Inanspruchnahme der Mediation zustimmen, zu dem sie spezifische Schritte unternehmen, um das Mediationsverfahren einzuleiten.

16. Um das nötige gegenseitige Vertrauen in Bezug auf die Vertraulichkeit, die Wirkung auf Verjährungsfristen sowie die Anerkennung und Vollstreckung von im Mediationsverfahren erzielten Vereinbarungen sicherzustellen, sollten die Mitgliedstaaten die Aus- und Fortbildung von Mediatoren und die Einrichtung wirksamer Mechanismen zur Qualitätskontrolle in Bezug auf die Erbringung von Mediationsdiensten mit allen ihnen geeignet erscheinenden Mitteln fördern.

17. Die Mitgliedstaaten sollten derartige Mechanismen festlegen, die auch den Rückgriff auf marktgestützte Lösungen einschließen können, aber sie sollten nicht verpflichtet sein, diesbezüglich Finanzmittel bereitzustellen. Die Mechanismen sollten darauf abzielen, die Flexibilität des Mediationsverfahrens und die Autonomie der Parteien zu wahren und sicherzustellen, dass die Mediation auf wirksame, unparteiische und sachkundige Weise durchgeführt wird. Die Mediatoren sollten auf den Europäischen Verhaltenskodex für Mediatoren hingewiesen werden, der im Internet auch der breiten Öffentlichkeit zur Verfügung gestellt werden sollte.

18. Im Bereich des Verbraucherschutzes hat die Kommission eine förmliche Empfehlung[1] mit Mindestqualitätskrite-rien angenommen, die an der einvernehmlichen Beilegung von Verbraucherstreitigkeiten beteiligte außergerichtliche Einrichtungen ihren Nutzern bieten sollten. Alle Mediatoren oder Organisationen, die in den Anwendungsbereich dieser Empfehlung fallen, sollten angehalten werden, die Grundsätze der Empfehlung zu beachten. Um die Verbreitung von Informationen über diese Einrichtungen zu erleichtern, sollte die Kommission eine Datenbank über außergerichtliche Verfahren einrichten, die nach Ansicht der Mitgliedstaaten die Grundsätze der genannten Empfehlung erfüllen.

19. Die Mediation sollte nicht als geringerwertige Alternative zu Gerichtsverfahren in dem Sinne betrachtet werden, dass die Einhaltung von im Mediationsverfahren erzielten Vereinbarungen vom guten Willen der Parteien abhinge. Die Mitgliedstaaten sollten daher sicherstellen, dass die Parteien einer im Mediationsverfahren erzielten schriftlichen Vereinbarung veranlassen können, dass der Inhalt der Vereinbarung vollstreckbar gemacht wird. Ein Mitgliedstaat sollte es nur dann ablehnen können, eine Vereinbarung vollstreckbar zu machen, wenn deren Inhalt seinem Recht, einschließlich seines internationalen Privatrechts, zuwiderläuft oder die Vollstreckbarkeit des Inhalts der spezifischen Vereinbarung in seinem Recht nicht vorgesehen ist. Dies könnte der Fall sein, wenn die in der Vereinbarung bezeichnete Verpflichtung ihrem Wesen nach nicht vollstreckungsfähig ist.

20. Der Inhalt einer im Mediationsverfahren erzielten Vereinbarung, die in einem Mitgliedstaat vollstreckbar gemacht wurde, sollte gemäß dem anwendbaren Gemeinschaftsrecht oder nationalen Recht in den anderen Mitgliedstaaten anerkannt und für vollstreckbar erklärt werden. Dies könnte beispielsweise auf der Grundlage der Verordnung (EG) Nr. 44/2001 des Rates vom 22. Dezember 2000 über die gerichtliche Zuständigkeit und die Anerkennung und Vollstreckung von Entscheidungen in Zivil- und Handelssachen[2] oder der Verordnung (EG) Nr. 2201/2003 des Rates vom 27. November 2003 über die Zuständigkeit und die Anerkennung und Vollstreckung von Ent-

[1] Empfehlung 2001/310/EG der Kommission vom 4. April 2001 über die Grundsätze für an der einvernehmlichen Beilegung von Verbraucherrechtsstreitigkeiten beteiligte außergerichtliche Einrichtungen (ABl. L 109 vom 19. 4. 2001, S. 56).

[2] ABl. L 12 vom 16. 1. 2001, S. 1. Zuletzt geändert durch die Verordnung (EG) Nr. 1791/2006 (ABl. L 363 vom 20. 12. 2006, S. 1).

scheidungen in Ehesachen und in Verfahren betreffend die elterliche Verantwortung[1] erfolgen.

21. In der Verordnung (EG) Nr. 2201/2003 ist ausdrücklich vorgesehen, dass Vereinbarungen zwischen den Parteien in dem Mitgliedstaat, in dem sie geschlossen wurden, vollstreckbar sein müssen, wenn sie in einem anderen Mitgliedstaat vollstreckbar sein sollen. In Fällen, in denen der Inhalt einer im Mediationsverfahren erzielten Verein barung über eine familienrechtliche Streitigkeit in dem Mitgliedstaat, in dem die Vereinbarung geschlossen und ihre Vollstreckbarkeit beantragt wurde, nicht vollstreckbar ist, sollte diese Richtlinie die Parteien daher nicht dazu veranlassen, das Recht dieses Mitgliedstaats zu um gehen, indem sie ihre Vereinbarung in einem anderen Mitgliedstaat vollstreckbar machen lassen.

22. Die Vorschriften der Mitgliedstaaten für die Vollstreckung von im Mediationsverfahren erzielten Vereinbarungen sollten von dieser Richtlinie unberührt bleiben.

23. Die Vertraulichkeit des Mediationsverfahrens ist wichtig und daher sollte in dieser Richtlinie ein Mindestmaß an Kompatibilität der zivilrechtlichen Verfahrensvorschriften hinsichtlich der Wahrung der Vertraulichkeit der Mediation in nachfolgenden zivil- und handelsrechtlichen Gerichts- oder Schiedsverfahren vorgesehen werden.

24. Um die Parteien dazu anzuregen, die Mediation in Anspruch zu nehmen, sollten die Mitgliedstaaten gewährleisten, dass ihre Regeln über Verjährungsfristen die Parteien bei einem Scheitern der Mediation nicht daran hindern, ein Gericht oder ein Schiedsgericht anzurufen. Die Mitgliedstaaten sollten dies sicherstellen, auch wenn mit dieser Richtlinie die nationalen Regeln über Verjährungsfristen nicht harmonisiert werden. Die Bestimmungen über Verjährungsfristen in von den Mitgliedstaaten umgesetzten internationalen Übereinkünften, z. B. im Bereich des Verkehrsrechts, sollten von dieser Richtlinie nicht berührt werden.

25. Die Mitgliedstaaten sollten darauf hinwirken, dass der breiten Öffentlichkeit Informationen darüber zur Verfügung gestellt werden, wie mit Mediatoren und Organisationen, die Mediationsdienste erbringen, Kontakt aufgenommen werden kann. Sie sollten ferner die Angehörigen der Rechtsberufe dazu anregen, ihre Mandanten über die Möglichkeit der Mediation zu unterrichten.

26. Nach Nummer 34 der Interinstitutionellen Vereinbarung über bessere Rechtsetzung[2] werden die Mitgliedstaaten angehalten, für ihre eigenen Zwecke und im Interesse der Gemeinschaft eigene Tabellen aufzustellen, aus denen im Rahmen des Möglichen die Entsprechungen zwischen dieser Richtlinie und den Umsetzungsmaßnahmen zu entnehmen sind, und diese zu veröffentlichen.

27. Diese Richtlinie soll der Förderung der Grundrechte dienen und berücksichtigt die Grundsätze, die insbesondere mit der Charta der Grundrechte der Europäischen Union anerkannt wurden.

28. Da das Ziel dieser Richtlinie auf Ebene der Mitgliedstaaten nicht ausreichend verwirklicht werden kann und daher wegen des Umfangs oder der Wirkungen der Maßnahme besser auf Gemeinschaftsebene zu verwirklichen ist, kann die Gemeinschaft im Einklang mit dem in Artikel 5 des Vertrags niedergelegten Subsidiaritätsprinzip tätig werden. Entsprechend dem in demselben Artikel niedergelegten Grundsatz der Verhältnismäßigkeit geht diese Richtlinie nicht über das für die Erreichung dieses Ziels erforderliche Maß hinaus.

29. Gemäß Artikel 3 des dem Vertrag über die Europäische Union und dem Vertrag zur Gründung der Europäischen Gemeinschaft beigefügten Protokolls über die Position des Vereinigten Königreichs und Irlands haben das Vereinigte Königreich

[1] ABl. L 338 vom 23. 12. 2003, S. 1. Geändert durch die Verordnung (EG) Nr. 2116/2004 (ABl. L 367 vom 14. 12. 2004, S. 1).

[2] ABl. C 321 vom 31. 12. 2003, S. 1.

und Irland mitgeteilt, dass sie sich an der Annahme und Anwendung dieser Richtlinie beteiligen möchten.

30. Gemäß den Artikeln 1 und 2 des dem Vertrag über die Europäische Union und dem Vertrag zur Gründung der Europäischen Gemeinschaft beigefügten Protokolls über die Position Dänemarks beteiligt sich Dänemark nicht an der Annahme dieser Richtlinie, die für Dänemark nicht bindend oder anwendbar ist –

haben folgende Richtlinie erlassen:

Artikel 1 Ziel und Anwendungsbereich

(1) Ziel dieser Richtlinie ist es, den Zugang zur alternativen Streitbeilegung zu erleichtern und die gütliche Beilegung von Streitigkeiten zu fördern, indem zur Nutzung der Mediation angehalten und für ein ausgewogenes Verhältnis zwischen Mediation und Gerichtsverfahren gesorgt wird.

(2) Diese Richtlinie gilt bei grenzüberschreitenden Streitigkeiten für Zivil- und Handelssachen, nicht jedoch für Rechte und Pflichten, über die die Parteien nach dem einschlägigen anwendbaren Recht nicht verfügen können. Sie gilt insbesondere nicht für Steuer- und Zollsachen sowie verwaltungsrechtliche Angelegenheiten oder die Haftung des Staates für Handlungen oder Unterlassungen im Rahmen der Ausübung hoheitlicher Rechte („acta iure imperii").

(3) In dieser Richtlinie bezeichnet der Ausdruck „Mitgliedstaat" die Mitgliedstaaten mit Ausnahme Dänemarks.

Artikel 2 Grenzüberschreitende Streitigkeiten

(1) Eine grenzüberschreitende Streitigkeit im Sinne dieser Richtlinie liegt vor, wenn mindestens eine der Parteien zu dem Zeitpunkt, zu dem

a) die Parteien vereinbaren, die Mediation zu nutzen, nachdem die Streitigkeit entstanden ist,
b) die Mediation von einem Gericht angeordnet wird,
c) nach nationalem Recht eine Pflicht zur Nutzung der Mediation entsteht, oder
d) eine Aufforderung an die Parteien im Sinne des Artikels 5 ergeht,

ihren Wohnsitz oder gewöhnlichen Aufenthalt in einem anderen Mitgliedstaat als dem einer der anderen Parteien hat.

(2) Ungeachtet des Absatzes 1 ist eine grenzüberschreitende Streitigkeit im Sinne der Artikel 7 und 8 auch eine Streitigkeit, bei der nach einer Mediation zwischen den Parteien ein Gerichts- oder ein Schiedsverfahren in einem anderen Mitgliedstaat als demjenigen eingeleitet wird, in dem die Parteien zu dem in Absatz 1 Buchstaben a, b oder c genannten Zeitpunkt ihren Wohnsitz oder gewöhnlichen Aufenthalt hatten.

(3) Der Wohnsitz im Sinne der Absätze 1 und 2 bestimmt sich nach den Artikeln 59 und 60 der Verordnung (EG) Nr. 44/2001.

Artikel 3 Begriffsbestimmungen

Im Sinne dieser Richtlinie bezeichnet der Ausdruck

a) „Mediation" ein strukturiertes Verfahren unabhängig von seiner Bezeichnung, in dem zwei oder mehr Streitparteien mit Hilfe eines Mediators auf freiwilliger Basis selbst versuchen, eine Vereinbarung über die Beilegung ihrer Streitigkeiten zu erzielen. Dieses Verfahren kann von den Parteien eingeleitet oder von einem Gericht vorgeschlagen oder angeordnet werden oder nach dem Recht eines Mitgliedstaats vorgeschrieben sein.

Es schließt die Mediation durch einen Richter ein, der nicht für ein Gerichtsverfahren in der betreffenden Streitsache zuständig ist. Nicht eingeschlossen sind Bemühungen zur Streitbeilegung des angerufenen Gerichts oder Richters während des Gerichtsverfahrens über die betreffende Streitsache;

b) „Mediator" eine dritte Person, die ersucht wird, eine Mediation auf wirksame, unparteiische und sachkundige Weise durchzuführen, unabhängig von ihrer Bezeichnung oder ihrem Beruf in dem betreffenden Mitgliedstaat und der Art und Weise, in der sie für die Durchführung der Mediation benannt oder mit dieser betraut wurde.

Artikel 4 Sicherstellung der Qualität der Mediation

(1) Die Mitgliedstaaten fördern mit allen ihnen geeignet erscheinenden Mitteln die Entwicklung und Einhaltung von freiwilligen Verhaltenskodizes durch Mediatoren und Organisationen, die Mediationsdienste erbringen, sowie andere wirksame Verfahren zur Qualitätskontrolle für die Erbringung von Mediationsdiensten.

(2) Die Mitgliedstaaten fördern die Aus- und Fortbildung von Mediatoren, um sicherzustellen, dass die Mediation für die Parteien wirksam, unparteiisch und sachkundig durchgeführt wird.

Artikel 5 Inanspruchnahme der Mediation

(1) Ein Gericht, das mit einer Klage befasst wird, kann gegebenenfalls und unter Berücksichtigung aller Umstände des Falles die Parteien auffordern, die Mediation zur Streitbeilegung in Anspruch zu nehmen. Das Gericht kann die Parteien auch auffordern, an einer Informationsveranstaltung über die Nutzung der Mediation teilzunehmen, wenn solche Veranstaltungen durchgeführt werden und leicht zugänglich sind.

(2) Diese Richtlinie lässt nationale Rechtsvorschriften unberührt, nach denen die Inanspruchnahme der Mediation vor oder nach Einleitung eines Gerichtsverfahrens verpflichtend oder mit Anreizen oder Sanktionen verbunden ist, sofern diese Rechtsvorschriften die Parteien nicht daran hindern, ihr Recht auf Zugang zum Gerichtssystem wahrzunehmen.

Artikel 6 Vollstreckbarkeit einer im Mediationsverfahren erzielten Vereinbarung

(1) Die Mitgliedstaaten stellen sicher, dass von den Parteien – oder von einer Partei mit ausdrücklicher Zustimmung der anderen – beantragt werden kann, dass der Inhalt einer im Mediationsverfahren erzielten schriftlichen Vereinbarung vollstreckbar gemacht wird. Der Inhalt einer solchen Vereinbarung wird vollstreckbar gemacht, es sei denn, in dem betreffenden Fall steht der Inhalt der Vereinbarung dem Recht des Mitgliedstaats, in dem der Antrag gestellt wurde, entgegen oder das Recht dieses Mitgliedstaats sieht die Vollstreckbarkeit des Inhalts nicht vor.

(2) Absatz 1 steht dem Erlass strengerer Maßnahmen durch die Mitgliedstaaten zum Schutz der Vertraulichkeit der Mediation nicht entgegen.

(3) Die Mitgliedstaaten teilen der Kommission mit, welche Gerichte oder sonstigen öffentlichen Stellen zuständig sind, einen Antrag nach den Absätzen 1 und 2 entgegenzunehmen.

(4) Die Vorschriften für die Anerkennung und Vollstreckung einer nach Absatz 1 vollstreckbar gemachten Vereinbarung in einem anderen Mitgliedstaat werden durch diesen Artikel nicht berührt.

Artikel 7 Vertraulichkeit der Mediation

(1) Da die Mediation in einer Weise erfolgen soll, die die Vertraulichkeit wahrt, gewährleisten die Mitgliedstaaten, sofern die Parteien nichts anderes vereinbaren, dass weder Mediatoren noch in die Durchführung des Mediationsverfahrens eingebundene Personen gezwungen sind, in Gerichts- oder Schiedsverfahren in Zivil- und Handelssachen Aussagen zu Informationen zu machen, die sich aus einem Mediationsverfahren oder im Zusammenhang mit einem solchen ergeben, es sei denn,

a) dies ist aus vorrangigen Gründen der öffentlichen Ordnung (ordre public) des betreffenden Mitgliedstaats geboten, um insbesondere den Schutz des Kindeswohls zu gewährleisten oder eine Beeinträchtigung der physischen oder psychischen Integrität einer Person abzuwenden, oder
b) die Offenlegung des Inhalts der im Mediationsverfahren erzielten Vereinbarung ist zur Umsetzung oder Vollstreckung dieser Vereinbarung erforderlich.

(2) Bestimmungen über Verjährungsfristen in internationalen Übereinkommen, denen Mitgliedstaaten angehören, bleiben von Absatz 1 unberührt.

Artikel 8 Auswirkung der Mediation auf Verjährungsfristen

(1) Die Mitgliedstaaten stellen sicher, dass die Parteien, die eine Streitigkeit im Wege der Mediation beizulegen versucht haben, im Anschluss daran nicht durch das Ablaufen der Verjährungsfristen während des Mediationsverfahrens daran gehindert werden, ein Gerichts- oder Schiedsverfahren hinsichtlich derselben Streitigkeit einzuleiten.

(2) Der Inhalt der Vereinbarung kann von einem Gericht oder einer anderen zuständigen öffentlichen Stelle durch ein Urteil oder eine Entscheidung oder in einer öffentlichen Urkunde nach dem Recht des Mitgliedstaats, in dem der Antrag gestellt wurde, vollstreckbar gemacht werden.

Artikel 9 Information der breiten Öffentlichkeit

Die Mitgliedstaaten fördern mit allen ihnen geeignet erscheinenden Mitteln, insbesondere über das Internet, die Bereitstellung von Informationen für die breite Öffentlichkeit darüber, wie mit Mediatoren und Organisationen, die Mediationsdienste erbringen, Kontakt aufgenommen werden kann.

Artikel 10 Informationen über zuständige Gerichte und öffentliche Stellen

Die Kommission macht die Angaben über die zuständigen Gerichte und öffentlichen Stellen, die ihr die Mitgliedstaaten gemäß Artikel 6 Absatz 3 mitteilen, mit allen geeigneten Mitteln öffentlich zugänglich.

Artikel 11 Überprüfung

Die Kommission legt dem Europäischen Parlament, dem Rat und dem Europäischen Wirtschafts- und Sozialausschuss bis zum 21. Mai 2016 einen Bericht über die Anwendung dieser Richtlinie vor. In dem Bericht wird auf die Entwicklung der Mediation in der gesamten Europäischen Union sowie auf die Auswirkungen dieser Richtlinie in den Mitgliedstaaten eingegangen. Dem Bericht sind, soweit erforderlich, Vorschläge zur Anpassung dieser Richtlinie beizufügen.

Artikel 12 Umsetzung

(1) Die Mitgliedstaaten setzen vor dem 21. Mai 2011 die Rechts- und Verwaltungsvorschriften in Kraft, die erforderlich sind, um dieser Richtlinie nachzukommen; hiervon ausgenommen ist Artikel 10, dem spätestens bis zum 21. November 2010 nachzukommen ist. Sie setzen die Kommission unverzüglich davon in Kenntnis.

Wenn die Mitgliedstaaten diese Vorschriften erlassen, nehmen sie in den entsprechenden Vorschriften selbst oder durch einen Hinweis bei der amtlichen Veröffentlichung auf diese Richtlinie Bezug. Die Mitgliedstaaten regeln die Einzelheiten der Bezugnahme.

(2) Die Mitgliedstaaten teilen der Kommission den Wortlaut der wichtigsten nationalen Rechtsvorschriften mit, die sie auf dem unter diese Richtlinie fallenden Gebiet erlassen.

Artikel 13 Inkrafttreten

Diese Richtlinie tritt am zwanzigsten Tag nach ihrer Veröffentlichung im Amtsblatt der Europäischen Union in Kraft.

Artikel 14 Adressaten

Diese Richtlinie ist an die Mitgliedstaaten gerichtet.

Geschehen zu Straßburg am 21. Mai 2008.

In Namen des Europäischen Parlaments
Der Präsident
H.-G. PÖTTERING

Im Namen des Rates
Der Präsident
J. LENARČIČ

2. Directive 2008/52/EC of the European Parliament and of the Council

of 21 May 2008
on certain aspects of mediation in civil and commercial matters

The European Parliament and the Council of the European Union,

Having regard to the Treaty establishing the European Community, and in particular Article 61(c) and the second indent of Article 67(5) thereof,
Having regard to the proposal from the Commission,
Having regard to the Opinion of the European Economic and Social Committee[1],
Acting in accordance with the procedure laid down in Article 251 of the Treaty[2],
Whereas:

1. The Community has set itself the objective of maintaining and developing an area of freedom, security and justice, in which the free movement of persons is ensured. To that end, the Community has to adopt, inter alia, measures in the field of judicial cooperation in civil matters that are necessary for the proper functioning of the internal market.
2. The principle of access to justice is fundamental and, with a view to facilitating better access to justice, the European Council at its meeting in Tampere on 15 and 16 October 1999 called for alternative, extra-judicial procedures to be created by the Member States.
3. In May 2000 the Council adopted Conclusions on alternative methods of settling disputes under civil and commercial law, stating that the establishment of basic principles in this area is an essential step towards enabling the appropriate development and operation of extrajudicial procedures for the settlement of disputes in civil and commercial matters so as to simplify and improve access to justice.
4. In April 2002 the Commission presented a Green Paper on alternative dispute resolution in civil and commercial law, taking stock of the existing situation as concerns alternative dispute resolution methods in the European Union and initiating widespread consultations with Member States and interested parties on possible measures to promote the use of mediation.
5. The objective of securing better access to justice, as part of the policy of the European Union to establish an area of freedom, security and justice, should encompass access to judicial as well as extrajudicial dispute resolution methods. This Directive should contribute to the proper functioning of the internal market, in particular as concerns the availability of mediation services.
6. Mediation can provide a cost-effective and quick extrajudicial resolution of disputes in civil and commercial matters through processes tailored to the needs of the parties. Agreements resulting from mediation are more likely to be complied with voluntarily and are more likely to preserve an amicable and sustainable relationship between the parties. These benefits become even more pronounced in situations displaying cross-border elements.

---

[1] OJ C 286, 17. 11. 2005, p. 1.

[2] Opinion of the European Parliament of 29 March 2007 (OJ C 27 E, 31.1.2008, p. 129). Council Common Position of 28 February 2008 (not yet published in the Official Journal) and Position of the European Parliament of 23 April 2008 (not yet published in the Official Journal).

7. In order to promote further the use of mediation and ensure that parties having recourse to mediation can rely on a predictable legal framework, it is necessary to introduce framework legislation addressing, in particular, key aspects of civil procedure.

8. The provisions of this Directive should apply only to mediation in cross-border disputes, but nothing should prevent Member States from applying such provisions also to internal mediation processes.

9. This Directive should not in any way prevent the use of modern communication technologies in the mediation process.

10. This Directive should apply to processes whereby two or more parties to a cross-border dispute attempt by themselves, on a voluntary basis, to reach an amicable agreement on the settlement of their dispute with the assistance of a mediator. It should apply in civil and commercial matters. However, it should not apply to rights and obligations on which the parties are not free to decide themselves under the relevant applicable law. Such rights and obligations are particularly frequent in family law and employment law.

11. This Directive should not apply to pre-contractual negotiations or to processes of an adjudicatory nature such as certain judicial conciliation schemes, consumer complaint schemes, arbitration and expert determination or to processes administered by persons or bodies issuing a formal recommendation, whether or not it be legally binding as to the resolution of the dispute.

12. This Directive should apply to cases where a court refers parties to mediation or in which national law prescribes mediation. Furthermore, in so far as a judge may act as a mediator under national law, this Directive should also apply to mediation conducted by a judge who is not responsible for any judicial proceedings relating to the matter or matters in dispute. This Directive should not, however, extend to attempts made by the court or judge seised to settle a dispute in the context of judicial proceedings concerning the dispute in question or to cases in which the court or judge seised requests assistance or advice from a competent person.

13. The mediation provided for in this Directive should be a voluntary process in the sense that the parties are themselves in charge of the process and may organise it as they wish and terminate it at any time. However, it should be possible under national law for the courts to set time-limits for a mediation process. Moreover, the courts should be able to draw the parties' attention to the possibility of mediation whenever this is appropriate.

14. Nothing in this Directive should prejudice national legislation making the use of mediation compulsory or subject to incentives or sanctions provided that such legislation does not prevent parties from exercising their right of access to the judicial system. Nor should anything in this Directive prejudice existing self-regulating mediation systems in so far as these deal with aspects which are not covered by this Directive.

15. In order to provide legal certainty, this Directive should indicate which date should be relevant for determining whether or not a dispute which the parties attempt to settle through mediation is a cross-border dispute. In the absence of a written agreement, the parties should be deemed to agree to use mediation at the point in time when they take specific action to start the mediation process.

16. To ensure the necessary mutual trust with respect to confidentiality, effect on limitation and prescription periods, and recognition and enforcement of agreements resulting from mediation, Member States should encourage, by any means they consider appropriate, the training of mediators and the introduction of effective quality control mechanisms concerning the provision of mediation services.

17. Member States should define such mechanisms, which may include having recourse to market-based solutions, and should not be required to provide any fun-

ding in that respect. The mechanisms should aim at preserving the flexibility of the mediation process and the autonomy of the parties, and at ensuring that mediation is conducted in an effective, impartial and competent way. Mediators should be made aware of the existence of the European Code of Conduct for Mediators which should also be made available to the general public on the Internet.

18. In the field of consumer protection, the Commission has adopted a Recommendation[1] establishing minimum quality criteria which out-of-court bodies involved in the consensual resolution of consumer disputes should offer to their users. Any mediators or organisations coming within the scope of that Recommendation should be encouraged to respect its principles. In order to facilitate the dissemination of information concerning such bodies, the Commission should set up a database of out-of-court schemes which Member States consider as respecting the principles of that Recommendation.

19. Mediation should not be regarded as a poorer alternative to judicial proceedings in the sense that compliance with agreements resulting from mediation would depend on the good will of the parties. Member States should therefore ensure that the parties to a written agreement resulting from mediation can have the content of their agreement made enforceable. It should only be possible for a Member State to refuse to make an agreement enforceable if the content is contrary to its law, including its private international law, or if its law does not provide for the enforceability of the content of the specific agreement. This could be the case if the obligation specified in the agreement was by its nature unenforceable.

20. The content of an agreement resulting from mediation which has been made enforceable in a Member State should be recognised and declared enforceable in the other Member Stares in accordance with applicable Community or national law. This could, for example, be on the basis of Council Regulation (EC) No 44/2001 of 22 December 2000 on jurisdiction and the recognition and enforcement of judgments in civil and commercial matters[2] or Council Regulation (EC) No 2201/2003 of 27 November 2003 concerning jurisdiction and the recognition and enforcement of judgments in matrimonial matters and the matters of parental responsibility[3].

21. Regulation (EC) No 2201/2003 specifically provides that, in order be enforceable in another Member State, agreements between the parties have to be enforceable in the Member State in which they were concluded. Consequently, if the content of an agreement resulting from mediation in a family law matter is not enforceable in the Member State where the agreement was concluded and where the request for enforceability is made, this Directive should not encourage the parties to circumvent the law of that. Member State by having their agreement made enforceable in another Member State.

22. This Directive should not affect the rules in the Member Stares concerning enforcement of agreements resulting from mediation.

23. Confidentiality in the mediation process is important and this Directive should therefore provide for a minimum degree. of compatibility of civil procedural rules with regard to how to protect the confidentiality of mediation in any subsequent civil and commercial judicial proceedings or arbitration.

---

[1] Commission Recommendation 2001/310/EC of 4 April 2001 on the principles for out-of-court bodies involved in the consensual resolution of consumer disputes (OJ L 109, 19. 4. 2001, p. 56).

[2] OJ L 12, 16. 1. 2001, p. 1. Regulation as last amended by Regulation subject to its application, (EC) No 1791/2006 (OJ L 363, 20. 12. 2006, p. 1).

[3] OJ L 338, 23. 12. 2003, p. 1. Regulation as amended by Regulation (EC) No 2116/2004 (O) L 367, 14. 12. 2004, p. 1).

24. In order to encourage the patties to use mediation, Member States should ensure that their rules on limitation and prescription periods do not prevent the parties from going to court or to arbitration if their mediation attempt fails. Member States should make sure that this result is achieved even though this Directive does not harmonise national rules on limitation and prescription periods. Provisions on limitation and prescription periods in international agreements as implemented in the Member States, for instance in the area of transport lain, should not be affected by this Directive.

25. Member States should encourage the provision of information to the general public on how to contact mediators and organisations providing mediation services. They should also encourage legal practitioners to inform their clients of the possibility of mediation.

26. In accordance with point 34 of the Interinstitutional agreement on better lawmaking[1] (1). Member States are encouraged to draw up, for themselves and in the interests of the Community, their own tables illustrating, as far as possible, the correlation between this Directive and the transposition measures, and to make them public.

27. This Directive seeks to promote the fundamental rights, and takes into account the principles, recognised in particular by the Charter of Fundamental Rights of the European Union.

28. Since the objective of this Directive cannot be sufficiently achieved by the Member States and can therefore, by reason of the scale or effects of the action, be better achieved at Community level, the Community may adopt measures in accordance with the principle of subsidiarity as set out in Article 5 of the Treaty. In accordance with the principle of proportionality, as set out in that. Article, this Directive does not go beyond what is necessary in order to achieve that objective.

29. In accordance with Article 3 of the Protocol on the position of the United Kingdom and. Ireland, annexed to the Treaty on European Union and to the Treaty establishing the European Community, the United Kingdom and Ireland have given notice of their wish to take pan in the adoption and application of this Directive.

30. In accordance with Articles 1 and 2 of the Protocol on the position of Denmark, annexed to the Treaty on European Union and to the Treaty establishing the European Community, Denmark does not take part in the adoption of this Directive and is not bound by it or subject to its application,

HAVE ADOPTED THIS DIRECTIVE:

Article 1 Objective and scope

1. The objective of this Directive is to facilitate access to alternative dispute resolution and to promote the amicable settlement of disputes by encouraging the use of mediation and by ensuring a balanced relationship between mediation and judicial proceedings.

2. This Directive shall apply, in cross-border disputes, to civil and commercial matters except as regards rights and obligations which are not at the parties' disposal under the relevant applicable law. It shall not extend, in particular, to revenue, customs or administrative matters or to the liability of the State for acts and omissions in the exercise of State authority (acta iure imperii).

3. In this Directive, the term 'Member State' shall mean Member States with the exception of Denmark.

[1] OJ C 321, 31. 12. 2003, p. 1.

Article 2 Cross-border disputes

1. For the purposes of this Directive a cross-border dispute shall be one in which at least one of the parties is domiciled or habitually resident in a Member State other than that of any other party on the date on which:
(a) the parties agree to use mediation after the dispute has arisen;
(b) mediation is ordered by a court;
(c) an obligation to use mediation arises under national law; or
(d) for the purposes of Article 5 an invitation is made to the parties.

2. Notwithstanding paragraph 1, for the purposes of Articles 7 and 8 a cross-border dispute shall also be one in which judicial proceedings or arbitration following mediation between the parties are initiated in a Member State other than that in which the parties were domiciled or habitually resident on the date referred to in paragraph 1(a), (b) or (c).

3. For the purposes of paragraphs 1 and 2, domicile shall be determined in accordance with Articles 59 and 60 of Regulation (EC) No 44/2001.

Article 3 Definitions

For the purposes of this Directive the following definitions shall apply:

(a) ‚Mediation' means a structured process, however named or referred to, whereby two or more parties to a dispute attempt by themselves, on a voluntary basis, to reach an agreement on the settlement of their dispute with the assistance of a mediator. This process may be initiated by the parties or suggested or ordered by a court or prescribed by the law of a Member State.
It includes mediation conducted by a judge who is not responsible for any judicial proceedings concerning the dispute in question. It excludes attempts made by the court or the judge seised to settle a dispute in the course of judicial proceedings concerning the dispute in question.

(b) ‚Mediator' means any third person who is asked to conduct a mediation in an effective, impartial and competent way, regardless of the denomination or profession of that third person in the Member State concerned and of the way in which the third person has been appointed or requested to conduct the mediation.

Article 4 Ensuring the quality of mediation

1. Member States shall encourage, by any means which they consider appropriate, the development of, and adherence to, voluntary codes of conduct by mediators and organisations providing mediation services, as well as other effective quality control mechanisms concerning the provision of mediation services.

2. Member States shall encourage the initial and further training of mediators in order to ensure that the mediation is conducted in an effective, impartial and competent way in relation to the parties.

Article 5 Recourse to mediation

1. A court before which an action is brought may, when appropriate and having regard to all the circumstances of the case, invite the parties to use mediation in order to settle the dispute. The court may also invite the parties to attend an information session on the use of mediation if such sessions are held and are easily available.

2. This Directive is without prejudice to national legislation making the use of mediation compulsory or subject to incentives or sanctions, whether before or after judicial proceedings have started, provided that such legislation does not prevent the parties from exercising their right of access to the judicial system.

Article 6 Enforceability of agreements resulting from mediation

1. Member States shall ensure that it is possible for the parties, or for one of them with the explicit consent of the others, to request that the content of a written agreement resulting from mediation be made enforceable. The content of such an agreement shall be made enforceable unless, in the case in question, either the content of that agreement is contrary to the law of the Member State where the request is made or the law of that Member State does not provide for its enforceability.

2. The content of the agreement may be made enforceable by a court or other competent authority in a judgment or decision or in an authentic instrument in accordance with the law of the Member State where the request is made.

3. Member States shall inform the Commission of the courts or other authorities competent to receive requests in accordance with paragraphs 1 and 2.

4. Nothing in this Article shall affect the rules applicable to the recognition and enforcement in another Member State of an agreement made enforceable in accordance with paragraph 1.

Article 7 Confidentiality of mediation

1. Given that mediation is intended to take place in a manner which respects confidentiality, Member States shall ensure that, unless the parties agree otherwise, neither mediators nor those involved in the administration of the mediation process shall be compelled to give evidence in civil and commercial judicial proceedings or arbitration regarding information arising out of or in connection with a mediation process, except:

(a) where this is necessary for overriding considerations of public policy of the Member State concerned, in particular when required to ensure the protection of the best interests of children or to prevent harm to the physical or psychological integrity of a person; or

(b) where disclosure of the content of the agreement resulting from mediation is necessary in order to implement or enforce that agreement.

2. Nothing in paragraph 1 shall preclude Member States from enacting stricter measures to protect the confidentiality of mediation.

Article 8 Effect of mediation on limitation and prescription periods

1. Member States shall ensure that parties who choose mediation in an attempt to settle a dispute are not subsequently prevented from initiating judicial proceedings or arbitration in relation to that dispute by the expiry of limitation or prescription periods during the mediation process.

2. Paragraph 1 shall be without prejudice to provisions on limitation or prescription periods in international agreements to which Member States are party.

Article 9 Information for the general public

Member States shall encourage, by any means which they consider appropriate, the availability to the general public, in particular on the Internet, of information on how to contact mediators and organisations providing mediation services.

Article 10 Information on competent courts and authorities

The Commission shall make publicly available, by any appropriate means, information on the competent courts or authorities communicated by the Member States pursuant to Article 6(3).

Article 11 Review

Not later than 21 May 2016, the Commission shall submit to the European Parliament, the Council and the European Economic and Social Committee a report on the application of this Directive. The report shall consider the development of mediation throughout the European Union and the impact of this Directive in the Member States. If necessary, the report shall be accompanied by proposals to adapt this Directive.

Article 12 Transposition

1. Member States shall bring into force the laws, regulations, and administrative provisions necessary to comply with this Directive before 21 May 2011, with the exception of Article 10, for which the date of compliance shall be 21 November 2010 at the latest. They shall forthwith inform the Commission thereof.

When they are adopted by Member States, these measures shall contain a reference to this Directive or shall be accompanied by such reference on the occasion of their official publication. The methods of making such reference shall be laid down by Member States.

2. Member States shall communicate to the Commission the text of the main provisions of national law which they adopt in the field covered by this Directive.

Article 13 Entry into force

This Directive shall enter into force on the 20th day following its publication in the Official Journal of the European Union.

Article 14 Addressees

This Directive is addressed to the Member States.

Done at Strasbourg, 21 May 2008.

For the European Parliament
The President
H.-G. PÖTTERING

For the Council
The President
J. LENARČIČ

III. Mediationsordnungen

1. IHK-MediationsZentrum

Das MediationsZentrum der IHK München und Oberbayern (www.ihk-muenchen.de) autorisierte zur Veröffentlichung der folgenden Verfahrensordnung:

Verfahrensordnung

Präambel

Das MediationsZentrum ist ein Angebot der IHK München für die außergerichtliche Streitbeilegung von Wirtschaftskonflikten und bietet einen umfassenden Service im Bereich der Wirtschaftsmediation an. Das Team des MediationsZentrums
- berät über alternative Konfliktlösungswege
- stellt Musterklauseln für Mediationsverfahren zur Verfügung
- bietet eine moderne Verfahrensordnung für kaufmännische Streitigkeiten an
- unterstützt in geeigneten Fällen bei der Anbahnung von Mediationsverfahren
- benennt kompetente und neutrale Wirtschaftsmediatoren
- administriert Mediationsverfahren
- stellt auf Wunsch geeignete Räume für Sitzungen zur Verfügung
- erteilt vollstreckbare Titel über abgeschlossene Vergleiche.

Ist oder wird zwischen den Parteien die Durchführung einer Mediation nach den Regeln des MediationsZentrums der IHK München vereinbart, so gelten die nachstehenden Regeln in der Fassung, die zu Beginn des Verfahrens gültig sind.

Das Team des MediationsZentrums erreichen Sie unter:
Geschäftsstelle: Monika Herbutt
Telefon: 089/5116–490 Fax: 089/5116–8490/-306 E-Mail: herbutt@muenchen.ihk.de
Assessor Volker Schlehe Telefon: 089/5116–254
Assessorin Gertrud Oswald Telefon: 089/5116–318

Stand Dezember 2005

§ 1 Zuständigkeit des MediationsZentrums

(1) Das MediationsZentrum ist zuständig für alle Streitigkeiten, die einen Unternehmer in Ausübung seiner gewerblichen Tätigkeit oder die gesellschaftsrechtlichen Verhältnisse einer gewerblich tätigen Gesellschaft betreffen.

(2) Mindestens eine Partei muss einer deutschen Industrie- und Handelskammer oder Handwerkskammer angehören.

(3) Die Vereinbarung dieser Verfahrensordnung soll schriftlich erfolgen.

(4) Das MediationsZentrum ist auch zuständig, wenn die Parteien die Anwendung der Verfahrens- und Schlichtungsordnung vom 1. 7. 1998 der gemeinsamen Schlichtungsstelle der IHK München und des Münchener AnwaltVereins e. V. zur Beilegung kaufmännischer Streitigkeiten vereinbart haben.

§ 2 Wege zur Mediation

(1) **Einleitung:** Das Verfahren wird durch einen Antrag einer Partei beim MediationsZentrum eingeleitet. Der Antrag muss schriftlich oder per Telefax erfolgen und ist an folgende Adresse zu richten:

IHK-MediationsZentrum
Max-Joseph-Straße 2
80 333 München
Telefon: (089) 5116–490 oder 5116–254
Telefax: (089) 5116–8490 oder 5116–306

(2) Der Antrag soll mindestens enthalten:

a) die Angabe der Namen der Parteien, bei juristischen Personen auch der gesetzlichen Vertreter, Anschriften, Telefon- und Telefaxnummern,
b) eine kurze verständliche Darstellung des Streitgegenstandes sowie die Angabe der Höhe des Streitwertes,
c) die von beiden Parteien unterzeichnete Vereinbarung über die Durchführung des Verfahrens (Mediationsvereinbarung, vgl. Anlage 3) oder eines Vertragsauszuges, der ein Mediationsverfahren bei auftretenden Konflikten vorsieht (Mediationsklausel, vgl. Anlage 2).
Liegt weder eine Mediationsvereinbarung noch eine Mediationsklausel vor, kann das MediationsZentrum im Streitfall auch auf Wunsch einer Partei aktiv werden und der anderen Partei ein Mediationsangebot überbringen. Lehnt die andere Partei ein Mediationsverfahren ab oder antwortet sie nicht innerhalb von zwei Wochen, kann eine Mediation nicht durchgeführt werden,
d) die Erklärung, ob die Parteien selbst den Mediator bestimmen, oder ob das MediationsZentrum einen Mediator auswählen und benennen soll,
e) die Angabe, ob der Mediator einer bestimmten Berufsgruppe angehören und über Zusatzqualifikationen (z. B. besondere Sprachkenntnisse) verfügen soll.

(3) **Beginn:** Das Mediationsverfahren beginnt, wenn die Voraussetzungen des § 2 (1 und 2) vorliegen und die Kosten gemäß § 10 (2 und 3) eingezahlt worden sind. Das MediationsZentrum setzt die Parteien vom Beginn des Verfahrens in Kenntnis und teilt ihnen ggf. den benannten Mediator mit. Gleichzeitig übersendet es dem Mediator alle vorliegenden Unterlagen und fordert diesen zur Durchführung des Verfahrens auf.

§ 3 Ablauf der Mediation

(1) Der Mediator schließt mit den Parteien einen Mediatorvertrag ab und lädt anschließend zu einem Verhandlungstermin ein, zu dem die Parteien und ggf. ihre Vertreter zu laden sind. Zeit und Ort der Verhandlung werden vom Mediator nach Rücksprache mit den Parteien festgesetzt. Mediator und Parteien achten auf eine beschleunigte Durchführung des Verfahrens.

(2) In der Mediationsverhandlung sollen die Interessen der Parteien sowie die Sachlage erörtert und eine Einigung angestrebt werden. Den weiteren Gang des Verfahrens bestimmt der Mediator nach freiem Ermessen, wobei die Wünsche der Parteien weitestgehend berücksichtigt werden.

(3) Der Mediator wirkt in jedem Stadium des Verfahrens auf eine einvernehmliche Regelung hin. Mit Zustimmung der Parteien kann der Mediator unverbindliche Vorschläge oder Alternativen zur Lösung des Streitfalls entwickeln und den Parteien gemeinsam oder einzeln vorlegen.

(4) Jede Partei darf bis zu einer Einigung im Mediationsverfahren Ergänzungen des Sachverhalts vortragen oder weitere Unterlagen vorlegen. Der Mediator kann jederzeit anregen, dass eine Partei zusätzliche Informationen zur Verfügung stellt.

(5) Der Mediator kann einen Ortstermin durchführen und den Streitgegenstand in Augenschein nehmen.

(6) Eine Beweisaufnahme kann nur stattfinden, wenn die Parteien dies ausdrücklich wünschen und der Mediator die Befähigung zum Richteramt besitzt. Soweit der

Mediator die Befähigung zum Richteramt besitzt oder beide Parteien durch Rechtsanwälte vertreten sind, darf auch die Rechtslage erörtert werden.

§ 4 Benennung des Mediators

(1) In der Regel führt ein Einzelmediator das Verfahren. Auf Wunsch beider Parteien können in jedem Stadium des Verfahrens zusätzlich ein oder zwei Co-Mediatoren benannt werden. Hierfür kommen insbesondere auch öffentlich bestellte und vereidigte Sachverständige in Betracht. Sofern mehrere Mediatoren beteiligt sind, gelten diese Verfahrensregeln entsprechend.

(2) Der Mediator wird vom MediationsZentrum benannt, soweit die Parteien keine andere Regelung treffen. Das MediationsZentrum führt einen Mediatorenpool mit sachkundigen und qualifizierten Personen, der laufend aktualisiert wird. Bei der Auswahl berücksichtigt das MediationsZentrum die Wünsche der Parteien und überprüft, ob der Mediator bereit und geeignet ist, das Verfahren durchzuführen. Die Benennung bindet die Parteien, sofern nicht eine von ihnen binnen einer Woche nach Bekanntgabe der Benennung beim MediationsZentrum schriftlich begründete Einwände gegen den Mediator erhebt.

(3) Soweit der Mediator nicht die Befähigung zum Richteramt hat, müssen beide Parteien bei der Mediation anwaltlich vertreten sein, es sei denn, die Parteien erklären schriftlich gegenüber dem MediationsZentrum, dass sie auf anwaltliche Vertretung verzichten.

(4) Der Mediator hat gegenüber dem MediationsZentrum schriftlich zu erklären, dass er seine Bestellung annimmt und er diese Verfahrensordnung verbindlich anerkennt.

(5) Einvernehmlich können die Parteien jederzeit den Mediator wechseln. Dies ist dem MediationsZentrum mitzuteilen, das alle weiteren notwendigen Schritte veranlasst.

§ 5 Aufnahme in den Mediatorenpool

(1) In den Mediatorenpool kann aufgenommen werden, wer

a) mindestens 30 Jahre alt ist
b) einen von der IHK anerkannten Mediatorenlehrgang absolviert hat und über entsprechende praktische Erfahrungen verfügt
c) berufliche Erfahrungen aus dem wirtschaftlichen bzw. technischen Umfeld vorweisen kann
d) über juristische Kenntnisse verfügt
e) in geordneten wirtschaftlichen Verhältnissen lebt
f) die Gewähr für Unparteilichkeit und Unabhängigkeit bietet
g) den Fragebogen zur Mediatorenbestellung wahrheitsgemäß und vollständig ausgefüllt hat.

(2) Das MediationsZentrum kann Referenzen einholen, sich vom Bewerber entsprechende Unterlagen vorlegen lassen und weitere Erkenntnisquellen nutzen.

(3) Als Mediator soll nur benannt werden, wer eine die Tätigkeit umfassende Berufshaftpflichtversicherung nachgewiesen hat.

§ 6 Pflichten des Mediators

(1) Der Mediator ist zu Unparteilichkeit, Neutralität und umfassender Verschwiegenheit verpflichtet.

(2) Als Mediator ausgeschlossen ist, wer eine der Parteien vor Beginn des Verfahrens in Zusammenhang mit dessen Streitstoff beraten oder vertreten hat oder als

Richter oder Schlichter zur Entscheidung berufen war. Der Mediator ist nicht befugt, eine der Parteien während und nach dem Verfahren in der gleichen Angelegenheit zu vertreten oder zu beraten. Der Mediator ist verpflichtet zu prüfen, ob derartige Ausschlussgründe vorliegen, und hat diese dem MediationsZentrum von sich aus anzuzeigen.

(3) Der Mediator soll mit den Parteien die Grundzüge des Mediationsverfahrens, den geplanten Ablauf sowie die Rechte und Pflichten der Beteiligten besprechen.

(4) Grundsätzlich findet das gesamte Mediationsverfahren in Gegenwart der Parteien statt. Soweit die Parteien einverstanden sind, kann der Mediator Gespräche mit nur jeweils einer Partei führen (Einzelgespräche). Soweit die jeweilige Partei dies wünscht, sind die Inhalte dieser Einzelgespräche gegenüber der anderen Partei vertraulich zu behandeln. Dasselbe gilt für sonstige Informationen oder Unterlagen, die ihm von einer Partei mit der Maßgabe übermittelt worden sind, diese vertraulich zu behandeln.

(5) Sofern der Mediator keine Befähigung zum Richteramt hat, ist er zur rechtlichen Beratung nicht befugt. Außerdem muss er die Einschränkungen beachten, die sich aus den § 3 (6), § 4 (3), § 8 (1 e) ergeben.

(6) Auf Wunsch der Parteien kann der Mediator
- in ein Schiedsgerichtsverfahren (vgl. § 8 (1 e)) überleiten
- zusätzlich einen Schiedsgutachter bestellen.

§ 7 Gewährleistung der Vertraulichkeit

(1) Das Verfahren ist nicht öffentlich.

(2) Soweit nicht ausdrücklich anders vereinbart, haben alle Beteiligten Dritten gegenüber die Angelegenheiten der Mediation, während und nach Beendigung des Verfahrens, vertraulich zu behandeln. Jede Partei kann den Abschluss einer schriftlichen Vereinbarung über die Vertraulichkeit des Mediationsverfahrens unter Einschluss einer Abrede über Vertragsstrafen verlangen.

(3) Parteien, die aufgrund eines besonderen Rechtsverhältnisses verpflichtet sind, Dritte über Angelegenheiten des Mediationsverfahrens zu informieren, haben dies der anderen Seite vor Beginn der Mediation mitzuteilen.

(4) Der Mediator darf Dritte nur mit Einverständnis der Parteien hinzuziehen. Auf Verlangen einer Partei haben diese Personen die Verpflichtung zur Vertraulichkeit schriftlich gemäß § 7 (2) abzugeben.

(5) Die Parteien verpflichten sich, den Mediator in einem nachfolgenden Schiedsgerichts- oder Gerichtsverfahren nicht als Zeugen zu benennen. Hinsichtlich aller Umstände, die das Mediationsverfahren betreffen, steht ihm ein Zeugnisverweigerungsrecht gemäß § 383 Abs. 1 Ziff. 6 ZPO und § 53 Abs. 1 Satz 1 Ziff. 3 StPO zu, das er in Anspruch zu nehmen hat, soweit er nicht von den Parteien von seiner Verschwiegenheitspflicht entbunden wird.

(6) Die Parteien haben keinen Anspruch auf Einsicht in die Akten des Mediators.

§ 8 Beendigung des Mediationsverfahrens

(1) Ein Mediationsverfahren wird beendet

a) durch die Unterzeichnung einer Schlussvereinbarung (vgl. § 9); sofern die Parteien zusätzlich eine vollstreckbare Ausfertigung ihrer Vereinbarung wünschen jedoch erst nach Überprüfung und Freigabe durch das MediationsZentrum.

b) durch die schriftliche Erklärung einer Partei, mit sofortiger Wirkung die Mediation beenden zu wollen.

c) durch die Erklärung des Mediators, dass er das Verfahren aus bestimmten Gründen als gescheitert betrachtet.
d) wenn eine Partei binnen einer Frist von einer Woche nach schriftlicher Mahnung des MediationsZentrums die Verfahrensgebühr und bzw. oder den geforderten Kostenvorschuss ganz oder teilweise nicht leistet und das MediationsZentrum aufgrund dessen das Mediationsverfahren als beendet erklärt.
e) wenn in ein Schiedsgerichtsverfahren übergeleitet wird. Der Mediator setzt seine Tätigkeit in diesem Fall als Schiedsrichter fort, sofern die Parteien dies vereinbaren und die betreffende Schiedsgerichtsordnung dies zulässt.
f) wenn das MediationsZentrum aus sonstigen wichtigen Gründen das Verfahren für beendet erklärt.

(2) Der Mediator unterrichtet unverzüglich das MediationsZentrum schriftlich von der Art und Weise sowie dem Zeitpunkt der Beendigung der Mediation. Gleichzeitig hat der Mediator den Parteien eine Abschrift der an das MediationsZentrum gerichteten Benachrichtigung zu übersenden.

(3) Kommt eine Einigung nicht zustande, stellt das MediationsZentrum auf Antrag ein Zeugnis über den erfolglosen Mediationsversuch aus.

§ 9 Schlussvereinbarung

(1) Wird eine Einigung zwischen den Parteien erzielt, ist diese noch im Verlauf der Sitzung zumindest in den Grundzügen festzuhalten (Protokoll) und von den Parteien und dem Mediator zu unterzeichnen. Anschließend arbeitet der Mediator in angemessener Frist die Vereinbarung über die Beilegung des Konflikts (Schlussvereinbarung) förmlich aus. Das Original des Protokolls und der Schlussvereinbarung verbleiben beim MediationsZentrum. Die Parteien erhalten je eine von dem MediationsZentrum beglaubigte Kopie.

(2) Die Schlussvereinbarung soll die Verteilung der Kosten zwischen den Parteienregeln. Ist nichts anderes bestimmt, tragen die Parteien die Kosten zu gleichen Teilen.

(3) Das MediationsZentrum erteilt auf Antrag der Parteien eine vollstreckbare Urkunde über den in der Schlussvereinbarung enthaltenen Vergleich (vgl. § 794 Abs. 1 Nr. 1 ZPO), soweit die rechtlichen Voraussetzungen hierzu gegeben sind.

§ 10 Kosten

(1) Zu den Kosten des Verfahrens gehören:
a) die Verfahrensgebühr des MediationsZentrums zuzüglich der Auslagen (Porto und Schreibgebühren, Raummiete, Getränke usw.)
b) das Honorar des Mediators zuzüglich der Auslagen (Porto, Fahrtkosten usw.)

(2) Das MediationsZentrum erhebt unter Berücksichtigung des Streitwertes eine einmalige Verfahrensgebühr, die sich nach der geltenden Kostenordnung (s. Anlage 1) richtet. Diese wird bei Antragstellung fällig. Sie kann bei einer vorzeitigen Beendigung teilweise erstattet werden.

(3) Der Mediator erhält ein Zeithonorar, das sich nach der Kostenordnung richtet, und Ersatz seiner Auslagen. Näheres wird im Mediatorvertrag geregelt. Das MediationsZentrum erhebt einen Vorschuss auf das Honorar des Mediators in Höhe von in der Regel vier bis zehn Stundensätzen gemäß der Kostenordnung. Bei Bedarf können weitere Vorschüsse verlangt werden. Über die Vorschüsse wird nach Verfahrensbeendigung abgerechnet.

(4) Die Parteien haften dem MediationsZentrum für die Kosten als Gesamtschuldner.

(5) Jede Partei trägt ihre Kosten selbst. § 91 Abs. 3 ZPO bleibt unberührt.

§ 11 Haftungsausschluss

(1) Die Haftung des Mediators wird im Mediatorvertrag geregelt. Das MediationsZentrum haftet nicht für die Tätigkeit des Mediators.

(2) Für eigenes Handeln haftet das MediationsZentrum nur im Falle von grober Fahrlässigkeit und Vorsatz.

§ 12 Aussetzung von Rechtsstreitigkeiten

(1) Die Parteien dürfen ab der Einleitung (vgl. § 2 (1)) bis zur Beendigung (vgl. § 8) des Mediationsverfahrens weder eine gerichtliche noch eine schiedsgerichtliche Klage einreichen. Soweit bei Beginn der Mediation bereits gerichtliche oder schiedsgerichtliche Verfahren anhängig sind, muss für die Dauer der Mediation das Ruhen dieser Verfahren von den Parteien beantragt werden.

(2) Absatz 1 gilt nicht für gerichtliche Eilverfahren.

§ 13 Hemmung von Verjährungsfristen

(1) Für die Dauer des Mediationsverfahrens steht jeder Partei das Recht zu, die streitige Leistung, Handlung oder Unterlassung zu verweigern (pactum de non petendo).

(2) Die Verjährung der von der Mediation umfassten Ansprüche ist während des Verfahrens gemäß § 203 BGB gehemmt. Die Hemmung beginnt, wenn sich beide Parteien mit der Durchführung des Mediationsverfahrens einverstanden erklärt haben oder eine Partei aufgrund einer bestehenden Mediationsklausel einen Mediationsantrag beim MediationsZentrum stellt.

(3) Die Hemmung endet mit der vom Mediator oder dem MediationsZentrum festzustellenden Beendigung des Verfahrens. Außerdem endet die Hemmung, wenn die andere Partei sich auf das vom MediationsZentrum überbrachte Mediationsangebot innerhalb von zwei Wochen nicht meldet. Die Verjährung tritt dann frühestens drei Monate später ein.

(4) Rechte, die möglicherweise durch den Ablauf einer Ausschlussfrist untergegangen sind, werden neu begründet, ohne dass es hierzu einer vertraglichen Vereinbarung bedarf. Im Übrigen ist die Berufung auf einen durch eine solche Ausschlussfrist bedingten Rechtsverlust rechtsmissbräuchlich und somit unzulässig.

(5) Zum Schutz vor sonstigen Rechtsverlusten können auf Verlangen einer Partei ergänzende Vereinbarungen getroffen werden.

Anlage: Kostenordnung des IHK-MediationsZentrums
Mediationsklausel in deutscher und englischer Sprache
Mediationsvereinbarung

Stand: Dezember 2005

Anlage 1

Kostenordnung des IHK-MediationsZentrums

1. Verfahrensgebühren

Streitwert	Verfahrensgebühr
bis 100 000,– Euro	75,– bis 250,– Euro
über 100 000,– Euro	251,– bis 500,– Euro
über 1 000 000,– Euro	501,– bis 2500,– Euro

2. Mediatorenhonorare

Streitwert	Mediator	2 Co-Mediator
bis 100 000,– Euro	150,– Euro	100,– Euro
über 100 000,– Euro	200,– Euro	150,– Euro

Bei Streitwerten bis zu 2500,– Euro erhält der Mediator lediglich ein Stundenhonorar von 100,– Euro, jedoch maximal 400,– Euro.

3. Gebühren für die Benennung von Mediatoren außerhalb eines Verfahrens vor dem MediationsZentrum
   Für die Benennung eines Mediators außerhalb eines von dem MediationsZentrum administrierten Verfahrens erhebt die Geschäftsstelle eine Pauschalgebühr von 50,– bis 150,– Euro.

4. Sonstige Kosten
   Die IHK München kann bei Bedarf Räumlichkeiten für die Durchführung der Mediationsverfahren zur Verfügung stellen. Die Miete für Räumlichkeiten in der Orleansstraße 10–12 oder in der Max-Joseph-Straße 2 beträgt 50,– Euro für den halben und 100,– Euro für den ganzen Tag.
   Die Gebühren für die Ausstellung eines vollstreckbaren Titels werden entsprechend den gesetzlichen Vorschriften festgesetzt.
   Alle Beträge verstehen sich ggf. zuzüglich der gesetzlichen Umsatzsteuer.

Anlage 2

Mediationsklausel in deutscher und englischer Sprache

Mediationsklausel

Die Parteien verpflichten sich, im Falle einer sich aus diesem Vertrag ergebenden oder sich darauf beziehenden Streitigkeit vor Klageerhebung bei einem ordentlichen Gericht (oder Schiedsgericht) eine Mediation nach den Bestimmungen des IHK-MediationsZentrums der Industrie- und Handelskammer für München und Oberbayern durchzuführen.

3

4

5 Mediation Clause

All disputes arising from or in connection with this agreement, before suit is filed in a regular court or court of arbitration, shall be submitted to a mediation procedure in accordance with the regulations of the IHK-MediationsZentrum of the Chamber of Industry and Commerce for Munich and Upper Bavaria.

Anlage 3

Mediationsvereinbarung

zwischen den Parteien

1. .... , anwaltlich vertreten durch

....

2. .... , anwaltlich vertreten durch

....

Die Parteien vereinbaren hiermit, ein Mediationsverfahren gemäß § 2 (2 c) der Verfahrensordnung des IHK-MediationsZentrums durchzuführen.

Sie verpflichten sich, die in der Verfahrensordnung aufgezählten Pflichten (insbesondere zur Vertraulichkeit gemäß § 7 und zur Zahlung der Kosten gemäß § 10) zu beachten.

6.1.1.1 Auswahl des Mediators

- Benennung des Mediators □ durch das MediationsZentrum □ durch die Parteien
- Mediator ist Angehöriger folgender Berufsgruppe:

  ....
- Zusatzqualifikationen des Mediators (z. B. Sprachkenntnisse):

  ....
- □ Einzelmediator □ mit Co-Mediatoren

______________________	______________________
Ort, Datum	Ort, Datum
______________________	______________________
Unterschrift	Unterschrift

2. DIS

Die DIS (www.dis-arbiter.de) autorisierte zur Veröffentlichung der folgenden Dokumente:

a) DIS Schlichtungsordnung

Vorwort

Die *Deutsche Institution für Schiedsgerichtsbarkeit e. V. (DIS)*, zu der sich der *Deutsche Ausschuss für Schiedsgerichtswesen* und das *Deutsche Institut für Schiedsgerichtswesen* am 1. Januar 1992 zusammengeschlossen haben, fördert die Schiedsgerichtsbarkeit und dient der zentralen Betreuung schiedsgerichtlicher Aufgaben in Deutschland.

Die seit dem 1. Juli 1998 gültige DIS-Schiedsordnung steht international und national, überregional und branchenunabhängig allen Wirtschaftszweigen zur Beilegung von Streitigkeiten zur Verfügung. Obwohl viele der nach dieser Schiedsordnung durchgeführten Verfahren mit einem Vergleich in Form eines Schiedsspruchs mit vereinbartem Wortlaut beendet werden, ist häufig ein Interesse der Parteien an einem gesonderten Verfahren für eine einvernehmliche Streitbeilegung unter der Leitung eines nicht entscheidungsbefugten, unabhängigen und unparteilichen Dritten festzustellen. „Schlichtung, Mediation und Conciliation" sind die Begriffe, die in diesem Zusammenhang am häufigsten verwendet werden.

Die vorliegende DIS-Schlichtungsordnung, die zum 1. 1. 2002 in Kraft tritt, trägt den Anforderungen, die mit diesen Begriffen verbunden werden, Rechnung.
Prinzip und Grundlage der Schlichtungsordnung ist, dass ein Erfolg des Schlichtungsverfahrens von der Bereitschaft aller beteiligten Parteien zur Herbeiführung einer einverständlichen Lösung abhängt. Dementsprechend hat jede Partei die Möglichkeit, das Verfahren jederzeit ohne Begründung abzubrechen.

Die Konsensbereitschaft der Parteien steht im Vordergrund. Dies gilt insbesondere auch bei der Ausgestaltung und Einleitung des Verfahrens, so dass die nachfolgende Schlichtungsordnung bewusst lediglich Rahmenbedingungen für die Durchführung des Verfahrens vorgibt.

Die DIS-Schlichtungsordnung kann sowohl in nationalen wie internationalen Konfliktsituationen angewendet werden. Der Ort des Verfahrens muss nicht in Deutschland liegen, sondern kann ebenso wie die Verfahrenssprache von den Parteien frei vereinbart werden. Schließlich können Personen jeder Nationalität als Schlichter bestellt werden.

Berlin/Bonn, 1. 1. 2002

DIS-Schlichtungsordnung

(gültig ab 1. 1. 2002)
(Kostenordnung gültig ab 1. 10. 2004)

§ 1 Anwendungsbereich

1. Diese Schlichtungsordnung findet Anwendung, wenn die Parteien einer Streitigkeit deren einvernehmliche Beilegung anstreben und dazu ein Verfahren nach der Schlichtungsordnung der Deutschen Institution für Schiedsgerichtsbarkeit e. V. vereinbart haben bzw. vorsehen.

2. Die Vereinbarung der Parteien zur Anwendung der DIS-Schlichtungsordnung ist formlos möglich. Sie soll jedoch schriftlich erfolgen.

§ 2 Einleitung des Schlichtungsverfahrens

1. Die Partei, die ein Schlichtungsverfahren einleiten will (Antragsteller), übersendet der anderen Partei eine schriftliche Aufforderung zur Streitbeilegung nach der DIS-Schlichtungsordnung. In dem Antrag ist der Gegenstand der Streitigkeit darzustellen.

2. Eine Kopie dieses Schreibens ist der DIS-Hauptgeschäftsstelle zu übersenden. Gleichzeitig ist eine Einschreibgebühr gem. Ziff. 1 der Kostentabelle zu zahlen.

§ 3 Beginn des Schlichtungsverfahrens

1. Das Schlichtungsverfahren beginnt, wenn die andere Partei sich mit der Durchführung des Verfahrens gegenüber der DIS einverstanden erklärt. Die Einverständniserklärung hat schriftlich zu erfolgen. Eine Übersendung per Fax oder e-mail ist ausreichend. Die DIS informiert die Parteien unverzüglich über den Verfahrensbeginn.

2. Lehnt die andere Partei die Aufforderung des Antragstellers ab oder antwortet sie nicht innerhalb von 30 Tagen oder einer anderen vom Antragsteller vorgesehenen Frist, so findet ein Schlichtungsverfahren nicht statt.

3. Ein Schlichtungsverfahren nach der DIS-Schlichtungsordnung findet gleichfalls nicht statt, wenn bis zum Ablauf der vorgenannten Frist die Zahlung an die DIS gem. § 2 Abs. 2 nicht erfolgt ist.

4. Erhält die DIS innerhalb von 30 Tagen nach Übersendung der Aufforderung des Antragstellers oder innerhalb einer anderen in der Aufforderung genannten Frist keine Antwort, so informiert sie den Antragsteller unverzüglich, dass ein Verfahren nicht stattfindet.

§ 4 Anzahl der Schlichter

Die Schlichtung erfolgt durch einen Schlichter, es sei denn, die Parteien haben die Tätigkeit von mehreren Schlichtern vorgesehen. Bei der Bestimmung der Anzahl der Schlichter sind die Parteien frei.

§ 5 Anforderungen an den Schlichter

1. Jeder Schlichter muss unparteilich und unabhängig sein.

2. Jede Person, die als Schlichter bestellt wird, hat der anderen Partei und der DIS alle Umstände offen zu legen, die Zweifel an ihrer Unparteilichkeit oder Unabhängigkeit wecken könnten.

§ 6 Schlichtungsverfahren mit mehr als zwei Parteien

1. Sieht der Antrag auf Einleitung eines DIS-Schlichtungsverfahrens vor, dass mehr als eine andere Partei in das Verfahren einbezogen wird, so ist der Antrag jeder dieser Parteien zu übersenden, unter Übermittlung jeweils einer Kopie an die DIS.

2. Wenn sich nicht alle der aufgeforderten Parteien mit dem Schlichtungsverfahren einverstanden erklären, findet ein Schlichtungsverfahren nur zwischen den Parteien statt, die sich einverstanden erklärt haben.

§ 7 Bestellung und Auswahl der Schlichter

1. Bei einem Verfahren, in dem ein Schlichter vorgesehen ist, wird dieser durch alle Parteien gemeinsam bestellt.

2. Haben die Parteien ein Verfahren mit zwei Schlichtern vorgesehen, so bestellt der Antragsteller einen Schlichter und der Antragsgegner den zweiten Schlichter. Mehrere Antragsteller oder -gegner bestellen den Schlichter gemeinsam.

3. Haben die Parteien ein Verfahren mit drei Schlichtern vorgesehen, so bestellt der Antragsteller einen Schlichter und der Antragsgegner den zweiten Schlichter. Mehrere Antragsteller oder -gegner bestellen den Schlichter gemeinsam. Die beiden so bestellten Schlichter bestellen den dritten Schlichter.

4. Die DIS gibt auf Anfrage Anregungen für die Auswahl der Schlichter.

§ 8 Bestellung von Schlichtern durch die DIS

1. Die Parteien können vereinbaren, dass die Bestellung aller oder einzelner Schlichter durch die DIS erfolgt. In diesem Fall ist die Bestellung von allen Parteien des Schlichtungsverfahrens gemeinsam zu beantragen.

2. Bestellt eine Partei keinen Schlichter und liegt ein gemeinsamer Antrag der Parteien zur Bestellung eines Schlichters durch die DIS nicht vor, so endet das Schlichtungsverfahren nach Ablauf der zur Bestellung bzw. Antragstellung vorgesehenen Frist. Die DIS informiert die Parteien unverzüglich über die Beendigung des Verfahrens.

§ 9 Fristen zur Bestellung der Schlichter

Die Frist zur Bestellung von Schlichtern beträgt, sofern die Parteien nicht etwas anderes vereinbart haben, 30 Tage ab Beginn des Schlichtungsverfahrens.

§ 10 Antrag zur Schlichterbestellung durch die DIS

1. Der Antrag zur Bestellung eines Schlichters muss enthalten:
- Name, Anschrift, und soweit vorhanden, Telefon, Telefax und e-mail der Parteien und
- eine Kopie der Aufforderung zur Streitbeilegung gem. § 2 der DIS-Schlichtungsordnung.

2. Gleichzeitig mit dem Antrag zur Bestellung von Schlichtern ist von den Parteien des Verfahrens die Gebühr gem. Ziff. 2 der Kostentabelle zu zahlen.

3. Die Gebühr ist von den Parteien des Verfahrens gemeinsam zu zahlen. Bei der anteiligen Anforderung der Gebühren berücksichtigt die DIS die durch den Antragsteller entrichtete Einschreibgebühr.

4. Die DIS kann die Bestellung von Schlichtern vom Eingang der Gebühren gem. Ziff. 2 der Kostentabelle abhängig machen.

§ 11 Verfahren

1. Die Schlichter unterstützen die Parteien in unabhängiger und unparteiischer Weise in ihrem Bemühen, die Streitigkeit einverständlich beizulegen.

2. Die Schlichter legen den Ablauf des Verfahrens in Abstimmung mit den Parteien fest.

3. Wenn die Parteien es wünschen, können die Schlichter in jedem Stadium des Verfahrens Vorschläge für die Beilegung der Streitigkeit machen. Die Vorschläge müssen nicht begründet werden.

§ 12 Beendigung des Verfahrens

1. Jede der beteiligten Parteien kann das Schlichtungsverfahren jederzeit ohne Angaben von Gründen für beendet erklären. Die Erklärung erfolgt gegenüber den Schlichtern bzw. der anderen Partei.

2. Die Beendigung eines Schlichtungsverfahrens steht einem einvernehmlichen Neubeginn eines Schlichtungsverfahrens nicht entgegen.

3. Wird in einem Schlichtungsverfahrens keine Einigung erzielt, wird das Schlichtungsverfahren beendet.

4. Die Schlichter haben über die Beendigung auf Verlangen einer Partei ein Protokoll zu fertigen. Das Protokoll ist von allen Schlichtern zu unterzeichnen.

5. Wird in einem Schlichtungsverfahren zwischen den Parteien eine Einigung erzielt, so ist das Ergebnis von den Schlichtern in einem Protokoll festzuhalten, das von allen Schlichtern und den Parteien unterzeichnet wird.

6. Die DIS ist von der Beendigung des Verfahrens zu informieren.

§ 13 Vertraulichkeit

1. Die Schlichter sind gegenüber den Parteien zur uneingeschränkten Vertraulichkeit verpflichtet und haben bei Annahme des Amtes den Parteien zu versichern, dass sie sich ihrer Verpflichtung zur Vertraulichkeit bewusst sind.

2. Auf Wunsch einer Partei machen die Schlichter Vorschläge für Vereinbarungen zur vertraulichen Behandlung von Erklärungen und vorgelegten Unterlagen, insbesondere zu ihrer Unverwertbarkeit in einem bei Scheitern der Schlichtung nachfolgenden Gerichts- oder Schiedsgerichtsverfahren.

§ 14 Überleitung in ein Schiedsverfahren

1. Die Parteien eines Schlichtungsverfahrens können in jedem Stadium des Verfahrens schriftlich vereinbaren, dass die Schlichter ihre Tätigkeit als Schiedsrichter fortsetzen. In diesem Fall gilt die Verschwiegenheitsverpflichtung nicht gegenüber den Beteiligten des Schiedsgerichtsverfahrens (einschließlich evtl. Zeugen, Gutachter etc.).

2. Soweit die Parteien nichts anderes vereinbaren, findet auf das Schiedsgerichtsverfahren die DIS-Schiedsgerichtsordnung Anwendung.

§ 15 Kosten

1. Die Gebühren für die Durchführung eines DIS-Schlichtungsverfahren und die Honorare der nach der DIS-Schlichtungsordnung tätigen Schlichter ergeben sich aus der Kostentabelle in der Anlage zur DIS-Schlichtungsordnung.

2. Die Schlichter können mit den Parteien des Verfahrens eine abweichende Honorierung vereinbaren.

3. Die Parteien haften gesamtschuldnerisch für die Kosten des Verfahrens.

§ 16 Vorschuss

Die Schlichter sind berechtigt, den Beginn oder die Fortsetzung ihrer Tätigkeit von der Zahlung eines Vorschusses in Höhe des gesamten Schlichterhonorars und der zu erwartenden Auslagen abhängig zu machen.

6.1.2

6.1.3 Kostentabelle zur DIS-Schlichtungsordnung

1. Einschreibgebühr (§ 2 Abs. 2 DIS-Schlichtungsordnung)	250,– €
2. Gebühr für die Bestellung eines Schlichters (§ 11 DIS-Schlichtungsordnung)	
– bei Bestellung von einem Schlichter	250,– €
– bei Bestellung von zwei Schlichtern	375,– €
– bei Bestellung von drei Schlichtern	500,– €
3. Honorar für Schlichter	
Einzelschlichter, Mitglied eines Schlichtungsgremiums mit 2 Personen:	200,– € bis 400,– €/Stunde
Mitglied eines Schlichtungsgremiums mit 3 oder mehr Personen:	150,– € bis 300,– €/Stunde

4. Die unter 1) bis 3) aufgeführten Gebühren und Honorare gelten zuzüglich gesetzlicher Mehrwertsteuer.

7

8

9 Preface

The *Deutsche Institution für Schiedsgerichtsbarkeit e. V. (DIS)* (German Institution of Arbitration), which was formed on January 1, 1992 by the merger of the *Deutsche Ausschuss für Schiedsgerichtsbarkeit* (German Association of Arbitration) and the *Deutsches Institut für Schiedsgerichtsbarkeit* (German Institute of Arbitration), promotes arbitration and provides a uniform service for all arbitration-related matters across Germany.

The DIS Arbitration Rules, effective since July 1, 1998, are available to businesses of all sectors, for the resolution of disputes on a domestic as well as on an international level. Al-though many of the proceedings conducted pursuant to these Rules result in a settlement in the form of an arbitral award on agreed terms, the parties often have an interest in pursuing an amicable resolution of the dispute by means of separate proceedings conducted before an independent and impartial third party, who is not authorised to decide the dispute finally. „Mediation" and „Conciliation" are the terms used most often to denote such proceedings.

The present DIS Mediation/Conciliation Rules, which become effective on January 1, 2002, comply with the standards and notions at the core of these terms.

Principle and basis of the Mediation/Conciliation Rules is the notion that the success of mediation/conciliation proceedings depends on the willingness of all parties involved to arrive at a solution by consent. Therefore each party has the option to terminate the proceedings at any time without providing reasons.

The willingness of the parties to reach consensus is paramount. This applies in particular to the procedure and commencement of the mediation/conciliation proceedings. Thus the present Mediation/Conciliation Rules consciously provide only the framework for conducting such proceedings.

The DIS Mediation/Conciliation Rules can be resorted to in domestic as well as international disputes. The place of the proceedings need not be located in Germany. Just like the language(s) of the proceedings, it can be freely negotiated by the parties. Finally, persons of any nationality can be appointed as mediator/conciliator.

Berlin/Bonn, January 1, 2002

b) DIS Mediation/Conciliation Rules

(Effective as from January 1, 2002)
(Schedule of Costs effective as from October 1, 2004)

9.1.1.1 Section 1 Scope of application

1. The Mediation/Conciliation Rules set forth herein apply when the parties involved in a dispute seek an amicable settlement and have agreed or agree to do so pursuant to the Mediation/Conciliation Rules of the German Institution of Arbitration.

2. There is no required form for the agreement between the parties to apply the DIS Mediation/Conciliation Rules. The agreement should, however, be in writing.

10 Section 2 Application for mediation/conciliation

1. The party wishing to commence mediation/conciliation proceedings („the applicant“) shall apply to the other party in writing, requesting that the dispute to be settled pursuant to the DIS Mediation/Conciliation Rules. Particulars of the dispute shall be laid out in the application.

2. A copy of this application shall be forwarded to the DIS Secretariat. At the same time a registration fee in accordance with Item 1 of the schedule of costs shall be paid.

11 Section 3 Commencement of the mediation/conciliation proceedings

1. Mediation/conciliation proceedings commence when the other party advises the DIS Secretariat of its willingness to participate in the proceedings. The acceptance shall be communicated in writing. Fax or e-mail communications shall suffice. The DIS Secretariat informs the parties of the commencement of proceedings without delay.

2. If the other party turns down the application of the applicant or fails to reply within 30 days or any other time-limit set by the applicant, mediation/conciliation proceedings shall not commence.

3. Mediation/conciliation proceedings pursuant to the DIS Mediation/Conciliation Rules shall likewise not commence, if the registration fee according to section 2 sub. 2 has not been paid to the DIS before expiry of the above mentioned time-limit.

4. If the DIS does not receive a reply within 30 days of delivery of the application or within any other time-limit mentioned in the application, it shall inform the applicant without delay that the proceedings will not commence.

12 Section 4 Number of mediators/conciliators

The mediation/conciliation shall be conducted by a sole mediator/conciliator, unless the parties have agreed to the appointment of several mediators/conciliators. The parties are free to agree on the number of mediators/conciliators.

13 Section 5 Qualifications required of the mediator/conciliator

1. Each mediator/conciliator must be impartial and independent.

2. Each appointed mediator/conciliator shall notify the other party and the DIS Secretariat of all circumstances which are likely to give rise to doubts as to his impartiality or independence.

14 Section 6 Mediation/conciliation proceedings involving more than two parties

1. If the application for DIS mediation/conciliation indicates that more than one other party is involved in the proceedings, the application shall be delivered to each of the parties as well as copy of each to the DIS Secretariat.

2. If the parties thus indicated do not all agree to the mediation/conciliation proceedings, the mediation/conciliation proceedings only involve those parties which have expressed their agreement.

15 Section 7 Appointment and selection of mediators/conciliators

1. In proceedings to be conducted by a sole mediator/conciliator, the mediator/conciliator is appointed jointly by the parties.

2. If the parties have agreed on proceedings being conducted by two mediators/conciliators, the applicant shall appoint one mediator/conciliator and the other party the second. Multiple parties on either or both sides shall appoint their respective mediator/conciliator jointly.

3. If the parties have agreed on proceedings being conducted by three mediators/conciliators, the applicant shall appoint one mediator/conciliator and the other party the second. Multiple parties on either or both sides shall appoint their respective mediator/conciliator jointly. The two mediators/conciliators so appointed shall designate the third mediator/conciliator.

4. Upon request, the DIS-Secretariat will make suggestions for the selection of mediators/conciliators.

16

17 Section 8 Appointment of mediators/conciliators by the DIS Secretariat

1. The parties may provide that the DIS Secretariat appoints all or individual mediators/conciliators. In such an event, the request for appointment shall be made jointly by all parties in the mediation/conciliation proceedings.

2. If a party fails to appoint a mediator/conciliator and if there has been no joint request by the parties for the DIS to appoint a mediator/conciliator, the mediation/conciliation proceedings shall terminate upon expiry of the time-limit set for the appointment respectively for the submission of a request. The DIS shall inform the parties without undue delay about the termination of the proceedings.

18 Section 9 Time-limits for designation of mediators/conciliators

Unless otherwise agreed by the parties, the time-limit for appointing mediators/conciliators shall be 30 days from commencement of the mediation/conciliation proceedings.

Section 10 Request for appointment of a mediator/conciliator by the DIS Secretariat

1. The request for appointment of a mediator/conciliator shall contain:
- the names, addresses and, as far as available, telephone and telefax numbers and e-mail addresses of the parties and

– a copy of the application for mediation/conciliation pursuant to section 2 of the DIS Mediation/Conciliation Rules.

2. Simultaneously with the request for appointment of a mediator/conciliator, the parties shall pay the fee pursuant to Item 2 of the schedule of costs.

3. The fee shall be paid jointly by the parties to the dispute. When requesting payment of the respective shares of the fee due by the parties, the DIS Secretariat shall take account of the registration fee paid by the applicant.

4. The DIS-Secretariat can make the appointment of mediators/conciliators contingent on receipt of the fees according to Item 2 of the schedule of costs.

Section 11 Proceedings

1. The mediators/conciliators shall support the parties in an impartial and independent manner in their attempt to settle the dispute amicably.

2. The particulars of the proceedings will be fixed by the mediators/conciliators in consultation with the parties.

3. If the parties so wish, the mediators/conciliators can make suggestions towards settling the dispute at every stage of the proceedings. Grounds for the suggestions must not be stated.

Section 12 Termination of the proceedings

1. Each of the parties involved may terminate the mediation/conciliation proceedings at any time without stating grounds. Notice of termination shall be given to the mediators/conciliators and to the other party.

2. Termination of mediation/conciliation proceedings does not prevent agreement on commencing new mediation/conciliation proceedings.

3. If the mediation/conciliation proceedings do not succeed in resolving the dispute, the proceedings shall be terminated.

4. The mediators/conciliators shall, at the request of a party, provide a written record of the termination. The record shall be signed by all the mediators/conciliators.

5. If the mediation/conciliation proceedings end in agreement between the parties, a record of the agreement shall be made which shall be signed by all mediators and parties involved.

6. The DIS Secretariat shall be informed of the termination of the proceedings.

Section 13 Confidentiality

1. The mediators/conciliators have an obligation to the parties to respect the unrestricted confidentiality of the mediation/conciliation and shall, upon accepting their mandate, declare to the parties their acknowledgement of the duty of confidentiality.

2. Upon request of a party, the mediators/conciliators shall make suggestions for an agreement on the confidential treatment of statements and documents presented, in particular regarding their non-disclosure in proceedings before state courts or arbitral tribunals in the case of failure to reach an amicable settlement.

Section 14 Follow-on arbitration

1. The parties in mediation/conciliation proceedings may, at any stage in the proceedings, agree in writing that the mediators/conciliators continue with their man-

date in the function of arbitrators. In such case, the duty of confidentiality does not apply vis-à-vis participants in that arbitration (including possible witnesses, consultants etc.).

2. Unless otherwise agreed by the parties, the arbitration proceedings will be conducted pursuant to the DIS Arbitration Rules.

Section 15 Costs

1. The costs involved in conducting DIS mediation/conciliation proceedings and the fees for mediators/conciliators appointed pursuant to the DIS Mediation/Conciliation Rules are in accordance with the schedule of costs appended to the DIS Mediation/Conciliation Rules.

2. The mediators/conciliators may modify their fees in agreement with the parties.

3. The parties shall be jointly and severally liable for the costs of the proceedings.

Section 16 Advance Fees

The mediators/conciliators may make the commencement or continuation of the proceedings contingent on the payment of an advance equivalent to the total fees of the mediators/conciliators and the anticipated reimbursements.

c) Schedule of costs
DIS Mediation/Conciliation Rules

1. Registration fee (Section 2 sub. 2 DIS Mediation/Conciliation Rules)	250,– €
2. Fee for appointing a mediator/conciliator (Section 11 DIS Mediation/Conciliation Rules)	
– for appointing 1 mediator/conciliator	250,– €
– for appointing 2 mediators/conciliators	375,– €
– for appointing 3 mediators/conciliators	500,– €
3. Fees for Mediators/Conciliators	
Sole mediator, member of a mediation/conciliation panel of 2 persons:	200,– € to 400,– €/hour
Member of a mediation/conciliation panel of 3 or more persons:	150,– € to 300,– €/hour

4. The fees specified in Nos. 1–3 are subject to the applicable value added tax.

b) Beschleunigte Verfahren

aa) Ergänzende Regelungen für beschleunigte Verfahren

d) Anhang zur DIS-Schiedsgerichtsordnung 1998

Ergänzende Regeln für beschleunigte Verfahren

APRIL 2008

Vorwort und Schiedsvereinbarung zu den ErgänzendeN Regeln für beschleunigte Verfahren

Die Parteien können die folgenden Ergänzenden Regeln für beschleunigte Verfahren (‚Ergänzende Regeln') in Ergänzung zur DIS-SchO vereinbaren. Die DIS-SchO bleibt auf die nach den Regeln für beschleunigte Verfahren geführten Verfahren anwendbar, soweit diese Regeln keine spezielle Bestimmung enthalten.

Die Deutsche Institution für Schiedsgerichtsbarkeit e. V. empfiehlt allen Parteien, die bereits bei Abschluss der Schiedsvereinbarung auf die Ergänzenden Regeln für beschleunigte Verfahren Bezug nehmen wollen, **folgenden Wortlaut:**

„Alle Streitigkeiten, die sich im Zusammenhang mit dem Vertrag (... Bezeichnung des Vertrages ...) oder über seine Gültigkeit ergeben, werden nach der Schiedsgerichtsordnung und den Ergänzenden Regeln für beschleunigte Verfahren der Deutschen Institution für Schiedsgerichtsbarkeit e. V. (DIS) unter Ausschluss des ordentlichen Rechtsweges endgültig entschieden."

Folgende Ergänzungen sind empfehlenswert:

- **Der Ort des schiedsrichterlichen Verfahrens ist ...**
- **Das anwendbare materielle Recht ist ...**
- **Die Sprache des schiedsrichterlichen Verfahrens ist ...**

Ergänzende Regeln für beschleunigte Verfahren

§ 1 Anwendungsbereich, Verfahrensdauer

1.1 Die Ergänzenden Regeln werden nur angewendet, wenn die Parteien in ihrer Schiedsvereinbarung auf sie Bezug genommen oder sich vor Einreichung der Klage auf ihre Anwendung geeinigt haben. Soweit die Parteien nichts anderes vereinbart haben, finden sowohl die DIS-SchO wie auch die Ergänzenden Regeln in ihrer bei Beginn des Verfahrens gültigen Fassung Anwendung.

1.2 Schiedsverfahren, die nach diesen Ergänzenden Regeln durchgeführt werden, sollen nicht länger als sechs (bei Bestellung eines Einzelschiedsrichters) bzw. neun (bei Bestellung eines Schiedsgerichts mit drei Schiedsrichtern) Monate ab Klageeingang gemäß § 1.3 dauern.

1.3 Die Klage nach diesen Ergänzenden Regeln soll bei der DIS-Hauptgeschäftsstelle in Köln eingereicht werden. Soweit die Klage bei einer anderen Geschäftsstelle eingereicht wird, beginnt der in § 1.2 genannte Zeitrahmen für das beschleunigte Verfahren mit Eingang der Klage bei der DIS-Hauptgeschäftsstelle.

1.4 Das Schiedsgericht soll sein Ermessen bei der Verfahrensgestaltung (§ 24.1 Satz 2 DIS-SchO) stets im Lichte des Beschleunigungsinteresses der Parteien, das in der Vereinbarung dieser Ergänzenden Regeln zum Ausdruck kommt, ausüben. Dies gilt insbesondere für eine etwaige Verlängerung der in diesen Ergänzenden Regeln bestimmten Fristen.

§ 2 Kosten bei Einleitung des Verfahrens

Abweichend von § 7.1 in Verbindung mit Nr. 17 der Anlage zu § 40.5 DIS-SchO umfasst der vom Kläger bei Einreichung der Klage zu leistende Vorschuss das volle Schiedsrichterhonorar.

§ 3 Anzahl der Schiedsrichter, Benennung der Schiedsrichter

3.1 Abweichend von § 3 DIS-SchO wird die Streitigkeit durch einen Einzelschiedsrichter entschieden, es sei denn, die Parteien haben vor Einreichung der Klage die Entscheidung durch ein Schiedsgericht mit drei Schiedsrichtern vereinbart.

3.2 Haben sich die Parteien vor Einreichung der Klage auf die Person des Einzelschiedsrichters geeinigt, so hat der Kläger diesen in der Klage zu benennen. Anderenfalls benennt ihn der DIS-Ernennungsausschuss unverzüglich auf Antrag einer Partei. Der Antrag kann bereits in der Klage gestellt werden. Bis zum Eingang eines solchen Antrags bei der DIS-Hauptgeschäftsstelle bleibt eine gemeinsame Benennung durch die Parteien zulässig.

3.3 Haben die Parteien gemäß § 3.1 die Entscheidung durch ein Schiedsgericht mit drei Schiedsrichtern vereinbart, so gilt für den vom Kläger benannten Schiedsrichter § 6.2 (5) DIS-SchO. Abweichend von § 12.1 DIS-SchO beträgt die Frist für den Beklagten zur Benennung eines Schiedsrichters 14 Tage nach Empfang der Klage durch den Beklagten. Benennt der Beklagte den Schiedsrichter nicht innerhalb dieser Frist, wird er auf Antrag des Klägers durch den DIS-Ernennungsausschuss benannt. Die Benennung des Vorsitzenden durch die beiden Schiedsrichter erfolgt nach § 12.2 DIS-SchO, wobei die dort genannte Frist auf 14 Tage verkürzt wird.

3.4 Sofern ein von den Parteien benannter Schiedsrichter oder der Vorsitzende nicht innerhalb von sieben Tagen nach Empfang des Schreibens, in dem er zur Abgabe der Erklärung nach § 16.1 DIS-SchO aufgefordert wird, bestellt werden kann, benennt der DIS-Ernennungsausschuss auf Antrag einer Partei einen Ersatzschiedsrichter.

§ 4 Klage, Klageerwiderung und mündliche Verhandlung

4.1 Bis zur Konstituierung des Schiedsgerichts sind Schriftsätze der DIS-Hauptgeschäftsstelle, danach dem Schiedsgericht zuzuleiten. Schriftsätze sind stets auch an die andere Partei zu übermitteln.

4.2 Abweichend von § 9 DIS-SchO ist die Klageerwiderung innerhalb von vier Wochen nach Empfang der Klage durch den Beklagten gem. § 8 DIS-SchO einzureichen. Soweit das Schiedsgericht nach seiner Konstituierung keine andere Bestimmung trifft, sind weitere Schriftsätze jeweils vier Wochen nach Zugang des gegnerischen Schriftsatzes einzureichen.

4.3 Die mündliche Verhandlung soll spätestens vier Wochen nach Zugang des letzten Schriftsatzes stattfinden. Der Schiedsspruch soll spätestens vier Wochen nach Abschluss der mündlichen Verhandlung erlassen werden.

4.4 Widerklage und Aufrechnung sind in Verfahren nach diesen Ergänzenden Regeln nur mit Zustimmung aller Parteien und des Schiedsgerichts zulässig.

§ 5 Zeitplan, Verfahren

5.1 Zu Beginn des Verfahrens soll das Schiedsgericht in Abstimmung mit den Parteien einen Zeitplan aufstellen, der sicher stellt, dass das Schiedsverfahren innerhalb des in § 1.2 genannten Zeitrahmens beendet werden kann.

5.2 Soweit das Schiedsgericht nicht anderes bestimmt,
- ist der Austausch von Schriftsätzen auf die Klage im Sinne von § 6 DIS-SchO und die Klageerwiderung im Sinne von § 9 DIS-SchO sowie jeweils einen weiteren Schriftsatz von beiden Seiten beschränkt;
- findet nur eine mündliche Verhandlung, einschließlich einer etwaigen Beweisaufnahme, statt;
- werden nach der mündlichen Verhandlung keine weiteren Schriftsätze ausgetauscht.

5.3 Das Schiedsgericht soll bereits in einem möglichst frühen Stadium des Verfahrens, in der Regel nach jedem Austausch von Schriftsätzen, den Parteien diejenigen Punkte nennen, auf die es seiner Ansicht nach für die Entscheidung des Falles wesentlich ankommen kann.

§ 6 Modifikationen, Nichteinhaltung des Zeitrahmens

6.1 Die in diesen Ergänzenden Regeln enthaltenen Bestimmungen und Fristen können durch Vereinbarung der Parteien modifiziert werden. Nach Konstituierung des Schiedsgerichts bedarf es hierzu der Zustimmung des Schiedsgerichts. Ohne Zustimmung aller Parteien kann das Schiedsgericht eine in den Ergänzenden Regeln genannte Frist nur aus wichtigem Grund verlängern. Die Verlängerung erfolgt durch einen schriftlich zu begründenden Beschluss, der den Parteien und der DIS-Hauptgeschäftsstelle zu übersenden ist.

6.2 Kann das Schiedsverfahren nicht innerhalb des in § 1.2 genannten Zeitrahmens beendet werden, hat das Schiedsgericht die DIS-Hauptgeschäftsstelle und die Parteien schriftlich über die Gründe zu informieren. Wird der in § 1.2 genannte Zeitrahmen überschritten, so führt dies nicht zum Wegfall der Zuständigkeit des Schiedsgerichts.

§ 7 Schiedsspruch

Im Schiedsspruch kann das Schiedsgericht auf die Wiedergabe eines Tatbestands verzichten, es sei denn, die Parteien haben etwas anderes vereinbart.

e) Supplementary Rules for Expedited Proceedings

Annex to the DIS-Arbitration Rules 1998
Supplementary Rules for expedited proceedings

April 2008

Introduction and Arbitration Clause for the Supplementary Rules for Expedited Proceedings

The parties may agree on the following Supplementary Rules for Expedited Proceedings („Supplementary Rules") supplementing the DIS Arbitration Rules. The DIS Arbitration Rules remain applicable to proceedings conducted under the Supplementary Rules to the extent that these Supplementary Rules do not contain more specific provisions.

The German Institution of Arbitration (DIS) advises all parties wishing to make reference to the Supplementary Rules for Expedited Proceedings when concluding the arbitration agreement to use **the following arbitration clause:**

„All disputes arising in connection with the contract (... description of the contract ...) or its validity shall be finally settled according to the Arbitration Rules and the Supplementary Rules for Expedited Proceedings of the German Institution of Arbitration e. V. (DIS) without recourse to the ordinary courts of law."

It is recommended to supplement the arbitration clause by the following provisions:

- The place of arbitration is .... .
- The substantive law of ... is applicable to the dispute.
- The language of the arbitral proceedings is .... .

Supplementary Rules for expedited Proceedings

Section 1 Scope of Application, Duration of Proceedings

1.1 The Supplementary Rules set forth herein shall only apply if the parties have referred to them in their arbitration agreement or if the parties have agreed on their application prior to filing a statement of claim. Unless otherwise agreed by the parties, the DIS Arbitration Rules as well as the Supplementary Rules in effect on the date of commencement of the arbitral proceedings apply to the dispute.

1.2 The duration of arbitral proceedings conducted under these Supplementary Rules should be no longer than six months (in the case of a sole arbitrator) or nine months (in the case of a three member tribunal) after the filing of the statement of claim pursuant to Sec. 1 sub. 3.

1.3 Pursuant to these Supplementary Rules a statement of claim shall be filed with the DIS Main Secretariat in Cologne. If the statement of claim is filed with another DIS Secretariat, the timeframe for the expedited proceedings referred to in Sec. 1 sub. 2 shall commence upon receipt of the statement of claim by the DIS Main Secretariat.

1.4 The arbitral tribunal shall at all times exercise its discretion to determine the procedure (Sec. 24 sub. 1, 2nd sentence DIS Arbitration Rules) in the light of the parties' interest in expediting the proceedings, as reflected by the parties' agreement to apply these Supplementary Rules. This applies in particular to possible extensions of time limits provided for in these Supplementary Rules.

Section 2 Costs upon commencement of proceedings

In deviation from Sec. 7 sub. 1 DIS Arbitration Rules as read with No. 17 of the Appendix to Sec. 40 sub. 5 DIS Arbitration Rules, the advance to by paid by the claimant upon filing the statement of claim shall cover the full amount of the arbitrators' fees.

Section 3 Number of Arbitrators, Nomination of Arbitrators

3.1 In deviation from Sec. 3 DIS Arbitration Rules, the dispute shall be decided by a sole arbitrator, unless the parties have agreed prior to the filing of the statement of claim that the dispute shall be decided by three arbitrators.

3.2 If the parties have agreed on the individual who is to act as sole arbitrator prior to the filing of the statement of claim, the claimant shall nominate the arbitrator in its statement of claim. In the absence of such agreement, the Appointing Committee of DIS shall appoint the sole arbitrator without undue delay upon request by one of the parties. Such request may be made together with the statement of claim. Until such request is received by the DIS Main Secretariat, a joint nomination of the sole arbitrator by the parties shall be permissible.

3.3 If the parties have agreed pursuant to Sec. 3 sub. 1 to have the dispute decided by three arbitrators, Sec. 6 sub. 2 (5) DIS Arbitration Rules apply in respect of the arbitrator nominated by the claimant. In deviation from Sec. 12 sub. 1 DIS Arbitration Rules, the respondent shall nominate an arbitrator within 14 days of the receipt of the statement of claim by the respondent. If the respondent fails to nominate an arbitrator within this time limit, the claimant may request nomination by the Appointing Committee of the DIS. The chairman of the arbitral tribunal shall be appointed pursuant to Sec. 12 sub. 2 DIS Arbitration Rules, subject to a shortening of the time limit mentioned therein to 14 days.

3.4 If a party-nominated arbitrator or the chairman cannot be confirmed within 7 days of receipt of the request to submit the declaration pursuant to Sec. 16 sub. 1 DIS Arbitration Rules, the Appointing Committee of the DIS shall nominate a substitute arbitrator.

Section 4 Statement of claim, statement of defence and oral hearing

4.1 Until the arbitral tribunal is constituted, all written communications of the parties shall be transmitted to the DIS Main Secretariat; thereafter they shall be transmitted to the arbitral tribunal. Copies of written submissions shall at all times also be sent to the other party.

4.2 In deviation from Sec. 9 DIS Arbitration Rules, the statement of defence shall be filed by the respondent within four weeks of receipt of the statement of claim pursuant to Sec. 8 DIS Arbitration Rules. Unless the arbitral tribunal determines otherwise all further written submissions by the parties are to be filed within four weeks of receipt of the other party's submission.

4.3 The oral hearing shall be held at the latest four weeks after receipt of the final written submission. The arbitral award shall be rendered at the latest four weeks after the closing of the oral hearing.

4.4 In proceedings under these Supplementary Rules, counterclaims and set-offs shall only be admissible with the consent of all parties and the arbitral tribunal.

Section 5 Time Schedule, Procedure

5.1 At the outset of the proceedings, the arbitral tribunal shall in agreement with the parties establish a time schedule to ensure that the arbitral proceedings can be concluded within the time frame specified in Sec. 1 sub. 2.

5.2 Unless the arbitral tribunal determines otherwise,

- the exchange of written submissions shall be limited to the statement of claim within the meaning of Sec. 6 DIS Arbitration Rules and the statement of defence within the meaning of Sec. 9 DIS Arbitration Rules as well as one further written submission by each party;
- only one oral hearing, including any taking of evidence, shall be held;
- no further written submissions shall be exchanged after the closing of the oral hearing.

5.3 The arbitral tribunal should at the earliest possible stage of the proceedings identify to the parties and as a rule after each round of written submissions, the issues it may regard as relevant and material for the outcome of the case.

Section 6 Modifications, Noncompliance with the Time Frame

6.1 The provisions and time-limits contained in these Supplementary Rules may be modified by agreement between the parties. After the constitution of the arbitral tribunal, any modification shall require the consent of the arbitral tribunal. In the absence of consent of the parties, the arbitral tribunal may only extend a time-limit contained in these Supplementary Rules for good cause. The extension shall be effected by an order in writing, which shall state the reasons for the extension and which shall be transmitted to the parties and DIS Main Secretariat.

6.2 If the arbitral proceeding cannot be concluded within the time frame set forth in Sec. 1 sub. 2, the arbitral tribunal shall inform the DIS Main Secretariat and the parties of the reasons in writing. The competence of the arbitral tribunal shall remain unaffected if the time frame set forth in Sec. 1 sub. 2 is exceeded.

Section 7 Arbitral award

Unless the parties have agreed otherwise, the arbitral tribunal may abstain from stating the facts of the case in the arbitral award.

3. WIPO

The WIPO Arbitration and Mediation Center (http://www.@arbiter.wipo.int) authorized the publication of the following documents:

a) WIPO Recommended Contract Clauses And Submission Agreements (http://www.wipo.int/amc/en/mediation/contract-clauses/index.html).
Expert Determination Rules (http://www.wipo.int/amc/en/expert-determination/index.html). All information on this new service (including text of the Rules, recommended clauses and case filing guidelines) may be found on our website at.

Empfohlene WIPO Schlichtungs- und Schiedklauseln

Die folgenden Seiten enthalten Vorschläge für Vertragsklauseln (zur Unterwerfung künftiger im Rahmen eines bestimmten Vertrags entstehender Streitigkeiten) und Vereinbarungen (zur Unterwerfung einer bereits entstandenen Streitigkeit) für die folgenden vom WIPO Arbitration and Mediation Center verwalteten Verfahren:

Künftige Streitigkeiten

„Alle Streitigkeiten, die sich aufgrund dieses Vertrags oder späterer Änderungen dieses Vertrags ergeben oder sich auf diesen beziehen, einschliesslich (ohne Einschränkung hierauf) dessen Entstehung, Gültigkeit, bindende Wirkung, Auslegung, Durchführung, Verletzung oder Beendigung, sowie ausservertragliche Ansprüche sind dem Schlichtungsverfahren gemäss den Regeln für das Schlichtungsverfahren der WIPO zu unterwerfen. Der Ort des Schlichtungsverfahrens soll ... sein. In dem Schlichtungsverfahren soll die ... Sprache verwendet werden."

Schiedsgerichtsverfahren

„Alle Streitigkeiten, die sich aufgrund dieses Vertrags oder späterer Änderungen dieses Vertrags ergeben oder sich auf diesen beziehen, einschliesslich (ohne Einschränkung hierauf) dessen Entstehung, Gültigkeit, bindende Wirkung, Auslegung, Durchführung, Verletzung oder Beendigung, sowie ausservertragliche Ansprüche sind dem Schiedsgerichtsverfahren gemäss den Regeln für das Schiedsgerichtsverfahren der WIPO zu unterwerfen und endgültig im Schiedsgerichtsverfahren zu entscheiden. Das Schiedsgericht soll aus [drei Schiedsrichtern] [einem Einzelschiedsrichter] bestehen. Der Ort des Schiedsgerichtsverfahrens soll ... sein. In dem Schiedsgerichtsverfahren soll die ... Sprache verwendet werden. Die Streitigkeit soll unter Anwendung des Rechts von ... entschieden werden."

Beschleunigtes Schiedsgerichtsverfahren

„Alle Streitigkeiten, die sich aufgrund dieses Vertrags oder späterer Änderungen dieses Vertrags ergeben oder sich auf diesen beziehen, einschliesslich (ohne Einschränkung hierauf) dessen Entstehung, Gültigkeit, bindende Wirkung, Auslegung, Durchführung, Verletzung oder Beendigung, sowie ausservertragliche Ansprüche sind gemäss den Regeln für das beschleunigte Schiedsgerichtsverfahren der WIPO dem beschleunigten Schiedsgerichtsverfahren zu unterwerfen und endgültig im beschleunigten Schiedsgerichtsverfahren zu entscheiden. Der Ort des Schiedsgerichtsverfahrens soll ... sein. In dem Schiedsgerichtsverfahren soll die ... Sprache verwendet werden. Die Streitigkeit soll unter Anwendung des Rechts von ... entschieden werden."

Schlichtungsverfahren mit für den Fall mangelnder Beilegung der Streitigkeit nachfolgendem Schiedsgerichtsverfahren

„Alle Streitigkeiten, die sich aufgrund dieses Vertrags oder späterer Änderungen dieses Vertrags ergeben oder sich auf diesen beziehen, einschliesslich (ohne Einschränkung hierauf) dessen Entstehung, Gültigkeit, bindende Wirkung, Auslegung. Alle Streitigkeiten, die sich aufgrund dieses Vertrags oder späterer Änderungen dieses Vertrags ergeben oder sich auf diesen beziehen, einschliesslich (ohne Einschränkung hierauf) dessen Entstehung, Gültigkeit, bindende Wirkung, Auslegung, Durchführung, Verletzung oder Beendigung, Durchführung, Verletzung oder Beendigung, sowie ausservertragliche Ansprüche sind gemäss den Regeln für das Schlichtungsverfahren der WIPO dem Schlichtungsverfahren zu unterwerfen. Der Ort des Schlichtungsverfahrens soll sein. In dem Schlichtungsverfahren soll die ... Sprache verwendet werden."

„Falls und insoweit als solche Streitigkeiten nicht innerhalb von [60] [90] Tagen seit Beginn des Schlichtungsverfahrens aufgrund des Schlichtungsverfahrens beigelegt werden, sind sie nach Einreichung eines Schiedsantrags einer Partei gemäss den Regeln für das Schiedsgerichtsverfahren der WIPO dem Schiedsgerichtsverfahren zu unterwerfen und endgültig im Schiedsgerichtsverfahren zu entscheiden. Alternativ soll, wenn vor Ablauf der genannten Frist von [60] [90] Tagen eine Partei versäumt, sich an dem Schlichtungsverfahren zu beteiligen oder nicht mehr an dem Schlichtungsverfahren teilnimmt, die Streitigkeit nach Einreichung eines Schiedsantrags durch die andere Partei gemäss den Regeln für das Schiedsgerichtsverfahren der WIPO dem Schiedsgerichtsverfahren unterworfen und endgültig im Schiedsgerichtsverfahren entschieden werden. Das Schiedsgericht soll aus [drei Schiedsrichtern] [einem Einzelschiedsrichter] bestehen. Der Ort des Schiedsgerichtsverfahrens soll ... sein. In dem Schiedsgerichtsverfahren soll die ... Sprache verwendet werden. Die Streitigkeit soll unter Anwendung des Rechts von ... entschieden werden."

Schlichtungsverfahren mit für den Fall mangelnder Beilegung der Streitigkeit nachfolgendem beschleunigtem Schiedsgerichtsverfahren

„Alle Streitigkeiten, die sich aufgrund dieses Vertrags oder späterer Änderungen dieses Vertrags ergeben oder sich auf diesen beziehen, einschliesslich (ohne Einschränkung hierauf) dessen Entstehung, Gültigkeit, bindende Wirkung, Auslegung. Alle Streitigkeiten, die sich aufgrund dieses Vertrags oder späterer Änderungen dieses Vertrags ergeben oder sich auf diesen beziehen, einschliesslich (ohne Einschränkung hierauf) dessen Entstehung, Gültigkeit, bindende Wirkung, Auslegung, Durchführung, Verletzung oder Beendigung, sowie ausservertragliche Ansprüche sind gemäss den Regeln für das Schlichtungsverfahren der WIPO dem Schlichtungsverfahren zu unterwerfen. Der Ort des Schlichtungsverfahrens soll ... sein. In dem Schlichtungsverfahren soll die ... Sprache verwendet werden."

„Falls und insoweit als solche Streitigkeiten nicht innerhalb von [60] [90] Tagen seit Beginn des Schlichtungsverfahrens aufgrund des Schlichtungsverfahrens beigelegt werden, sind sie nach Einreichung eines Schiedsantrags einer Partei gemäss den Regeln für das beschleunigte Schiedsgerichtsverfahren der WIPO dem Schiedsgerichtsverfahren zu unterwerfen und endgültig im Schiedsgerichtsverfahren zu entscheiden. Alternativ soll, wenn vor Ablauf der genannten Frist von [60] [90] Tagen eine Partei versäumt, sich an dem Schlichtungsverfahren zu beteiligen oder nicht mehr an dem Schlichtungsverfahren teilnimmt, die Streitigkeit nach Einreichung eines Schiedsantrags durch die andere Partei gemäss den Regeln für das beschleunigte Schiedsgerichtsverfahren der WIPO dem Schiedsgerichtsverfahren unterworfen und endgültig im Schiedsgerichtsverfahren entschieden werden. Der Ort des Schiedsgerichtsverfahrens soll ... sein. In dem Schiedsgerichtsverfahren soll die ... Sprache verwendet werden. Die Streitigkeit soll unter Anwendung des Rechts von ... entschieden werden."

Bestehende Streitigkeiten

Schlichtungsverfahren

„Wir, die unterzeichnenden Parteien, kommen hiermit überein, die folgende Streitigkeit gemäss den Regeln für das Schlichtungsverfahren der WIPO dem Schlichtungsverfahren zu unterwerfen:

[Kurze Beschreibung der Streitigkeit]

„Der Ort des Schlichtungsverfahrens soll ... sein. In dem Schlichtungsverfahren soll die ... Sprache verwendet werden."

Schiedsgerichtsverfahren

„Wir, die unterzeichnenden Parteien, kommen hiermit überein, die folgende Streitigkeit gemäss den Regeln für das Schiedsgerichtsverfahren der WIPO der endgültigen Entscheidung im Schiedsgerichtsverfahren zu unterwerfen:

[Kurze Beschreibung der Streitigkeit]

„Das Schiedsgericht soll aus [drei Schiedsrichtern] [einem Einzelschiedsrichter] bestehen. Der Ort des Schiedsgerichtsverfahrens soll ... sein. In dem Schiedsgerichtsverfahren soll die ... Sprache verwendet werden. Die Streitigkeit soll unter Anwendung des Rechts von ... entschieden werden."

Beschleunigtes Schiedsgerichtsverfahren

„Wir, die unterzeichnenden Parteien, kommen hiermit überein, die folgende Streitigkeit gemäss den Regeln für das beschleunigte Schiedsgerichtsverfahren der WIPO der endgültigen Entscheidung im beschleunigten Schiedsgerichtsverfahren zu unterwerfen:

[Kurze Beschreibung der Streitigkeit]

„Der Ort des Schiedsgerichtsverfahrens soll ... sein. In dem Schiedsgerichtsverfahren soll die ... Sprache verwendet werden. Die Streitigkeit soll unter Anwendung des Rechts von ... entschieden werden."

Schlichtungsverfahren mit für den Fall mangelnder Beilegung der Streitigkeit nachfolgendem Schiedsgerichtsverfahren

„Wir, die unterzeichnenden Parteien, kommen hiermit überein, die folgende Streitigkeit gemäss den Regeln für das Schlichtungsverfahren der WIPO dem Schlichtungsverfahren zu unterwerfen:

[Kurze Beschreibung der Streitigkeit]

„Der Ort des Schlichtungsverfahrens soll ... sein. In dem Schlichtungsverfahren soll die ... Sprache verwendet werden."

„Wir kommen ferner überein, eine solche Streitigkeit, falls und insoweit als sie nicht innerhalb von [60] [90] Tagen seit Beginn des Schlichtungsverfahrens aufgrund des Schlichtungsverfahrens beigelegt worden ist, für den Fall der Einreichung eines Schiedsantrags einer Partei gemäss den Regeln für das Schiedsgerichtsverfahren der WIPO dem Schiedsgerichtsverfahren zu unterwerfen und endgültig im Schiedsgerichtsverfahren zu entscheiden. Alternativ soll, wenn vor Ablauf der genannten Frist von [60] [90] Tagen eine Partei versäumt, sich an dem Schlichtungsverfahren zu beteiligen oder nicht mehr an dem Schlichtungsverfahren teilnimmt, die Streitigkeit nach Einreichung eines Schiedsantrags durch die andere Partei gemäss den Regeln für das Schiedsgerichtsverfahren der WIPO dem Schiedsgerichtsverfahren unterworfen und endgültig im Schiedsgerichtsverfahren entschieden werden. Das Schiedsgericht soll aus [drei Schiedsrichtern] [einem Einzelschiedsrichter] bestehen. Der Ort des Schiedsgerichtsverfahrens soll ... sein. In dem Schiedsgerichtsverfahren soll die ... Sprache verwendet werden. Die Streitigkeit soll unter Anwendung des Rechts von ... entschieden werden."

Schlichtungsverfahren mit für den Fall mangelnder Beilegung der Streitigkeit nachfolgendem beschleunigtem Schiedsgerichtsverfahren

„Wir, die unterzeichnenden Parteien, kommen hiermit überein, die folgende Streitigkeit gemäss den Regeln für das Schlichtungsverfahren der WIPO dem Schlichtungsverfahren zu unterwerfen:

[Kurze Beschreibung der Streitigkeit]

„Der Ort des Schlichtungsverfahrens soll ... sein. In dem Schlichtungsverfahren soll die ... Sprache verwendet werden."

„Wir kommen ferner überein, eine solche Streitigkeit, falls und insoweit als sie nicht innerhalb von [60] [90] Tagen seit Beginn des Schlichtungsverfahrens aufgrund des Schlichtungsverfahrens beigelegt worden ist, für den Fall der Einreichung eines Schiedsantrags einer Partei gemäss den Regeln für das beschleunigte Schiedsgerichtsverfahren der WIPO dem Schiedsgerichtsverfahren zu unterwerfen und endgültig im Schiedsgerichtsverfahren zu entscheiden. Alternativ soll, wenn vor Ablauf der genannten Frist von [60] [90] Tagen eine Partei versäumt, sich an dem Schlichtungsverfahren zu beteiligen oder nicht mehr an dem Schlichtungsverfahren teilnimmt, die Streitigkeit nach Einreichung eines Schiedsantrags durch die andere Partei gemäss den Regeln für das beschleunigte Schiedsgerichtsverfahren der WIPO dem Schiedsgerichtsverfahren unterworfen und endgültig im Schiedsgerichtsverfahren entschieden werden. Der Ort des Schiedsgerichtsverfahrens soll ... sein. In dem Schiedsgerichtsverfahren soll die ... Sprache verwendet werden. Die Streitigkeit soll unter Anwendung des Rechts von ... entschieden werden."

Recommended WIPO Contract Clauses and Submission Agreements

The following section contains recommended contract clauses (for the submission of future disputes under a particular contract) and submission agreements (for the reference of an existing dispute) for the following procedures administered by the WIPO Arbitration and Mediation Center:

Future Disputes	**Existing Disputes**
Mediation	Mediation
Mediation	Mediation
Mediation followed, in the absence of a settlement, by [expedited] arbitration	Mediation followed, in the absence of a settlement, by [expedited] arbitration
Mediation followed, in the absence of a settlement, by expert determination	Mediation followed, in the absence of a settlement, by expert determination
[Expedited] Arbitration	**[Expedited] Arbitration**
Arbitration	Arbitration
Expedited arbitration	Expedited arbitration
Mediation followed, in the absence of a settlement, by [expedited] arbitration	Mediation followed, in the absence of a settlement, by [expedited] arbitration
Expert determination, binding unless followed by [expedited] arbitration	Expert determination, binding unless followed by [expedited] arbitration
Expert Determination	**Expert Determination**
Expert determination	Expert determination
Expert determination, binding unless followed by [expedited] arbitration	Expert determination, binding unless followed by [expedited] arbitration
Mediation followed, in the absence of a settlement, by expert determination	Mediation followed, in the absence of a settlement, by expert determination

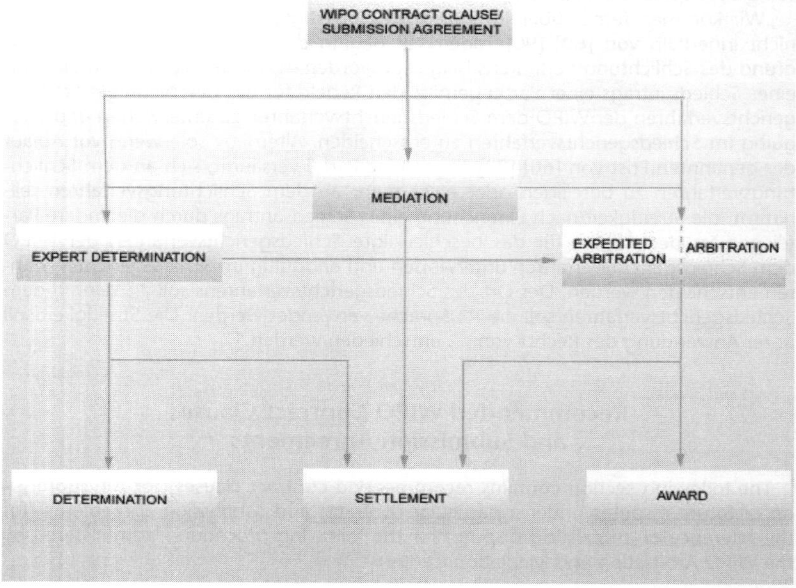

Future Disputes
Mediation

Mediation

Any dispute, controversy or claim arising under, out of or relating to this contract and any subsequent amendments of this contract, including, without limitation, its formation, validity, binding effect, interpretation, performance, breach or termination, as well as non-contractual claims, shall be submitted to mediation in accordance with the WIPO Mediation Rules. The place of mediation shall be [specify place]. The language to be used in the mediation shall be [specify language].'

Mediation Followed, in the Absence of a Settlement, by [Expedited] Arbitration

'Any dispute, controversy or claim arising under, out of or relating to this contract and any subsequent amendments of this contract, including, without limitation, its formation, validity, binding effect, interpretation, performance, breach or termination, as well as non-contractual claims, shall be submitted to mediation in accordance with the WIPO Mediation Rules. The place of mediation shall be [specify place]. The language to be used in the mediation shall be [specify language].

If, and to the extent that, any such dispute, controversy or claim has not been settled pursuant to the mediation within [60] [90] days of the commencement of the mediation, it shall, upon the filing of a Request for Arbitration by either party, be referred to and finally determined by arbitration in accordance with the WIPO [Expedited] Arbitration Rules. Alternatively, if, before the expiration of the said period of [60][90] days, either party fails to participate or to continue to participate in the mediation, the dispute, controversy or claim shall, upon the filing of a Request for Arbitration by the other party, be referred to and finally determined by arbitration in accordance with the WIPO [Expedited] Arbitration Rules. [The arbitral tribunal shall consist of [a sole arbitrator][three arbitrators].]* The place of arbitration shall be [specify place]. The language to be used in the arbitral proceedings shall be [specify language]. The dispute, controversy or claim referred to arbitration shall be decided in accordance with the law of [specify jurisdiction].' *(* The WIPO Expedited Arbitration Rules provide that the arbitral tribunal shall consist of a sole arbitrator.)*

Mediation Followed, in the Absence of a Settlement, by Expert Determination

'Any dispute or difference between the parties arising under, out of or relating to [describe scope of the matter referred to expert determination] under this contract and any subsequent amendments of this contract shall be submitted to mediation in accordance with the WIPO Mediation Rules. The place of mediation shall be [specify place]. The language to be used in the mediation shall be [specify language].

If, and to the extent that, any such dispute or difference has not been settled pursuant to the mediation within [60] [90] days of the commencement of the mediation, it shall, upon the filing of a Request for Expert Determination by either party, be referred to expert determination in accordance with the WIPO Expert Determination Rules. Alternatively, if, before the expiration of the said period of [60][90] days, either party fails to participate or to continue to participate in the mediation, the dispute or difference shall, upon the filing of a Request for Expert Determination by the other party, be referred to expert determination in accordance with the WIPO Expert Determination Rules. The determination made by the expert shall [not] be binding upon the parties. The language to be used in the expert determination shall be [specify language].

[Expedited] Arbitration

Arbitration

'Any dispute, controversy or claim arising under, out of or relating to this contract and any subsequent amendments of this contract, including, without limitation, its formation, validity, binding effect, interpretation, performance, breach or termination, as well as non-contractual claims, shall be referred to and finally determined by arbitration in accordance with the WIPO Arbitration Rules. The arbitral tribunal shall consist of [three arbitrators][a sole arbitrator]. The place of arbitration shall be [specify place]. The language to be used in the arbitral proceedings shall be [specify language]. The dispute, controversy or claim shall be decided in accordance with the law of [specify jurisdiction].'

Expedited Arbitration

'Any dispute, controversy or claim arising under, out of or relating to this contract and any subsequent amendments of this contract, including, without limitation, its formation, validity, binding effect, interpretation, performance, breach or termination, as well as non-contractual claims, shall be referred to and finally determined by arbitration in accordance with the WIPO Expedited Arbitration Rules. The place of arbitration shall be [specify place]. The language to be used in the arbitral proceedings shall be [specify language]. The dispute, controversy or claim shall be decided in accordance with the law of [specify jurisdiction].'

Mediation Followed, in the Absence of a Settlement, by [Expedited] Arbitration

'Any dispute, controversy or claim arising under, out of or relating to this contract and any subsequent amendments of this contract, including, without limitation, its formation, validity, binding effect, interpretation, performance, breach or termination, as well as non-contractual claims, shall be submitted to mediation in accordance with the WIPO Mediation Rules. The place of mediation shall be [specify place]. The language to be used in the mediation shall be [specify language].

If, and to the extent that, any such dispute, controversy or claim has not been settled pursuant to the mediation within [60] [90] days of the commencement of the mediation, it shall, upon the filing of a Request for Arbitration by either party, be referred to and finally determined by arbitration in accordance with the WIPO [Expedited] Arbitration Rules. Alternatively, if, before the expiration of the said period of [60][90] days, either party fails to participate or to continue to participate in the mediation, the dispute, controversy or claim shall, upon the filing of a Request for Arbitration by the other party, be referred to and finally determined by arbitration in accordance with the WIPO [Expedited] Arbitration Rules. [The arbitral tribunal shall consist of [a sole arbitrator] [three arbitrators].]* The place of arbitration shall be [specify place]. The language to be used in the arbitral proceedings shall be [specify language]. The dispute, controversy or claim referred to arbitration shall be decided in accordance with the law of [specify jurisdiction].' *(* The WIPO Expedited Arbitration Rules provide that the arbitral tribunal shall consist of a sole arbitrator.)*

Expert Determination, Binding Unless Followed by [Expedited] Arbitration

Any dispute or difference between the parties arising under, out of or relating to [describe scope of the matter referred to expert determination] under this contract and any subsequent amendments of this contract shall be referred to expert determination in accordance with the WIPO Expert Determination Rules. The language to be used in the expert determination shall be [specify language].

The determination made by the expert shall be binding upon the parties, unless within [30] days of the communication of the determination, the matter referred to expert determination is, upon the filing of a Request for Arbitration by either party, referred to and finally determined by arbitration in accordance with the WIPO [Expedited] Arbitration Rules. [The arbitral tribunal shall consist of [a sole arbitrator][three arbitrators].] * The place of arbitration shall be [specify place]. The language to be used in the arbitral proceedings shall be [specify language]. The dispute or difference referred to arbitration shall be decided in accordance with the law of [specify jurisdiction]. *(* The WIPO Expedited Arbitration Rules provide that the arbitral tribunal shall consist of a sole arbitrator.)*

Expert Determination

Expert Determination

Any dispute or difference between the parties arising under, out of or relating to [describe scope of the matter referred to expert determination] under this contract and any subsequent amendments of this contract shall be referred to expert determination in accordance with the WIPO Expert Determination Rules. The determination made by the expert shall [not] be binding upon the parties. The language to be used in the expert determination shall be [specify language].

Expert Determination, Binding Unless Followed by [Expedited] Arbitration

Any dispute or difference between the parties arising under, out of or relating to [describe scope of the matter referred to expert determination] under this contract and any subsequent amendments of this contract shall be referred to expert determination in accordance with the WIPO Expert Determination Rules. The language to be used in the expert determination shall be [specify language].

The determination made by the expert shall be binding upon the parties, unless within [30] days of the communication of the determination, the matter referred to expert determination is, upon the filing of a Request for Arbitration by either party, referred to and finally determined by arbitration in accordance with the WIPO [Expedited] Arbitration Rules. [The arbitral tribunal shall consist of [a sole arbitrator][three arbitrators].] * The place of arbitration shall be [specify place]. The language to be used in the arbitral proceedings shall be [specify language]. The dispute or difference referred to arbitration shall be decided in accordance with the law of [specify jurisdiction]. *(* The WIPO Expedited Arbitration Rules provide that the arbitral tribunal shall consist of a sole arbitrator.)*

Mediation Followed, in the Absence of a Settlement, by Expert Determination

Any dispute or difference between the parties arising under, out of or relating to [describe scope of the matter referred to expert determination] under this contract and any subsequent amendments of this contract shall be submitted to mediation in accordance with the WIPO Mediation Rules. The place of mediation shall be [specify place]. The language to be used in the mediation shall be [specify language].

If, and to the extent that, any such dispute or difference has not been settled pursuant to the mediation within [60][90] days of the commencement of the mediation, it shall, upon the filing of a Request for Expert Determination by either party, be referred to expert determination in accordance with the WIPO Expert Determination Rules. Alternatively, if, before the expiration of the said period of [60][90] days, either party fails to participate or to continue to participate in the mediation, the dispute or difference shall, upon the filing of a Request for Expert Determination by the other party, be referred to expert determination in accordance with the WIPO Expert Determination Rules. The determination made by the expert shall [not] be binding upon the parties. The language to be used in the expert determination shall be [specify language].

Existing Disputes
Mediation

Mediation

'We, the undersigned parties, hereby agree to submit to mediation in accordance with the WIPO Mediation Rules the following dispute:

[brief description of the dispute]

The place of mediation shall be [specify place]. The language to be used in the mediation shall be [specify language].'

Mediation Followed, in the Absence of a Settlement, by [Expedited] Arbitration

'We, the undersigned parties, hereby agree to submit to mediation in accordance with the WIPO Mediation Rules the following dispute:

[brief description of the dispute]

The place of mediation shall be [specify place]. The language to be used in the mediation shall be [specify language].

We further agree that, if, and to the extent that, the dispute has not been settled pursuant to the mediation within [60][90] days of the commencement of the mediation, it shall, upon the filing of a Request for Arbitration by either party, be referred to and finally determined by arbitration in accordance with the WIPO [Expedited] Arbitration Rules. Alternatively, if, before the expiration of the said period of [60][90] days, either party fails to participate or to continue to participate in the mediation, the dispute shall, upon the filing of a Request for Arbitration by the other party, be referred to and finally determined by arbitration in accordance with the WIPO [Expedited] Arbitration Rules. [The arbitral tribunal shall consist of [a sole arbitrator][three arbitrators].]* The place of arbitration shall be [specify place]. The language to be used in the arbitral proceedings shall be [specify language]. The dispute referred to arbitration shall be decided in accordance with the law of [specify jurisdiction].' *(* The WIPO Expedited Arbitration Rules provide that the arbitral tribunal shall consist of a sole arbitrator.)*

Mediation Followed, in the Absence of a Settlement, by Expert Determination

We, the undersigned parties, hereby agree to submit to mediation in accordance with the WIPO Mediation Rules the following matter:

[brief description of the dispute or difference between the parties]

The place of mediation shall be [specify place]. The language to be used in the mediation shall be [specify language].

We further agree that, if, and to the extent that, any such matter has not been settled pursuant to the mediation within [60][90] days of the commencement of the mediation, it shall, upon the filing of a Request for Expert Determination by either party, be referred to expert determination in accordance with the WIPO Expert Determination Rules. Alternatively, if, before the expiration of the said period of [60] [90] days, either party fails to participate or to continue to participate in the mediation, the dispute or difference shall, upon the filing of a Request for Expert Determination by the other party, be referred to expert determination in accordance with the WIPO Expert Determination Rules. The determination made by the expert shall [not] be binding upon the parties. The language to be used in the expert determination shall be [specify language].

[Expedites] Arbitration

Arbitration

'We, the undersigned parties, hereby agree that the following dispute shall be referred to and finally determined by arbitration in accordance with the WIPO Arbitration Rules:

[brief description of the dispute]

[The arbitral tribunal shall consist of [three arbitrators] [a sole arbitrator]. The place of arbitration shall be [specify place]. The language to be used in the arbitral proceedings shall be [specify language]. The dispute shall be decided in accordance with the law of [specify jurisdiction].'

Expedited Arbitration

'We, the undersigned parties, hereby agree that the following dispute shall be referred to and finally determined by arbitration in accordance with the WIPO Expedited Arbitration Rules:

[brief description of the dispute]

The place of arbitration shall be [specify place]. The language to be used in the arbitral proceedings shall be [specify language]. The dispute shall be decided in accordance with the law of [specify jurisdiction].'

Mediation Followed, in the Absence of a Settlement, by [Expedited] Arbitration

'We, the undersigned parties, hereby agree to submit to mediation in accordance with the WIPO Mediation Rules the following dispute:

[brief description of the dispute]

The place of mediation shall be [specify place]. The language to be used in the mediation shall be [specify language].

We further agree that, if, and to the extent that, the dispute has not been settled pursuant to the mediation within [60][90] days of the commencement of the mediation, it shall, upon the filing of a Request for Arbitration by either party, be referred to and finally determined by arbitration in accordance with the WIPO [Expedited] Arbitration Rules. Alternatively, if, before the expiration of the said period of [60] [90] days, either party fails to participate or to continue to participate in the mediation, the dispute shall, upon the filing of a Request for Arbitration by the other party, be referred to and finally determined by arbitration in accordance with the WIPO [Expedited] Arbitration Rules. [The arbitral tribunal shall consist of [a sole arbitrator][three arbitrators].]* The place of arbitration shall be [specify place]. The language to be used in the arbitral proceedings shall be [specify language]. The dispute referred to arbitration shall be decided in accordance with the law of [specify jurisdiction].' *(* The WIPO Expedited Arbitration Rules provide that the arbitral tribunal shall consist of a sole arbitrator.)*

Expert Determination, Binding Unless Followed by [Expedited] Arbitration

We, the undersigned parties, hereby agree to submit to expert determination in accordance with the WIPO Expert Determination Rules the following matter:

[brief description of the matter referred to expert determination]

The language to be used in the expert determination shall be [specify language].
We further agree that the determination made by the expert shall be binding upon the parties, unless within [30] days of the communication of the determination, the matter referred to expert determination is, upon the filing of a Request for Arbitration by either party, referred to and finally determined by arbitration in accordance with the WIPO [Expedited] Arbitration Rules. [The arbitral tribunal shall consist of [a sole arbitrator][three arbitrators].] * The place of arbitration shall be [specify place]. The language to be used in the arbitral proceedings shall be [specify language]. The dispute or difference referred to arbitration shall be decided in accordance with the law of [specify jurisdiction]. *(* The WIPO Expedited Arbitration Rules provide that the arbitral tribunal shall consist of a sole arbitrator.)*

Expert Determination

Expert Determination

We, the undersigned parties, hereby agree to submit to expert determination in accordance with the WIPO Expert Determination Rules the following matter:

[brief description of the matter referred to expert determination]

The language to be used in the expert determination shall be [specify language].

Expert Determination, Binding Unless Followed by [Expedited] Arbitration

We, the undersigned parties, hereby agree to submit to expert determination in accordance with the WIPO Expert Determination Rules the following matter:

[brief description of the matter referred to expert determination]

The language to be used in the expert determination shall be [specify language].

We further agree that the determination made by the expert shall be binding upon the parties, unless within [30] days of the communication of the determination, the matter referred to expert determination is, upon the filing of a Request for Arbitration by either party, referred to and finally determined by arbitration in accordance with the WIPO [Expedited] Arbitration Rules. [The arbitral tribunal shall consist of [a sole arbitrator][three arbitrators].] *The place of arbitration shall be [specify place]. The language to be used in the arbitral proceedings shall be [specify language]. The dispute or difference referred to arbitration shall be decided in accordance with the law of [specify jurisdiction]. *(*The WIPO Expedited Arbitration Rules provide that the arbitral tribunal shall consist of a sole arbitrator.)*

Mediation Followed, in the Absence of a Settlement, by Expert Determination

We, the undersigned parties, hereby agree to submit to mediation in accordance with the WIPO Mediation Rules the following matter:

[brief description of the dispute or difference between the parties]

The place of mediation shall be [specify place]. The language to be used in the mediation shall be [specify language].

We further agree that, if, and to the extent that, any such matter has not been settled pursuant to the mediation within [60] [90] days of the commencement of the mediation, it shall, upon the filing of a Request for Expert Determination by either party, be referred to expert determination in accordance with the WIPO Expert Determination Rules. Alternatively, if, before the expiration of the said period of [60] [90] days, either party fails to participate or to continue to participate in the mediation, the dispute or difference shall, upon the filing of a Request for Expert Determination by the other party, be referred to expert determination in accordance with the WIPO Expert Determination Rules. The determination made by the expert shall [not] be binding upon the parties. The language to be used in the expert determination shall be [specify language].

4. UK Intellectual Property Office Model

Mediation Procedure & Agreement

The UK Intellectual Property Office (www.ipo.gov.uk) authorized the publication of the following documents:

a) UK Intellectual Property Office Model Mediation Procedure

Mediation Agreement

1 The parties ('the Parties') to the dispute in question ('the Dispute') and the Mediator will enter into an agreement ('the Mediation Agreement') based on the UK Intellectual Property Office Model Mediation Agreement in relation to the conduct of the Mediation. This procedure ('the Model Procedure) will be incorporated into, form part of, and may be varied by, the Mediation Agreement.

The Mediator

2 The Mediator, after consultation with the Parties where appropriate, will:

- attend any meetings with any or all of the Parties preceding the mediation, if requested or if the Mediator decides this is appropriate and the Parties agree;
- read before the Mediation each Case Summary and all the Documents sent to him/her (see paragraph 7 below);
- chair, and determine the procedure for, the Mediation;
- facilitate the drawing up of any settlement agreement; and
- abide by the terms of the Model Procedure and the Mediation Agreement.

3 The Mediator will not act for any of the Parties individually in connection with the Dispute in any capacity either during the currency of this agreement or at any time thereafter. The Parties accept that in relation to the Dispute the Mediator is not an agent of, nor acting in any capacity for, any of the Parties.

4 The Mediator will make the necessary arrangements for the Mediation including, as necessary:

- drawing up the Mediation Agreement;
- organising a suitable venue and dates;
- organising exchange of the Case Summaries and Documents;
- meeting with any or all of the Parties, either together or separately, to discuss any matters or concerns relating to the Mediation; and
- general administration in relation to the Mediation.

Participants

5 The Lead Negotiators must be sufficiently senior and have the full authority of their respective Parties to settle the Dispute, without having to refer to anybody else. If there is any restriction on that authority, this should be discussed with the Mediator before the Mediation. Parties should inform the Mediator prior to the date of Mediation of all persons attending the mediation on behalf of each Party.

Exchange of information

6 Each Party will prepare for the other Party(ies) and the Mediator sufficient copies of:

- a concise summary ('the Case Summary') of its case in the Dispute; and
- all the documents to which the Summary refers and any others to which it may want to refer in the Mediation ('the Documents').

The Parties will exchange the Case Summary and Documents with each other at least two weeks before the Mediation, or such other date as may be agreed between the Parties and the Mediator, and send copies directly to the Mediator on the same date.

In addition, each Party may send to the Mediator and/or bring to the Mediation further documentation which it wishes to disclose in confidence to the Mediator but not to any other Party, clearly stating in writing that such documentation is confidential to the Mediator.

7 The Parties should try to agree

- the maximum number of pages of each Case Summary; and
- a joint set of Documents or the maximum length of each set of Documents.

The Mediation

8 The Mediation will take place at the arranged place and time stated in the Mediation Agreement.

9 The Mediator will chair, and determine the procedure at, the Mediation.

10 No recording or transcript of the Mediation will be made.

11 If the Parties are unable to reach a settlement in the negotiations at the Mediation, and only if all the Parties so request and the Mediator agrees, the Mediator will produce for the Parties a non-binding recommendation on terms of settlement. This will not attempt to anticipate what a court might order but will set out what the Mediator suggests are appropriate settlement terms in all of the circumstances.

Settlement agreement

12 Any settlement reached in the Mediation will not be legally binding until it has been reduced to writing and signed by, or on behalf of, the Parties.

Termination

13 Any of the Parties may withdraw from the Mediation at any time and shall immediately inform the Mediator and the other representatives in writing. The Mediation will terminate when:

- a Party withdraws from the Mediation; or
- the Mediator, at his/her discretion, withdraws from the mediation; or
- a written settlement agreement is concluded.

The mediator may also adjourn the mediation in order to allow parties to consider specific proposals, get further information or for any other reason, which the mediator considers helpful in furthering the mediation process. The mediation will then reconvene with the agreement of the parties.

Stay of proceedings

14 Any litigation or arbitration in relation to the Dispute may be commenced or continued notwithstanding the Mediation unless the Parties agree otherwise or a court so orders.

Confidentiality etc.

15 Every person involved in the Mediation will keep confidential and not use for any collateral or ulterior purpose all information (whether given orally, in writing or otherwise) arising out of, or in connection with, the Mediation, including the fact of any settlement and its terms, save for the fact that the mediation is to take place or has taken place.

16 All information (whether oral, in writing or otherwise) arising out of, or in connection with, the Mediation will be without prejudice, privileged and not admissible as evidence or disclosable in any current or subsequent litigation or other proceedings whatsoever. This does not apply to any information, which would in any event have been admissible or disclosable in any such proceedings.

17 The Mediator will not disclose to any other Party any information given to him by a Party in confidence without the express consent of that Party.

18 Paragraphs 15–17 shall not apply if, and to the extent that:

- all Parties consent to the disclosure; or
- the Mediator is required under the general law to make disclosure; or
- the Mediator reasonably considers that there is a serious risk of significant harm to the life or safety of any person if the information in question is not disclosed; or
- the Mediator reasonably considers that there is a serious risk of his/her being subject to criminal proceedings unless the information in question is disclosed.

19 None of the Parties to the Mediation Agreement will call the Mediator as a witness, consultant, arbitrator or expert in any litigation or other proceedings whatsoever arising from, or in connection with, the matters in issue in the Mediation. The Mediator will not voluntarily act in any such capacity without the written agreement of all the Parties.

Fees, expenses and costs

20 The UK Intellectual Property Office's fees and the other expenses of the Mediation will be borne equally by the Parties unless agreed otherwise. A schedule of the fees and expenses will be detailed on an invoice which must be settled within 28 days (unless other arrangements have been agreed with the UK Intellectual Property Office).

21 Each Party will bear its own costs and expenses of its participation in the Mediation.

Exclusion of liability

22 The Mediator shall not be liable to the Parties for any act or omission in connection with the services provided by them in, or in relation to, the Mediation, unless the act or omission is shown to have been in bad faith.

Guidance notes

The paragraph numbers and headings in these notes refer to the paragraphs and headings in the Model Procedure. The same terms ('the Parties' etc.) are used in the Model Procedure and the Model Agreement.

Introduction

The essence of mediation is that it:

- involves a neutral third party to facilitate negotiations;
- is quick and inexpensive, without prejudice and confidential;
- enables the Parties to devise solutions which are not possible in an adjudicative process, such as litigation or arbitration, and which may be to the benefit of both/all Parties, particularly if there is a continuing business relationship;
- involves representatives of the Parties who have sufficient authority to settle. In some cases, there may be an advantage in the representatives being individuals who have not been directly involved in the events leading up to the dispute and in the dispute itself.

The procedure for the mediation is flexible and this Model Procedure can be adapted to suit the Parties.

A mediation can be used:

- in both domestic and international disputes;
- whether or not litigation or arbitration has been commenced; and
- in two-party and multi-party disputes.

Rules or rigid procedures in the context of a consensual and adaptable process, which is the essence of ADR, are generally inappropriate. The Model Procedure and the Model Agreement and this Guidance note should be sufficient to enable parties to conduct a mediation.

In some cases the agreement to conduct a mediation will be as a result of an 'ADR clause' to that effect in a commercial agreement between the Parties, or a court order. Where that is the case the Model Procedure and Mediation Agreement may need to be adapted accordingly.

The Model Agreement, which has been kept short and simple, incorporates the Model Procedure (see paragraph 1).

The Mediation Agreement can vary the Model Procedure; the variations can be set out in the body of the Mediation Agreement, or the Mediation Agreement can state that variations made in manuscript (or otherwise) on the Model Procedure are to be incorporated.

Mediation Agreement – paragraph 1

If the UK Intellectual Property Office Mediator is asked to do so by a Party wishing to initiate a mediation, it will approach the other Party(ies) to a Dispute to seek to persuade it/them to participate.

Alternatively, the Party who has taken the initiative in proposing the mediation may wish to send a draft agreement based on the Model Agreement to the other Party(ies).

Representatives of the Parties (and the Mediator if he/she has been nominated) may meet to discuss and finalise the terms of the Mediation Agreement.

The Mediator – paragraphs 2–4

The success of the Mediation will, to a considerable extent, depend on the skill of the Mediator.

In some cases it may be useful to have more than one Mediator, or to have an independent expert who can advise the Mediator on technical issues. All should sign the Mediation Agreement, which should be amended as appropriate.

It is advisable, but not essential, to involve the Mediator in any preliminary meeting between the Parties.

Participants – paragraph 5

The lead role in the mediation is usually taken by the Lead Negotiators, because the commercial or other interests of the Parties will often take the negotiations beyond strict legal issues.

The Lead Negotiator must have full authority to settle the Dispute, as detailed in the text of paragraph 5.

Full authority means they are able to negotiate freely without restriction or limits on their authority and that the representative does not need to refer to anyone outside the mediation when negotiating and agreeing a settlement. If negotiating authority is less than full, this fact should be disclosed to the other Party and to the Mediator at least two weeks before the Mediation.

The Lead Negotiator should be at the Mediation throughout the whole day. It is easy to forget that the mediation sessions often go well into the evening.

In certain cases, for example claims involving public bodies and class actions, the Lead Negotiator may only have the power to make a recommendation. In these circumstances the following clause should be substituted:

'the Lead Negotiator(s) [for Party] will have full authority to make recommendations on terms of settlement on behalf of its Party".

Professional advisers, particularly lawyers, can, and usually do, attend the Mediation. The advisers play an important role in the exchange of information, in supporting their clients (particularly individuals) in the negotiations, advising their clients on the legal implications of a settlement and in drawing up the settlement agreement.

Exchange of information – paragraphs 6–7

Documentation which a Party wants the Mediator to keep confidential from the other Party(ies) (e.g. a counsel's opinion, an expert report not yet exchanged) must be clearly marked as such. It can be disclosed confidentially to the Mediator by the Party before or during the Mediation. It will not be disclosed by the Mediator without the express consent of the Party.

One of the advantages of ADR is that it can avoid the excessive disclosure process (including witness statements) which often blights litigation and arbitration. The Documents should be kept to the minimum necessary to understand the Party's case and to give the Mediator a good grasp of the issues. The Summaries should be similarly brief.

Should the Parties require the Mediator to conduct a simultaneous exchange of Case Summaries and Documents, the following wording is suggested:

'Each party will send to the Mediator at least two weeks before the Mediation, or such other date as may be agreed between the Parties and the Mediator, sufficient copies of:

- a concise summary ('the Case Summary") of its case in the Dispute; and
- all documents to which the Summary refers and any others to which it may want to refer in the Mediation ('the Documents"), which the Mediator will send to the other Party(ies).

The Mediation – paragraphs 8–11

The intention of paragraph 11 is that the Mediator will cease to play an entirely facilitative role only if the negotiations in the Mediation are deadlocked. Giving a settlement recommendation may be perceived by a Party as undermining the Mediator's neutrality and for this reason the Mediator may not agree to this course of action. Any recommendation will be without prejudice and will not be binding unless the Parties agree otherwise.

Settlement agreement – paragraph 12

If no agreement is reached, it is nonetheless open to the Parties to adjourn the Mediation to another time and place. Experience shows that even where no agreement is reached during the Mediation itself, the Parties will often reach a settlement shortly after, as a result of the progress made during that Mediation.

Termination- paragraph 13

A mediator may withdraw from the mediation at any time if, in their view, there is not a reasonable likelihood of the parties achieving a workable settlement; or if in their discretion there is any other reason that it would be inappropriate to continue with the mediation.

Stay of proceedings – paragraph 14

Although a stay may engender a better climate for settlement, it is not essential that any proceedings relating to the Dispute be stayed. If they are stayed, it is the responsibility of the Parties and their legal advisers to consider and, if necessary, deal with the effect of any stay on limitation periods. Suggested wording for a stay, which can be incorporated into the Mediation Agreement, is:

'No litigation or arbitration in relation to the Dispute is to be commenced [Any existing litigation or arbitration in relation to the Dispute is to be stayed] from the date of this agreement until the termination of the Mediation.'

Confidentiality – paragraphs 15–19

Documents which would in any event be disclosable will not become privileged by reason of having been referred to in the Mediation and will therefore still be disclosable. The position on this may depend on the relevant jurisdiction and it is the responsibility of the Parties and their legal advisers to consider and, if necessary, deal with this.

If either Party wishes to keep confidential the fact the Mediation is taking place or has taken place, paragraph 15 can be amended by replacing the wording 'save for the fact that the Mediation is to take place or has taken place" with the wording 'including the fact that the Mediation is to take place or has taken place".

[Paragraph 18 provides an exception to the general requirement for confidentiality where all Parties consent to disclosure or where the Mediator reasonably considers that there are public interest or similar reasons that would require disclosure to be made; this would include any circumstances arising under the Proceeds of Crime Act 2002 or any similar legislation.]

Fees, expenses and costs – paragraphs 20–21

The usual arrangement is for the Parties to share equally the fees and expenses of the procedure, but other arrangements are possible. A Party to a Dispute, which is reluctant to participate in mediation, may be persuaded to participate if the other Party(ies) agree to bear that Party's expenses. Parties may also amend the agreement to identify that the costs of mediation may be taken into account in any court orders if there is no settlement at the Mediation.

International disputes – language and governing law/jurisdiction

The Model Agreement can be easily adapted for international cross-border disputes by the addition in the Mediation Agreement of wording along the following lines:

'Language

The language of the Mediation will be [English] ... Any Party producing documents or participating in the Mediation in any other language will provide the necessary translations and interpretation facilities.'

Governing law and jurisdiction

The Mediation Agreement shall be governed by, construed and take effect in accordance with, [English] law.

The courts of [England] shall have exclusive jurisdiction to settle any claim, dispute or matter of difference which may arise out of, or in connection with, the Mediation.'

Where the law is not English or the jurisdiction not England, the Mediation Agreement may need to be amended to ensure the structure, rights and obligations necessary for a mediation are applicable.

b) Model Mediation Agreement

Parties

____ ('Party A')

____ ('Party B')

____ ('the Mediator')
Mediation Service, UK Intellectual Property Office, GY62, Concept House, Cardiff Road, Newport, NP10 8QQ

Dispute ('the Dispute')

____

Participation in the Mediation

1 The Parties will attempt to settle the Dispute by mediation ('the Mediation'). The UK Intellectual Property Office Model Mediation Procedure ('the Model Procedure') [as varied by this agreement] will determine the conduct of the Mediation and is incorporated into, and forms part of, this agreement. The definitions in the Model Procedure are used in this agreement.

The Mediator

2 The Mediator will be Mr

Participants

3 At least one attendee on behalf of each Party at the Mediation will have full authority to settle at the Mediation as set out in paragraph 5 of the Model Procedure ('the Lead Negotiator").

4 Each representative in signing this agreement is deemed to be agreeing to the provisions of this agreement on behalf of the Party he/she represents and all other persons present on that Party's behalf at the Mediation.

Place and time

Confidentiality

6 Each Party to the Mediation and all persons attending the Mediation will be bound by the confidentiality provisions of the Model Procedure (paragraphs 15–19).

Mediation fee

7 The person signing this agreement on behalf of the Party he/she represents is agreeing on behalf of that Party, to proceed on the basis of the UK Intellectual Property Office's mediation fees as previously agreed by the Parties.

Law and jurisdiction

8 This agreement shall be governed by, construed and take effect in accordance with, English law. The courts of England & Wales shall have exclusive jurisdiction to settle any claim, dispute or matter of difference which may arise out of, or in connection with, the Mediation.

Human Rights

9 The referral of the Dispute to mediation does not affect any rights that may exist under Article 6 of the European Convention on Human Rights. If the Dispute is not settled by the Mediation, the Parties' rights to a fair trial remain unaffected.

Model Procedure amendments

10 Set out amendments (if any) to the Model Procedure – see introduction to Model Procedure guidance notes.

If any litigation or arbitration is to be stayed, paragraph 14 of the Model Procedure should be excluded/deleted and wording along the following lines should be added in the agreement: 'No litigation or arbitration in relation to the Dispute is to be commenced [Any existing litigation or arbitration in relation to the Dispute is to be stayed] from the date of this agreement until the termination of the Mediation'.

Signed

On behalf of Party A: ______________________________ Date: ______________

On behalf of Party B: ______________________________ Date: ______________

On behalf of the Mediator: __________________________ Date: ______________

5. ICC

The International Chamber of Commerce (ICC) is the publisher and copyright holder and authorized the publication of the following documents (the text reproduced here is valid at the time of publication of this book. As amendments may from time to time be made to the text, readers are referred to www.iccadr.org/ www.iccdisputeboards.org (delete as appropriate) for the latest version and for more information on this ICC dispute resolution service. The text is also available in the ICC Dispute Resolution Library at www.iccdrl.com

a) ADR-Regeln (1 July 2001) und Leitfaden für ICC ADR

ADR-Regeln
gültig sei tdem 1. Juli 2001
und Leitfaden für ICC ADR

Die ADR-Regeln und der Leitfaden für ICC ADR sind in verschiedene sprachen übersetzt worden. Nur die englische und die französische Fassung sind jedoch authentisch.

Vorwort

Seit etwa 80 Jahren erarbeitet die ICC Regeln zur Durchführung internationaler Geschäfte, darunter diejenigen, die helfen sollen, Konflikte beizulegen, die unvermeidlich zwischen Wirtschaftspartnern entstehen. Die vorliegenden ADR-Regeln sind die neueste Initiative der ICC in diesem Bereich.

Die ICC-ADR-Regeln sind das Ergebnis einer konzertierten Aktion und Diskussion von Experten auf dem Gebiet der Streitbeilegung und Vertretern der Wirtschaft aus 75 Ländern. Ziel ist, den Parteien eine gütliche Beilegung ihrer Streitigkeiten zu ermöglichen und zwar auf diejenige Weise, die am besten ihren Bedürfnissen entspricht. Eine Besonderheit der ICC-ADR-Regeln besteht darin, dass sie den Betroffenen die Freiheit lässt, die Regelungstechnik zu wählen, die ihrer Ansicht nach am ehesten zu einer Einigung führen wird. Mangels Vereinbarung einer anderen Regelungstechnik findet Mediation statt.

Im Rahmen der Dienstleistungen der ICC zur Beilegung von Streitigkeiten sind auf Konsens anglegte ADR-Verfahren und Schiedsverfahren auseinander zu halten. Beide Methoden sind unterschiedlich, obwohl sie sich unter bestimmten Umständen auch ergänzen können. Die Parteien können zum Beispiel vorsehen, dass ein Schiedsverfahren stattfinden soll, falls ihr Versuch einer gütlichen Einigung scheitern sollte. Umgekehrt können in einem Schiedsverfahren eingebundene Geschäftspartner sich an ICC ADR halten, falls ihnen die Lösung ihrer Streitigkeit im Wege einer mehr auf Konsens angelegten Vorgehensweise möglich erscheint. Beide Verfahren sind jedoch selbständig und werden am Sitz der ICC in Paris von zwei getrennten Sekretariaten verwaltet.

Die ICC-ADR-Regeln ersetzen die ICC-Schlichtungsordnung von 1988. Sie nehmen neben den Regeln über Sachverständigengutachten und über Dokumentenakkreditive einen wichtigen Platz in der Angebotspalette der ICC zur Beilegung von Streitigkeiten ein.

Die ADR-Regeln der ICC sind seit dem 1. Juli 2001 in Kraft und können sowohl bei nationalen wie auch bei internationalen Sachverhalten Anwendung finden.

Vorschläge für ICC-ADR-Klauseln

Freiwillige ADR

'Die Parteien können zu jeder Zeit, ungeachtet anderer Verfahren, beantragen, alle aus oder im Zusammenhang mit dem gegenwärtigen Vertrag sich ergebenden Streitigkeiten gemäß den ICC-ADR-Regeln beizulegen.'

Verpflichtung, über Durchführung eines ADR-Verfahrens zu verhandeln

'Die Parteien vereinbaren, im Falle von Streitigkeiten aus oder im Zusammenhang mit dem gegenwärtigen Vertrag, zunächst Verhandlungen über die Durchführung eines Streitbeilegungsverfahrens gemäß den ICC-ADR-Regeln zu führen.'

Verpflichtung zur Druchführung eines ADR-Verfahrens mit zeitlicher Begrenzung

'Die Parteien vereinbaren, im Falle von Streitigkeiten aus oder im Zusammenhang mit dem gegenwärtigen Vertrag, ein Streitbeilegungsverfahren nach den ICC-ADR-Regeln durchzuführen. Werden die Streitigkeiten nicht innerhalb einer Frist von 45 Tagen ab dem Tag des Einreichens des Antrags auf Durchführung eines ADR-Verfahrens oder innerhalb einer von den Parteien schriftlich abgeänderten Frist gemäß den ICC-ADR-Regeln beigelegt, haben die Parteien keine weiteren Verpflichtungen aus diesem Absatz.'

Verpflichtung zur Durchführung eines ADR-Verfahrens und, soweit erforderlich, eines anschließenden ICC-Schiedsgerichtverfahrens

'Die Parteien vereinbaren, im Falle von Streitigkeiten aus oder im Zusammenhang mit dem gegenwärtigen Vertrag, ein Streitbeilegungsverfahren nach den ICC-ADR-Regeln durchzuführen. Werden die Streitigkeiten nicht innerhalb einer Frist von 45 Tagen ab dem Tag des Einreichens des Antrags auf Durchführung eines ADR-Verfahrens oder innerhalb einer von den Parteien schriftlich abgeänderten Frist gemäß den ICC-ADR-Regeln beigelegt, werden diese Streitigkeiten nach der Schiedsgerichtsordnung der ICC von einem oder mehreren gemäß dieser Ordnung ernannten Schiedsrichtern endgültig entschieden.'

Standard-Schiedklausel der ICC

'Alle aus oder im Zusammenhang mit dem gegenwärtigen Vertrag sich ergebenden Streitigkeiten werden nach der Schiedsgerichtsordnung der Internationalen Handelskammer (ICC) von einem oder mehreren gemäß dieser Ordnung ernannten Schiedsrichtern endgültig entschieden.'

ADR-Regeln der internationalen Handelskammer (ICC)

Präambel

Die gütliche Beilegung von Streitigkeiten und Meinungsverschiedenheiten zwischen Wirtschaftspartnern stellt eine erstrebenswerte Lösung dar. Die gütliche Beilegung kann sowohl vor als auch während eines Gerichts- oder Schiedsgerichtsverfahrens durchgeführt werden und kann durch die Mitwirkung eines Dritten ('der Neutrale'), unter Anwendung einfacher Regeln, noch erleichtert werden.

Die Parteien können die Anwendung solcher Regeln bereits in ihrem ursprünglichen Vertrag vorsehen oder dies zu einem späteren Zeitpunkt nachholen.

Die Internationale Handelskammer ('ICC') stellt den Parteien zur gütlichen Beilegung ihrer Streitigkeiten die sogenannten ICC-ADR-Regeln zur Verfügung (die 'Regeln'), die es den Parteien ermöglichen, sich auf eine beliebige Streitbeilegungsmethode zu einigen, die ihrer Ansicht nach geeignet ist, den Streit beizulegen.

Sollten sich die Parteien nicht auf eine Streitbeilegungsmethode einigen, findet Mediation statt. Ohne selbst Teil der Regeln zu sein, erläutert der Leitfaden für ICC ADR diese sowie verschiedene Streitbeilegungsmethoden, die nach den Regeln benutzt werden können.

Artikel 1 Anwendungsbereich der ICC-ADR-Regeln

Sämtliche Wirtschaftsstreitigkeiten, nationaler wie internationaler Art, können durch ein ADR-Verfahren nach den vorliegenden Regeln beigelegt werden. Diese Regeln können durch Vereinbarung aller Parteien, vorbehaltlich der Zustimmung durch die ICC, abgeändert werden.

Artikel 2 Einleitung des ADR-Verfahrens

A – Bei Bestehen einer Vereinbarung über die Anwendung der Regeln:

1 Wenn die Parteien vereinbart haben, ihre Streitigkeiten den ICC-ADR-Regeln zu unterwerfen, muss jede Partei (müssen die Parteien), die ein ADR-Verfahren gemäß den Regeln einleiten möchte(n), einen schriftlichen Antrag an die ICC richten, der folgende Angaben enthalten muss:

a) Namen, Adressen, Telefon- und Faxnummern sowie e-mail Adressen der Streitparteien und, allenfalls, ihrer bevollmächtigten Vertreter;
b) eine Darstellung der Streitigkeit und, soweit möglich, eine Angabe des Streitwerts;
c) den gemeinsam von allen Parteien namhaft gemachten Neutralen; falls kein Neutraler nominiert wurde, eine Vereinbarung der Parteien über die Kriterien, die der von der ICC zu benennende Neutrale erfüllen muss;
d) eine Kopie der schriftlichen Vereinbarung, auf die sich der Antrag auf Durchführung eines ADR-Verfahrens stützt;
e) die Pauschalgebühr zur Einleitung eines ADR-Verfahrens, entsprechend der Kostentabelle im Anhang.

2 Wenn der Antrag auf Durchführung eines ADR-Verfahrens nicht von allen Parteien gestellt wird, hat (haben) die antragstellende(n) Partei(en) gleichzeitig ein Exemplar des Antrags an alle übrigen Parteien zu versenden.

Der antragstellenden Partei steht es frei, Angaben über die Kriterien, die der Neutrale erfüllen muss, zu machen, und/oder eine oder mehrere Personen vorzuschlagen, die von allen Parteien gemeinsam als Neutraler benannt werden könnte(n).

Im Anschluß haben die Parteien die Möglichkeit, gemeinsam einen Neutralen zu benennen oder Kriterien festzulegen, die der von der ICC zu benennende Neutrale erfüllen muss. In jedem Fall muss die ICC hierüber unverzüglich benachrichtigt werden.

3 Die ICC bestätigt den Parteien schriftlich und unverzüglich den Empfang des Antrags auf Durchführung eines ADR-Verfahrens.

B – In Ermangelung einer Vereinbarung über die Anwendung der Regeln:

1 Wenn die Parteien keine Vereinbarung getroffen haben, ihre Streitigkeiten den ICC-ADR-Regeln zu unterwerfen, muss jede Partei (müssen die Parteien), die ein ADR-Verfahren gemäß den Regeln einleiten möchte(n), einen schriftlichen Antrag an die ICC richten, der folgende Angaben enthalten muss:

a) Namen, Adressen, Telefon- und Faxnummern sowie e-mail Adressen der Streitparteien und, allenfalls, ihrer bevollmächtigten Vertreter;
b) eine Darstellung der Streitigkeit und, soweit möglich, eine Angabe des Streitwerts;
c) die Pauschalgebühr zur Einleitung eines ADR-Verfahrens, entsprechend der Kostentabelle im Anhang.

Im Antrag können Angaben über die Kriterien, die der Neutrale erfüllen muss, gemacht werden, und/oder eine oder mehrere Personen vorgeschlagen werden, die von allen Parteien gemeinsam als Neutraler benannt werden könnten.

2 Die ICC informiert die andere Partei unverzüglich schriftlich vom Vorliegen eines Antrags auf Durchführung eines ADR-Verfahrens und räumt ihr eine Frist von 15 Tagen ab Erhalt des Antrags ein, um der ICC schriftlich mitzuteilen, ob sie zur Teilnahme an einem ADR-Verfahren bereit ist. Stimmt die andere Partei einem ADR-Verfahren zu, steht es ihr frei, Angaben über Kriterien zu machen, die der Neutrale erfüllen muss, und/oder eine oder mehrere Personen vorzuschlagen, die von allen Parteien als Neutraler benannt werden könnten.

Im Anschluß haben die Parteien die Möglichkeit, gemeinsam einen Neutralen namhaft zu machen oder Kriterien festzulegen, die der von der ICC zu nominierende Neutrale erfüllen muss. In jedem Fall muss die ICC hierüber unverzüglich benachrichtigt werden.

Falls die andere Partei nicht innerhalb der 15-Tagesfrist antwortet oder falls sie ein Verfahren ablehnt, gilt der Antrag auf Durchführung eines ADR-Verfahrens als abgelehnt und es wird kein ADR-Verfahren eingeleitet. Die ICC informiert den oder die Antragsteller schriftlich und unverzüglich hierüber.

Artikel 3 Auswahl des Neutralen

1 Wenn ein Neutraler von allen Parteien gemeinsam nominiert wurde, nimmt die ICC dies zu Kenntnis und die namhaft gemachte Person, nachdem sie der ICC ihr Einverständnis erteilt hat, wird als Neutraler im ADR-Verfahren tätig. Wenn sich die Parteien nicht auf einen Neutralen einigen können oder falls der Neutrale sein Einverständnis nicht erteilt, hat die ICC über ein ICC-Nationalkomitee oder anderweitig einen Neutralen zu bestellen und die Parteien hiervon zu unterrichten. Die ICC hat alle angemessenen Anstrengungen zu unternehmen, um einen Neutralen zu bestellen, der die Kriterien erfüllt, auf die sich die Parteien geeinigt haben.

2 Jeder namhaft gemachte Neutrale muss der ICC umgehend einen Lebenslauf und eine Unabhängigkeitserklärung, jeweils datiert und von ihm unterzeichnet, zukommen lassen. In der Unabhängigkeitserklärung muss der namhaft gemachte Neutrale alle Tatsachen und Umstände offenlegen, die geeignet sein können, bei den Parteien Zweifel an seiner Unabhängigkeit entstehen zu lassen. Die ICC leitet diese Informationen schriftlich an die Parteien weiter.

3 Erhebt eine Partei gegen den von der ICC bestellten Neutralen innerhalb einer Frist von 15 Tagen ab Erhalt der Mitteilung seiner Ernennung Einwendungen, die mit einer Begründung versehen sind und der ICC und den anderen Parteien schriftlich zugestellt wurden, ist von der ICC eine andere Person als Neutraler zu bestellen.

4 Bei Einverständnis aller Parteien können nach diesen Regeln mehrere Neutrale von den Parteien benannt oder von der ICC bestellt werden. In geeigneten Fällen kann die ICC den Parteien die Bestellung mehrerer Neutraler vorschlagen.

Artikel 4 Kosten und Honorare

1 Jedem Antrag auf Durchführung eines ADR-Verfahrens ist der Nachweis über die erfolgte Bezahlung der nicht erstattbaren Pauschalgebühr, entsprechend der

Kostentabelle im Anhang, beizufügen. Ein Antrag auf Durchführung eines ADR-Verfahrens wird erst bearbeitet, wenn die Pauschalgebühr bezahlt worden ist.

2 Nach Erhalt eines Antrags auf Durchführung eines ADR-Verfahrens durch die ICC, werden die Parteien aufgefordert, einen Vorschuss zu bezahlen, der die voraussichtlichen ICC-Verwaltungskosten sowie das Honorar und die Auslagen des Neutralen für das ADR-Verfahren (entsprechend der Kostentabelle im Anhang) decken. Das ADR-Verfahren wird erst weiter geführt, wenn auch dieser Vorschuss bei der ICC eingegangen ist.

3 In Fällen, in denen die ICC davon ausgeht, dass der Vorschuss nicht ausreichen wird, die ADR Verfahrenskosten abzudecken, kann dieser Vorschuss nachträglich angepasst werden. Die ICC kann das ADR-Verfahren bis zum Erhalt entsprechender Zahlungen von den Parteien aussetzen.

4 Bei Beendigung des ADR-Verfahrens setzt die ICC die Verfahrenskosten fest und erstattet den Parteien etwaige Überzahlungen, oder fordert von den Parteien die restlichen unter diesen Regeln angefallenen Kosten ein.

5 Sämtliche Vorschüsse und Kosten werden von den Parteien je zur Hälfte getragen, es sei denn, es wurde schriftlich etwas anderes vereinbart. Es bleibt jedoch jeder Partei unbenommen, ausstehende Beträge an Stelle der säumigen Partei zu begleichen.

6 Alle anderen Auslagen einer Partei sind von dieser selbst zu tragen.

Artikel 5 Durchführung der ADR-Prozedur

1 Der Neutrale und die Parteien sind verpflichtet, unverzüglich über die im Verfahren anwendbare Streitbeilegungsmethode zu verhandeln, sich auf eine solche zu einigen und eine bestimmte ADR-Prozedur festzulegen.

2 Falls sich die Parteien auf keine Streitbeilegungsmethode einigen können, findet Mediation statt.

3 Der Neutrale leitet die Prozedur in der ihm geeignet erscheinenden Weise. In jedem Fall hat der Neutrale sich vom Gebot der Fairness, der Unparteilichkeit und den Wünschen der Parteien leiten zu lassen.

4 Der Neutrale hat die Verfahrenssprache (die Verfahrenssprachen) und einen Verhandlungsort festzulegen, falls sich die Parteien hierauf nicht einigen können.

5 Jede Partei ist zur gewissenhaften und aufrichtigen Zusammenarbeit mit dem Neutralen verpflichtet.

Artikel 6 Beendigung des ADR-Verfahrens

1 Die in Übereinstimmung mit den vorliegenden Regeln eingeleiteten ADR-Verfahren enden, sobald eines der nachfolgenden Ereignisse eintritt:

a) die Parteien erzielen eine gütliche Einigung, deren Unterzeichnung ihre Streitigkeit beendet;
b) die schriftliche Mitteilung durch eine oder mehrere Parteien an den Neutralen, nachdem eine Verhandlung gemäß Artikel 5(1) stattgefunden hat, dass das ADR-Verfahren nicht weiter betrieben werden soll;
c) die Beendigung der Prozedur nach Artikel 5 und die schriftliche Mitteilung des Neutralen hiervon an die Parteien;
d) die schriftliche Mitteilung des Neutralen an die Parteien, dass das ADR-Verfahren seiner Meinungnach den Streit zwischen den Parteien nicht beilegen kann;
e) der Ablauf einer für das ADR-Verfahren gesetzten Frist, falls diese nicht von den Parteien verlängert worden ist. Ein solcher Fristablauf ist den Parteien vom Neutralen schriftlich mitzuteilen;
f) die schriftliche Mitteilung durch die ICC an die Parteien und den Neutralen, frühestens 15 Tage nach Ablauf einer Zahlungsfrist für eine oder mehrere Parteien, in der die Nichtzahlung festgestellt wird; oder

g) die schriftliche Mitteilung durch die ICC an die Parteien, wonach, nach Auffassung der ICC, von den Parteien kein Neutraler namhaft gemacht werden konnte oder es der ICC bei Aufwendung angemessener Bemühungen nicht gelang, einen Neutralen zu ernennen.

2 Der Neutrale hat die ICC im Falle einer Beendigung des ADR-Verfahrens nach Artikel 6(1), (a)–(e) unverzüglich hiervon zu unterrichten und hat der ICC eine Kopie der in Artikel 6(1), (b)–(e) vorgesehenen Mitteilungen zukommen zu lassen. In jedem Fall wird die ICC die Beendigung des ADR-Verfahrens gegenüber den Parteien und dem Neutralen schriftlich bestätigen, sofern dieser bereits namhaft gemacht oder bestellt wurde.

Artikel 7 Allgemeine Vorschriften

1 Mangels anderweitiger Parteivereinbarung und soweit nicht vom anwendbaren Recht untersagt, ist das ADR-Verfahren, einschließlich seines Resultats, privat und vertraulich. Eine gütliche Einigung der Parteien muss ebenfalls vertraulich behandelt werden, mit der Ausnahme, dass eine Partei Dinge in dem Maße offen legen darf, wie dies nach dem anwendbaren Recht erforderlich ist oder dies zur Umsetzung bzw. Durchsetzung der Vereinbarung notwendig ist.

2 Falls nicht vom anwendbaren Recht vorgeschrieben und mangels anderweitiger Parteivereinbarung, dürfen in gerichtlichen, schiedsgerichtlichen oder ähnlichen Verfahren die nachstehend genannten Unterlagen und Umstände nicht als Beweis benutzt werden:

a) Dokumente, Stellungnahmen oder Mitteilungen, die im Zusammenhang mit dem ADR-Verfahren von der anderen Partei oder dem Neutralen eingebracht wurden, es sei denn, dass die Partei, die diese in Gerichts-, Schieds- oder ähnlichen Verfahren vorzulegen beabsichtigt, dazu unabhängig vom ADR-Verfahren in der Lage wäre;
b) Ansichten und Vorschläge, die von einer Partei im Rahmen des ADR-Verfahrens im Hinblick auf eine mögliche gütliche Einigung geäußert und/oder gemacht wurden;
c) Zugeständnisse die von einer anderen Partei im Rahmen des ADR-Verfahrens gemacht wurden;
d) Ansichten und Vorschläge, die vom Neutralen gemacht wurden; oder
e) die Tatsache, dass eine Partei im Rahmen des ADR-Verfahrens sich bereit erklärt hat, einen Vergleich abzuschließen.

3 Der Neutrale darf nicht als Richter, Schiedsrichter, Experte oder Parteivertreter und/oder Parteiberater in einem gerichtlichen, schiedsgerichtlichen oder ähnlichen Verfahren mitwirken oder mitgewirkt haben, welches den Gegenstand des ADR-Verfahrens betrifft bzw. betroffen hat, es sei denn, alle Parteien hätten dies schriftlich vereinbart.

4 Der Neutrale darf in gerichtlichen, schiedsgerichtlichen oder ähnlichen Verfahren in Bezug auf alle Bereiche des ADR-Verfahrens nicht als Zeuge aussagen, es sei denn, dies wäre vom anwendbaren Recht vorgeschrieben oder alle Parteien hätten dies schriftlich vereinbart.

5 Weder der Neutrale, noch die ICC und ihre Angestellten, noch die ICC-Nationalkomitees können von Dritten für Handlungen oder Unterlassungen im Zusammenhang mit dem ADR-Verfahren in Anspruch genommen werden.

Anhang ADR-Kostenübersicht

A. Mit jedem Antrag auf Durchführung eines ADR-Verfahrens muss eine Pauschalgebühr in Höhe von US$ 1500 zur Deckung der Kosten des Antragverfahrens geleistet werden. Die Bearbeitung des Antrags erfolgt erst bei Erhalt der Zahlung. Die Pauschalgebühr wird nicht rückerstattet.

B. Die ICC-Verwaltungskosten für das ADR-Verfahren werden von der ICC entsprechend dem Umfang der von der ICC ausgeübten Tätigkeiten festgesetzt. Die Verwaltungskosten betragen höchstens US$ 10000.

C. Das Honorar des Neutralen wird auf Grundlage eines angemessenen Zeitaufwands des Neutralen berechnet, wobei der Stundensatz von der ICC nach Rücksprache mit dem Neutralen und den Parteien festgesetzt wird. Der Stundensatz hat angemessen zu sein und wird unter Berücksichtigung der Schwierigkeit des Falles und anderer relevanter Kriterien festgesetzt. Angemessene Auslagen des Neutralen werden von der ICC festgesetzt.

D. An den Neutralen gezahlte Beträge enthalten keine Mehrwertsteuer oder andere Steuern oder Abgaben, die möglicherweise aufsein Honorar anfallen. Die Parteien sind verpflichtet, solche Steuern oder Abgaben zu tragen; die Erstattung solcher Steuern oder Abgaben ist jedoch ausschließlich eine Angelegenheit zwischen den Parteien und dem Neutralen.

b) ADR Rules in force as from 1 July 2001

Guide to ICC ADR

FOREWORD

ICC has over eight decades of experience in devising rules to govern and facilitate the conduct of international business. These include those designed to resolve the conflicts that inevitably arise in trading relations.

The ICC ADR Rules are the result of discussions between dispute resolution experts and representatives of the business community from seventy-five countries. Their purpose is to offer business partners a means of resolving disputes amicably, in the way best suited to their needs. A distinctive feature of these rules is the freedom the parties are given to choose the technique they consider most conducive to settlement. Failing agreement on the method to be adopted, the fallback shall be mediation.

As an amicable method of dispute resolution, ICC ADR should be distinguished from ICC arbitration. They are two alternative means of resolving disputes, although in certain circumstances they may be complementary. For instance, it is possible for parties to provide for ICC arbitration in the event of failure to reach an amicable settlement. Similarly, parties engaged in an arbitration may turn to ICC ADR if their dispute seems to Warrant a different, more consensual approach. The two services remain distinct, however, each administered by a separate secretariat based at ICC headquarters in Paris.

The ICC ADR Rules, which replace the 1988 ICC Rules of Optional Conciliation, may be used in domestic as well as international contexts.

SUGGESTED ICC ADR CLAUSES

OPTIONAL ADR

'The parties may at any time, without prejudice to any other proceedings, seek to settle any dispute arising out of or in connection with the present contract in accordance with the ICC ADR Rules.'

OBLIGATION TO CONSIDER ADR

',In the event of any dispute arising out of or in connection with the present contract, the parties agree in the first instance to discuss and consider submitting the matter to settlement proceedings under the ICC ADR Rules.'

OBLIGATION TO SUBMIT DISPUTE TO ADR WITH AN AUTOMATIC EXPIRATION MECHANISM

',In the event of any dispute arising out of or in connection with the present contract, the parties agree to submit the matter to settlement proceedings under the ICC ADR Rules. If the dispute has not been settled pursuant to the said Rules within 45 days following the fllingof a Request for ADR or within such other period as the parties may agree in writing, the parties shall have no further obligations under this paragraph.'

OBLIGATION TO SUBMIT DISPUTE TO ADR, FOLLOWED BY ICC ARBITRATION AS REQUIRED

'In the event of any dispute arising out of or in connection with the present contract, the parties agree to submit the matter to settlement proceedings under the ICC ADR Rules. If the dispute has not been setlled pursuant to the said Rules within 45 days following the filing of a Request for ADR or within such other period as the parties may agree in writing, such dispute shall be finally settled under the Rules of Arbitration of the International Chamber of Commerce by one or more arbitrators appointed in accordance with the said Rules of Arbitration.'

STANDARD ICC ARBITRATION CLAUSE

'All disputes arising out of or in connection with the present contract shall be finally settled under the Rules of Arbitration of the International Chamber of Commerce by one ormore arbitrators appointed in accordance with the said Rules.'

ICC ADR RULES

Preamble

Amicable setllement is a desirable solution for business disputes and differences. It can occur before or during the litigation or arbitration of a dispute and can often be fecilitated through die aid of a third party (the 'Neutral') acting in accordance with simple rules. The parties can agree to submit to such rules in their underlying contract or at any other time.

The International Chamber of Commerce ('ICC') sets out these amicable dispute resolution rules, entitled the ICC ADR Rules (die 'Rules'), which permit the parties to agree upon whatever setlement technique they believe to be appropriate to help them settle their dispute. In the absence of an agreement of the parties on a setllement technique, mediation shall be the setllement technique used under the Rules. The Guide to ICC ADR, which does not form part of the Rules, provides an explanation of the Rules and of various setllement techniques which can be used pursuant to the Rules.

Article 1 Scope of the ICC ADR Rules

All business disputes, whether or not of an international character, may be referred to ADR proceedings pursuant to these Rules. The provisions of these Rules may be modified by agreement of all of the parties, subjeet to the approval of ICC.

Article 2 Commencement of the ADR Proceedings

A Where there is an agreement to refer to the Rules

1 Where there is an agreement between the parties to refer their dispute to the ICC ADR Rules, any party or parties wishing to commence ADRproceedings pursuant to the Rules shall send to ICC a written Request for ADR, which shall include:
a) the names, addresses, telephone and facsimile numbers and e-mail addresses of the parties to the dispute and their authorized representatives, if any;
b) a description of the dispute including, if possible, an assessment of its value;
c) any joint designation by all of the parties of a Neutral or any agreement of all of the parties upon the qualifications of a Neutral to be appointed by ICC where no joint designation has been made;
d) a copy of any written agreement under which the Request for ADR is made; and
e) the registration fee of the ADR proceedings, as set out in the Appendix hereto.

2 Where the Request for ADR is not filed jointly by all of the parties, the party or parties filing the Request shall simultaneously send the Request to the other party or parties. Such Request may include any proposal regarding the qualifications of a Neutral or any proposal of one or more Neutrals to be designated by all of the parties. Thereafter, all of the parties may jointly designate a Neutral or may agree upon the qualifications of a Neutral to be appointed by ICC. In either case, the parties shall promptly notify ICC thereof.

3 ICC shall promptly acknowledge receipt of the Request for ADR in writing to the parties.

B Where there is no agreement to refer to the Rules

1 Where there is no agreement between the parties to refer their dispute to the ICC ADR Rules, any party or parties wishing to commence ADR proceedings pursuant to the Rules shall send to ICC a written Request for ADR, which shall include:
a) the names, addresses, telephone and facsimile numbers and e-mail addresses of the parties to the dispute and their authorized representatives, if any;
b) a description of the dispute including, if possible, an assessment of its value; and
c) the registration fee of the ADR proceedings, as set out in the Appendix hereto.

The Request for ADR may also include any proposal regarding the qualifications of a Neutral or any proposal of one or more Neutrals to be designated by all of the parties.

2 ICC shall promptly inform the other party or parties in writing of the Request for ADR. Such party or parties shall be asked to inform ICC in writing, within 15 days of receipt of the Request for ADR, as to whether they agree or decline to participate in the ADR proceedings. In the former case, they may provide any proposal regarding the qualifications of a Neutral and may propose one or more Neutrals to be designated by the parties. Thereafter, all of the parties may jointly designate a Neutral or may agree upon the qualifications of a Neutral to be appointed by ICC. In either case, the parties shall promptly notify ICC thereof.

In the absence of any reply within such 15-day period, or in the case of a negative reply, the Request for ADR shall be deemed to have been declined and ADR proceedings shall not be commenced. ICC shall promptly so inform in writing the party or parties which filed the Request for ADR.

Article 3 Selection of the Neutral

1 Where all of the parties have jointly designated a Neutral, ICC shall take note of that designation, and such person, upon notfying ICC of his or her agreement to serve, shall act as the Neutral in the ADR proceedings. Where a Neutral has not been designated by all of the parties, or where the designated Neutral does not agree to serve, ICC shall promptly appoint a Neutral, either through an ICC National Committee or otherwise, and notify the parties thereof. ICC shall make all reasonable efforts to appoint a Neutral having the qualifications, if any, which have been agreed upon by all of the parties.

2 Every prospective Neutral shall promptly provide ICC with a *curriculum vitae* and a Statement of independence, both duly signed and dated. The prospective Neutral shall disclose to ICC in the statement of independence any facts or circumstances which might be of such a nature as to call into question his or her independence in the eyes of the parties. ICC shall provide such Information to the parties in writing.

3 If any party objects to the Neutral appointed by ICC and notifies ICC and the other party or parties thereof in writing, stating the reasons for such objection, within 15 days of receipt of notification of the appointment, ICC shall prompdly appoint another Neutral.

4 Upon agreement of all of the parties, the parties may designate more than one Neutral or request ICC to appoint more than one Neutral, in accordance with the provisions of these Rules. In appropriate circumstances, ICC may propose the appointment of more than one Neutral to the parties.

Article 4 Fees and Costs

1 The party or parties filing a Request for ADR shall include with the Request a non-refundable registration fee, as set out in the Appendix hereto. No Request for ADR shall be processed unless accompanied by the requisite payment.

2 Following the receipt of a Request for ADR, ICC shall request the parties to pay a deposit in an amount likely to cover the administrative expenses of ICC and the fees and expenses of the Neutral for the ADR proceedings, as set out in the Appendix hereto. The ADR proceedings shall not go forward until payment of such deposit has been received by ICC.

3 In any case where ICC considers that the deposit is not likely to cover the total costs of the ADR proceedings, the amount of such deposit may be subject to readjustment. ICC may stay the ADR proceedings until the corresponding payments are made by the parties.

4 Upon termination of the ADR proceedings, ICC shall settle the total costs of the proceedings and shall, as the case may be, reimburse the parties for any excess payment or bill the parties for any balance required pursuant to these Rules.

5 All above deposits and costs shall be bome in equal shares by the parties, unless they agree otherwise in writing. However, any party shall be free to pay the unpaid balance of such deposits and costs should another party feil to pay its share.

6 A party's other expenditure shall remain the responsibility of that party.

Article 5 Conduct of the ADR Procedure

The Neutral and the parties shall promptly discuss, and seek to reach agreement upon, the setllement technique to be used, and shall discuss the specific ADR procedure to be followed.

2 In the absence of an agreement of the parties on the settlement technique to be used, mediation shall be used.

3 The Neutral shall conduct the procedure in such manner as the Neutral sees fit. In all cases the Neutral shall be guided by the principles of fairness and impartiality and by the wishes of the parties.

4 In the absence of an agreement of the parties, the Neutral shall determine the language or languages of the proceedings and the place of any meetings to be held.

5 Each party shall cooperate in good feith with the Neutral.

Article 6 Termination of the ADR Proceedings

1 ADR proceedings which have been commenced pursuant to these Rules shall terminate upon the earlier of:

a) the signing by the parties of a settlement agreement;
b) the notification in writing to the Neutral by one or more parties, at any time after the discussion referred to in Article 5(1) has occurred, of a decision no longer to pursue the ADR proceedings;
c) the completion of the procedure established pursuant to Article 5 and the notification in writing thereof by the Neutral to the parties;
d) the notification in writing by the Neutral to the parties that the ADR proceedings will not, in the Neutral's opinion, resolve the dispute between the parties;
e) the expiration of any time limit set for the ADR proceedings, if not extended by all of the parties, such expiration to be notified in writing by the Neutral to the parties;
f) the notification in writing by ICC to the parties and the Neutral, not less than 15 days after the due date for any payment by one or more parties pursuant to these Rules, stating that such payment has not been made or?
g) the notification in writing by ICC to the parties stating, in the judgment of ICC, that there has been a failure to designate a Neutral or that it has not been reasonably possible to appoint a Neutral.

2 The Neutral, upon any termination of the ADR proceedings pursuant to Article 6(1), (a)-(e), shall promptly notify ICC of the termination of the ADR proceedings and shall provide ICC with a copy of any notification referred to in Article 6(1), (b)-(e). Li all cases ICC shall confirm in writing the termination of the ADR proceedings to the parties and the Neutral, if a Neutral has already been designated or appointed.

Article 7 General Provisions

1 In the absence of any agreement of the parties to the contrary and unless prohibited by applicable law, the ADR proceedings, including their outcome, are private and confidential. Any settlement agreement between the parties shall similarly be kept confidential except that a party shall have the right to disclose it to the extent that such disclosure is required by applicable law or necessary for purposes of its implementation or enforcement.

2 Unless required to do so by applicable law and in the absence of any agreement of the parties to the contrary, a party shall not in any manner produce as evidence in any judicial, arbitration or similar proceedings:

a) any documents, statements or communications which are submitted by another party or by the Neutral in the ADR proceedings, unless they can be obtained independently by the party seeking to produce them in the judicial, arbitration or similar proceedings;
b) any views expressed or suggestions made by any party within the ADR proceedings with regard to the possible setllement of the dispute;
c) any admissions made by another party within the ADR proceedings;
d) any views or proposals put forward by the Neutral;
or
e) the fact that any party had indicated within the ADR proceedings that it was ready to accept a proposal for a settlement.

3 Unless all of the parties agree otherwise in writing, a Neutral shall not act nor shall have acted in any judicial, arbitration or similar proceedings relating to the dispute which is or was the subject of the ADR proceedings, whether as a judge, as an arbitrator, as an expert or as a representative or advisor of a party.

4 The Neutral, unless required by applicable law or unless all of the parties agree otherwise in writing, shall not give testimony in any judicial, arbitration or similar proceedings concerning any aspect of the ADR proceedings.

5 Neither the Neutral, nor ICC and its employees, nor the ICC National Committees shall be liable to any person for any act or omission in connection with the ADR proceedings.

APPENDIX SCHEDULE OF ADR COSTS

A

The party or parties filing a Request for ADR shall include with the Request a non-refundable registration fee of US$ 1,500 to cover the costs of processing the Request for ADR. No Request for ADR shall be processed unless accompanied by the requisite payment.

B

The administrative expenses of ICC for the ADR proceedings shall be fixed at ICC's discretion depending on the tasks carried out by ICC. Such administrative expenses shall not exceed the maximum sum of US$ 10,000.

C

The fees of the Neutral shall be caiculated on the basis of the time reasonably spent by the Neutral in the ADR proceedings, at an hourly rate fixed for such proceedings by ICC in consultation with the Neutral and the parties. Such hourly rate shall be reasonable in amount and shall be determined in light of the complexity of the dispute and any other relevant circumstances. The amount of reasonable expenses of the Neutral shall be fixed by ICC.

D

Amounts paid to the Neutral do not include any possible value added taxes (VAT) or other taxes or charges and imposts applicable to the Neutral's fees. Parties have a duty to pay any such taxes or charges; however, the recovery of any such taxes or charges is a matter solely between the Neutral and the parties.

GUIDE TO ICC ADR

PART 1 INTRODUCTION

The International Chamber of Commerce has issued the ICC ADR Rules (the 'Rules') for the use of parties who wish to settle their disputes or differences amicably with the assistance of a third party, the Neutral, within an institutional framework. It is because of the amicable nature of ICC ADR that ICC has chosen to refer to 'ADR' as ',amicable dispute resolution' rather than ,alternative dispute resolution', which has been more commonly used in the past. 'ADR', as used by ICC, therefore does not include arbitration but only proceedings which do not result in a decision or award of the Neutral which can be enforced at law.

The Rules replace the ICC Rules of Optional Conciliation in force as from 1 January 1988. Thus, upon receipt by ICC of any request for conciliation based upon the old conciliation rules, ICC will ask the parties to reformulate their Request in accordance with the new Rules.

Characteristics of ICC ADR

The essential characteristics of ICC ADR are the following:

1) ICC ADR proceedings are flexible and party-controlled to the greatest extent possible.
2) ADR proceedings under the Rules are intended to be rapid and therefore relatively in expensive. They permit the parties to seek an amicable solution to their disputes using a minimum of time and resources.
3) ICC ADR proceedings allow the parties themselves to choose whichever settlement technique is best suited to help them resolve their particular dispute with the assistance of an experienced Neutral. In the absence of an agreement of the parties upon a settlement technique, mediation will be used. The proceedings can lead to a settlement agreement between the parties which ends their dispute and is binding upon them in accordance with the law that applies to that agreement. The outcome of the ICC ADR proceedings can also be, for example, a non-binding opinion or evaluation of the Neutral, if neutral evaluation is the chosen settlement technique.
4) ICC ADR proceedings are confidential. The Rules put in place maximum safeguards to that effect.

ICC ADR thus differs from arbitration and judicial proceedings in that ICC ADR does not lead to a decision or award which can be enforced at law. In reality, however, ICC ADR and arbitration are complementary. If the parties do not succeed in resolving their dispute through ICC ADR, they can refer it to arbitration. Moreover, ICC ADR proceedings can occur during the course of an arbitration.

In addition, the parties are free to agree in writing that they will comply with a recommendation or decision of the Neutral, even though it is itself unenforceable. In that case their agreement is binding upon them in accordance with the law applicable to that agreement.

Finally, it should be noted that the Rules also apply to multiparty disputes.

Overview of the Rules

ICC ADR proceedings, as that term is used in the Rules, refer to the entire ICC ADR process from the filing of the Request for ADR until the ADR's termination. Before ICC ADR proceedings can take place, the parties must agree to submit their dispute to the Rules. Such agreement can occur:

- in a prior agreement of the parties to submit their disputes to the Rules, either in their underlying contract or in a later agreement; or
- through a Request for ADR submitted by one party to ICC and accepted by the other party.

In all cases, a Request for ADR must be submitted to ICC.

The Neutral is selected, either by designation by all of the parties, or by appointment by ICC. In the latter case, the parties may agree upon any desired qualifications or attributes of the Neutral to be appointed, and ICC will make all reasonable efforts to appoint a Neutral having those characteristics. ICC can also take into consideration the suggestions of any party concerning the qualifications or attributes of the Neutral to be appointed.

The ADR procedure, as that term is used in the Rules, is a part of the proceedings and consists of the operational phase of the ICC ADR during which the Neutral provides his or her assistance. It begins with a discussion among the Neutral and the parties in order to determine the ADR settlement technique to be used and the specific procedure to be followed. The Rules enable the parties to choose the ADR settlement technique which they believe to be the most appropriate for their dispute. In the absence of such a choice, mediation, the most common ADR technique, will be used (see the discussion of Article 5 below).

The Rules provide for the different ways in which the ICC ADR proceedings can terminate (see the discussion of Article 6 below). In particular, any party can terminate the ICC ADR proceedings at any time after the discussion with the Neutral provided for in Article 5 (1).

The cost of the ICC ADR is composed of three elements: ICC administrative expenses, which have an established ceiling; the fees of the Neutral, which are fixed on the basis of an hourly rate set by ICC in consultation with the Neutral and the parties; and the reasonable expenses of the Neutral, which are fixed by ICC.

Finally the Rules contain provisions establishing the confidentiality of the ICC ADR proceedings (see the discussion of Article 7 below).

This Guide is intended to be a brief commentary on the Rules, in simple language, for the benefit of users of ICC ADR. An article-by-article analysis of the Rules is provided below as well as a brief explanation of the four alternative clauses suggested by ICC for inclusion by parties in their contracts.

PART 2 ANALYSIS OFTHE ICC ADR RULES

Preamble

The preamble concisely summarizes certain aspects of the Rules discüssed above. It provides that the Rules are intended for paities seeking an amicable settlement of their ',disputes and differences'. This means that the Rules can be used not only for the settlement of disputes which could be litigated in arbitration or in national courts, but also for simple disagreements concerning, for example, the interpretation of a contractual provision. It should be noted that, throughout the body of the Rules, the term 'disputes' should be understood as including 'differences' as well.

Finally, the preamble makes reference to this Guide, indicating that it does not form a part of the Rules.

Article 1 Scope of the ICC ADR Rules

The Rules apply exclusively to business disputes. This means, for example, that they cannot be used for the resolution of family or labour disputes. They can be used for international as well as domestic business disputes.

In the spirit of ICC ADR, which seeks to maximize party control of the proceedings, Article 1 permits the parties to modify the Rules by common agreement subject to the approval of ICC, whose consent is necessary in order to uphold the integrity of the Rules.

Article 2 Commencement of the ADR Proeeedings

An agreement of the parties to submit to the Rules is a prerequisite to the commencement of ICC ADR proceedings. Such an agreement can result from:

- an ICC ADR clause in the underlying contract between the parties;
- in the absence of such a clause, a subsequent agreement of the parties in writing, at any time they desire, to seek an amicable settlement of their dispute under the Rules; or
- in the absence of any prior agreement, the Request for ADR filed with ICC by a party who wishes to submit the dispute to the Rules, followed by the agreement of the other party to participate in the ICC ADR proceedings.

The ICC ADR proceedings are commenced pursuant to Article 2.A in the first two cases and pursuant to Article 2.B in the third. In all cases, the first step in ICC ADR proceedings is the Submission to ICC, either jointly or unilaterally, of a written Request for ADR.

Article 2.A Where there is an agreement to refer to the Rules

Given the amicable nature of ICC ADR, when the parties have agreed to submit their dispute to the Rules, the most appropriate manner to begin the proceedings is for the parties to file a joint Request for ADR. However, when such a joint Request is not made, any party may unilaterally file with ICC a Request for ADR, a copy of which should be addressed to the other party.

When there is an agreement to submit the dispute to the Rules, the parties may not withdraw from the proceedings prior to the first discussion with the Neutral, as provided for in Article 5(1). This provision preserves the parties' intention to agree to ICC ADR, by obligating them to evaluate the potential of the ICC ADR proceedings together with the Neutral.

The written Request for ADR should be filed by mail, fax or e-mail and addressed to:

International Chamber of Commerce
ICC Dispute Resolution Services -ADR
38, Cours Albert 1er
75008 Paris – France
Fax: +33 1 49 53 29 29
E-mail: adr@iccwbo.org

The description of the dispute in the Request should be very succinct and limited to matters allowing:

(i) the Neutral to obtain sufficient information to determine his or her ability to act in the particular ICC ADR proceedings and usefully to prepare for the discussion with the parties provided for in Article 5(1);
(ii) ICC, if it is called upon to appoint the Neutral, to determine the appropriate profile of the Neutral to be appointed; and
(iii) the other party, when the Request for ADR is filed unilaterally, to understand the nature of the dispute.

The Rules do not prevent a party from requesting or proposing the settlement technique which it believes to be the most appropriate for the resolution of the dispute.

In light of the amicable nature of the proceedings, it is preferable that the parties jointly designate the Neutral; however, if they cannot or do not wish to do so, it remains desirable for them to agree upon the qualifications or attributes of the Neutral to be appointed by ICC. In any event, ICC is available to the parties if they desire it to select the Neutral.

Article 2.A(2) contains provisions that are applicable when the Request is not jointly filed by the parties. In that case, and consistent with the pre-existing agreement of the parties, the party filing its Request with ICC must simultaneously send a copy to the other party. Article 2.A(2) also allows the parties jointly to designate the Neutral or agree upon the desired qualiflcations or attributes of the Neutral to be appointed by ICC.

Article 2.B When there is no agreement to refer to the Rules

Article 2.B is a modified version of Article 2.A to cover the situation in which there is no prior agreement of the parties to refer to the Rules.

In such cases, a party unilaterally files a Request for ADR pursuant to Article 2.B. ICC sends it to the other party, which party can accept or decline to participate in the ICC ADR proceedings. If it declines to participate, or does not respond to the Request within 15 days, the proceedings shall not be commenced. If it accepts to participate in the ICC ADR proceedings, the participation of the parties therein is obligatory, as under Article 2.A, and neither party may withdraw from the proceedings prior to the first discussion with the Neutral provided for in Article 5(1).

Article 2.B provides for a mechanism which allows the parties joindly to designate a Neutral or agree upon the qualifications or attributes of the Neutral to be appointed by ICC.

Article 3 Selection of the Neutral

The success of ICC ADR proceedings depends in large part upon the abilities of the Neutral.

The parties should seek to ensure that the Neutral:

- has the professional capabilities and experience needed to understand the various aspects of the dispute between the parties;
- has the human qualities needed to create an atmosphere of trust between the parties and encourage constructive discussions.

According to Article 3, the Neutral can be selected in the following ways:

- by joint designation by all of the parties;
- by agreement of the parties on the qualifications or attributes of the Neutral and appointment of the Neutral by ICC;
- by appointment by ICC when there is no joint designation by the parties or agreement of the parties concerning the qualifications or attributes of the Neutral;
- by appointment by ICC when the Neutral designated by the parties does not accept his or her mission.

Neutrals designated by the parties are not approved or appointed by ICC. ICC simply takes note of the parties' choice of the Neutral.

Every prospective Neutral, whether designated by the parties or appointed by ICC, must file a *curriculum vitae* and declaration of independence with ICC, prior to the taking effect of his or her designation or appointment.

ICC must transmit those documents to the parties in accordance with Article 3(2). It is desirable that parties who jointly designate the Neutral also verify that the Neutral has the necessary qualifications or attributes.

ICC carefully verifies the independence of each Neutral that it appoints. Any such Neutral must remain independent of the parties from the time of the Neutral's appointment until the termination of his or her duties. The parties may designate by common agreement a non-independent Neutral, so long as their choice has been made in full knowledge of the facts and, in particular, in light of the declaration filed by the Neutral before the designation takes effect.

In order to ensure the rapid appointment of the best qualified Neutral, ICC may appoint the Neutral directly or may do so after consulting a National Committee.

In accordance with Article 3(3) any party may object to a Neutral appointed by ICC within 15 days from the date of receipt of the notification of the Neutral's appointment. A party who so objects must state the reason for the objection. If the parties do not have an objection and if they wish to accelerate the process, it is in their interest to notify ICC of the absence of any objection as soon as possible. This will permit the Neutral to commence the procedure rapidly, provided that the deposit referred to in Article 4(2) has been paid.

Article 3(4) allows the parties to designate more than one Neutral and ICC to propose that more than one Neutral be appointed. It may indeed be appropriate, depending upon the situation, to have more than one Neutral in the ICC ADR proceedings. For example, the Neutrais can have different professional backgrounds and thus complement each other, which may lead to a more rapid and effective setllement of the dispute.

Article 4 Fees and Costs

The cost of the ICC ADR proceedings comprises (i) ICC administrative expenses and (ii) the remuneration of the Neutral.

ICC administrative expenses comprise the following:

- a non-refundable registration fee accompanying the Request for ADR in the amount of US$ 1,500 (see Article 4(1) and Appendix, § A);
- administrative expenses capped at a maximum of US$ 10,000 (see Article 4(2) and Appendix, § B).

The remuneration of the Neutral is calculated as follows:

- fees based upon an hourly rate fixed by ICC in consultation with the Neutral and the parties (see Article 4(2) and Appendix, § C);
- reasonable expenses fixed by ICC (see Article 4(2) and Appendix, § C).

This System permits ICC to control the cost of the ICC ADR proceedings and to ensure compliance with any established deadlines. Moreover, it saves the parties having to discuss fees directly with the Neutral.

It should be noted that, in accordance with Article 4(2), ICC ADR proceedings will not go forward until payment of the deposit has been received.

Article 4(3), which concerns readjustment of the initial deposit, must be read togetherwith the Appendix, § C. Readjustments are typically based on the time spent by the Neutral.

Given the consensual nature of ICC ADR, the parties bear the costs equally, unless they agree otherwise.

Article 5 Conduct of the ADR Procedure

Article 5(1) provides that after the Neutral has been selected and the provisions of Article 4 have been complied with, a first discussion must rapidly take place between the Neutral and the parties in order (i) to seek an agreement on the settlement technique to be used for the resolution of the dispute and (ii) to define the specific procedure to be followed.

While it is usually preferable that the discussion take place via a meeting among the parties and the Neutral, it can also occur via telephone Conference, videoconference, or any other suitable means.

A wide range of ADR setllement techniques can be used pursuant to these Rules. It should be noted, however, that Dispute Review Boards (DRBs) and Dispute Adjudication Boards (DABs) are typically established through extensive contractual provisions which contain the rules to be followed for those proceedings. Thus, in principle, the Rules are not conceived for use in connection with DRBs or DABs. The ADR settlement techniques that can be used under the Rules include the following:
(1) mediation;
(2) neutral evaluation;
(3) mini-trial;
(4) any other settlement technique; or
(5) a combination of setllement techniques.

The above list is, by its very nature, neither limiting nor exhaustive. It is important, however, that the parties have the same approach to the settlement technique to be used.

1) Mediation

For purposes of the Rules, mediation is the settlement technique in which the Neutral acts as a facilitator to help the parties try to arrive at a negotiated settlement of their dispute. The Neutral is not requested to provide any opinion as to the merits of the dispute.

To facilitate an amicable settlement, the Neutral generally holds joint meetings with all of the parties present and may also hold separate meetings, often called caucuses, with each of the parties alone. These meetings permit the Neutral to create an atmosphere appropriate for negotiations, obtain useful information, identify the interests of each party and help the parties find common ground for the resolution of their dispute. Any oral Statements or written documents provided to the Neutral by one party during a separate meeting or otherwise will not be conveyed to the other party unless the first party has explicitly authorized the Neutral to do so.

2) Neutral evaluation

In accordance with this settlement technique, the parties ask the Neutral to provide a non-binding opinion or evaluation concerning one or more matters, such as:
- an issue of fact;
- a technical issue of any kind;
- an issue of law;
- an issue concerning the application of the law to the facts;
- an issue concerning the interpretation of a contractual provision;
- an issue concerning the modification of a contract.

3) Mini-trial

Mini-trial is the settlement technique in which a panel is constituted comprising the Neutral, as a facilitator, and a manager of each of the parties to the dispute. Each manager should in principle have the authority to bind the party which selected him or her and should not have been directly involved in the dispute. Each party presents its position to the panel in a concise and brief manner, after which, depending upon the Situation, the panel seeks a solution acceptable to all of the parties or expresses an opinion on the positions of each side.

4) Any other settlement technique

The parties, in consultation with the Neutral and within the framework of Article 5(1), may agree upon any appropriate ADR settlement technique that would help them resolve their dispute amicably.

5) Combination of settlement techniques

It may be useful to conduct ICC ADR proceedings using a combination of settlement techniques. For example, the Neutral could be asked to give his or her opinion on a specific issue in the course of a mediation.

Regardless of the settlement technique chosen, the Neutral cannot bind the parties. However, the parties may agree contractually to abide by the Neutral's opinion, evaluation or recommendation.

During the first discussion, the parties should also seek to agree upon the most appropriate procedure to be followed. The specific procedure can include any of the following elements:
- procedural, calendar;
- exchange of documents;
- production of memoranda;
- identification of persons taking part in the proceedings;
- meetings between the parties and the Neutral;
- other means to ensure the smooth execution of the procedure.

It should be recalled that the term ‚proceedings' covers the entire ICC ADR process which includes the specific procedure described above.

Article 5(2) provides that if the parties cannot agree upon an ADR settlement technique, mediation will be used. While Article 5(1) allows the parties themselves to select the most appropriate settlement technique, the mediation fallback provision in Article 5(2) fills the gap when the parties do not agree on another technique.

Article 5(3) provides that the Neutral, in conducting the procedure, must take into account the wishes of the parties -which is of fundamental importance given the consensual nature of ICC ADR – while being guided by principles of fairness and impartiality.

Article 5(4) stipulates that, in the absence of an agreement by the parties, the Neutral chooses the appropriate language(s) and the place of any meetings to be held.

To encourage Cooperation and the smooth running of the proceedings, Article 5(5) emphasizes that the parties must exercise good faith in their interactions with the Neutral.

Article 6 Termination of the ADR Proceedings

Article 6 lists the events that terminate ICC ADR proceedings which were commenced in accordance with theRules:

a) The signing by the parties of a settlement agreement which puts an end to their dispute.
   Such an agreement is binding upon the parties in accordance with applicable law, which may be chosen by the parties in the agreement.

b) Written notification to the Neutral by one or more of the parties that it does not wish to pursue the ICC ADR proceedings; it should be noted that this notification can be made only after the first discussion among the parties and the Neutral pursuant to Article 5(1).
   The Obligation to participate in the first discussion stems from the agreement of the parties to submit their dispute to the Rules. Since ICC ADR proceedings are amicable and consensual, each party has the right to terminate them after the first discussion provided for in Article 5(1). The provision making this discussion obligatory is designed to ensure that the ICC ADR will have the maximum chance of success. Indeed, it is difficult for the parties to evaluate the füll potentiality of the procedure, without this first discussion with the Neutral.

c) Written notification by the Neutral to the parties that the procedure which was agreed upon during the first discussion or thereafter has been completed.
This provision deals with the case in which the ICC ADR proceedings do not result in the signature of a settlement agreement between the parties. For example, if the parties have simply agreed to obtain an opinion from the Neutral pursuant to a neutral evaluation, the ICC ADR proceedings will end upon the Neutral's presentation of that opinion and the Neutral's written notification thereof.

d) Written notification by the neutral to the parties that, in his or her opinion, the ICC ADR proceedings will not result in an amicable resolution of the dispute between the parties.
This provision allows the Neutral to end the proceedings at any time, if the Neutral considers that it is not possible for the parties to arrive at an amicable resolution of their dispute within the ICC ADR proceedings.

e) The expiration of any time period set for the ICC ADR proceedings,
The parties can agree in their underlying contract or in a later agreement that the ICC ADR proceedings will terminate at the end of a fixed period of time. It can be very useful to limit the duration of the proceedings. It permits the parties to know with certainty when the proceedings will end and encourages their rapidity. The parties may of course extend the deadline if they wish to continue the procedure. At the end of the time period, the proceedings come to an end, and the Neutral notifies the parties thereof.

f) Written notification by ICC that payments due by one or more parties pursuant to the Rules have not been made. This provision can be applied when the parties do not comply with their obligations under Article 4 of the Rules. ICC may not terminate the proceedings under this provision until at least 15 days after the due date of the payment in question.

g) Written notification by ICC that, in its opinion, (i) the designation of the Neutral was not possible or (ii) it was not reasonably possible to appoint a Neutral.
This provision can be applied, for example, if one of the parties continually objects to the Neutrals appointed by ICC.

Article 6(2) also assures that ICC, the Neutral and the parties are effectively notified of the termination of the proceedings. It stipulates that the Neutral must inform ICC when the proceedings have ended pursuant to Article 6(1), (a) to (e). The Neutral must also provide ICC with copies of the notifications made by him or her or by one or more of the parties pursuant to Article 6(1), (b) to (e). It should be noted that any settlement agreement between the parties, as referred to in Article 6(1), (a), is never communicated to ICC, in order to preserve its confidentiality.

Article 7 General Provisions

Confidentiality is an important, if not essential, aspect of ICC ADR proceedings and permits the parties to participate therein with complete confidence. Thus, Article 7 sets out the general rule that the ICC ADR proceedings and related materials are confidential.

Article 7(1) provides that ICC ADR proceedings are private and confidential, starting from the filing of the Request for ADR. Only two exceptions are provided. First, the parties may agree that all or part of the proceedings will not be confidential, and, second, a party may disclose any given dement of the ICC ADR proceedings if it is required to do so by applicable law. Any settlement agreement between the parties must also remain confidential, subject to the same two exceptions mentioned above. In addition, a party may disclose the settlement agreement if such disclosure is required for its implementation or enforcement.

Article 7(2), in application of the general rule established in Article 7(1), contains a list of what a party may not produce, relative to ICC ADR proceedings, as an dement of proof in judicial, arbitral, or similar proceedings. As under Article 7(1), the parties may agree to waive this confidentiality obligation. In addition, a party will not be bound by this Obligation insofar as applicable law requires it to produce one or more of the listed elements.

Article 7(3) deals with whether the Neutral may act as a judge, arbitrator, expert or representative of a party in other proceedings related to the dispute submitted to the ICC ADR proceedings. It provides that it is entirely permissible for a Neutral to act in such capacities if all of the parties to the ICC ADR proceedings agree thereto in writing. However, it is not permissible without such an agreement.

Article 7(4) forbids the Neutral to act as a witness in any other proceedings related to the dispute submitted to the ICC ADR proceedings, unless all of the parties agree otherwise or applicable law requires him or her to do so. This article once again is designed to ensure the confidentiality of the ICC ADR proceedings.

Article 7(5) excludes the liability of ICC, its personnel and the ICC National Committees for any act or omission in connection with the ICC ADR proceedings. This provision is similar to Article 34 of the ICC Rules ofArbitration.

PART 3

ANALYSIS OF THE SUGGESTED ICC ADR CLAUSES

Four alternative ICC ADR clauses which may be inserted by parties in their contracts are annexed to the Rules. They do not constitute model clauses but simply suggestions that can be adapted to the needs of the parties. The parties and their counsel are invited to evaluate their enforceability under the law applicable to the contract. The four clauses are presented in Order of increasing obligations on the parties to submit to ICC ADR

The first clause provides simply for the possibility, without any obligation, for the parties to submit their dispute to the Rules. It is therefore purely optional. It is designed to encourage Submission to ICC ADR and to provide a basis for one party to propose ICC ADR to the other.

The second clause obligates the parties to consider submitting their dispute to the Rules. This clause is therefore not purely optional. It requires the parties to discuss the possibility of commencing ICC ADR proceedings. However, the parties retain the right not to do so after their discussion.

The third clause obligates the parties to submit to the Rules any dispute arising in connection with their underlying contract. The clause further provides that after 45 days froni the filing of the Request for ADR the parties are no longer obligated to continue the ICC ADR. This time period can be extended by the written agreement of the parties. It is indeed important to provide an automatic expiration mechanism for ADR proceedings in an ADR clause of this type. It allows the parties to know precisely when they are no longer obligated to continue the proceedings. The parties are of course expected to apply this clause in good faith. The clause does not provide for another dispute resolution mechanism in case the ICC ADR feils to resolve the dispute. In that case, the parties are free to agree to submit their dispute to arbitration, or a party may bring an action before a competent court.

The fourth clause is identical to the third, except that it expressly provides that the dispute will be submitted to ICC arbitration if it has not been resolved within 45 days after the filing of the Request for ADR, unless such time period has been extended. In that case, it is up to the claimant to file a Request for Arbitration with the

Secretariat of the ICC International Court of Arbitration in accordance with the ICC Rules of Arbitration.

THE INTERNATIONAL CHAMBER OF COMMERCE

ICC is the world business organization, a representative body that speaks with authority on behalf of enterprises from all sectors in every part of the world.

The fundamental mission of ICC is to promote trade and investment across frontiers and help business corporations meet the challenges and opportunities of globalization. Its conviction that trade is a powerful force for peace and prosperity dates from the organization's origins early in the last century. The small group of far-sighted business leaders who founded ICC called themselves 'merchants of peace'.

Because its member companies and associations are themselves engaged in international business, ICC has unrivalled authority in making rules that govern the conduct of business across borders. Although these rules are voluntary, they are observed in countless thousands of transactions every day and have become part of the fabric of international trade.

ICC also provides essential Services, foremost among them the ICC International Court of Arbitration, the world's leading arbitral institution. Another service is the World Chambers Federation, ICC's worldwide network of Chambers of commerce, fostering interaction and exchange of chamber best practice.

Within a year of the creation of the United Nations, ICC was granted consultative status at the highest level with the UN and its specialized agencies.

Business leaders and experts drawn from ICC's membership establish the business stance on broad issues of trade and investment policy as well as on vital technical and sectoral subjects. These include financial services, information technologies, telecommunications, marketing ethics, the environment, transportation, competition law and intellectual property, among others.

ICC was founded in 1919. Today it groups thousands. of member companies and associations from over 130 countries. National committees work with their members to address the concerns of business in their countries and convey to their governments the business views formulated by ICC.

www.iccwbo.org

ICC NATIONAL COMMITTEES AND GROUPS

	Founded		*Founded*
Algeria	2000	Chinese Taipei	1966
Argentina	1947	Colombia	1961
Australia	1927	Costa Rica	2002
Austria	1921	Croatia	2003
Bahrain	1999	Cuba	2000
Bangladesh	1994	Cyprus	1980
Belgium	1920	Czech Republic	1999
Brazil	1967	Denmark	1920
Burkino Faso	1976	Dominican Republic	2005
Cameroon	1981	Ecuador	1987
Canada	1945	Egypt	1974
Caribbean	1999	El Salvador	2003
Chile	1993	Finland	1927
China	1994	France	1920

	Founded		Founded
Georgia	2002	Pakistan	1955
Germany	1925	Panama	2003
Ghana	1999	Philippines	1998
Greece	1926	Poland	1999
Guatemala	2005	Portugal	1934
Hong Kong, China	1998	Qatar	2001
Hungaiy	1996	Romania	2001
Iceland	1983	Russia	2000
India	1929	Saudi Arabia	1975
Indonesia	1955	Senegal	1975
Iran	1963	Serbia & Montenegro	1927
Ireland	1979	Singapore	1978
Israel	1959	Slovakia	2000
Italy	1920	Slovenia	2001
Japan	1923	South Africa	1958
Jordan	1975	Spain	1922
Korea	1959	Sri Lanka	1955
Kuwait	1978	Sweden	1921
Lebanon	1973	Switzerland	1922
Lithuania	1994	Syria	1988
Luxembourg	1921	Tanzania	2000
Madagascar	2004	Thailand	1999
Malaysia	2003	Togo	1977
Mexico	1945	Tunisia	1974
Monaco	2001	Turkey	1934
Morocco	1957	Ukraine	1998
Nepal	2001	United Arab Emirates	2003
Netherlands	1921	United Kingdom	1920
New Zealand	1998	United States	1920
Nigeria	1979	Uruguay	1952
Norway	1922	Venezuela	1939

c) Dispute Board Rules in force as from 1 September 2004

with

- Standard ICC Dispute Board Clauses
- Model Dispute Board Member Agreement

FOREWORD

ICC has always aimed to provide the international business Community with dispute resolution services adapted to its various needs. These include arbitration, ADR, expertise and, most recently, a service for establishing and using Dispute Boards. Each of these Services has its own characteristics and utility. It is up to the parties to determine which of them – or which combination of them – is best suited to their particular needs.

Arbitration is the only one which results in an award by a tribunal that is enforceable at law. Determinations made by Dispute Boards are not enforceable at law as such, although they may become contractually binding on the parties as described below. Hence, Dispute Board members do not act as arbitrators.

ADR is primarily intended to help parties arrive at a settlement agreement in relation to a particular dispute. Unlike Dispute Boards, which are standing bodies set up to deal with disputes as they arise, ADR is designed to deal with disputes on a one-off basis. ADR proceedings are administered by ICC under its ADR Rules.

The purpose of expertise proceedings is to provide parties with an expert's report on a particular issue. These proceedings are administered by ICC pursuant to its Rules for Expertise.

WHAT ARE DISPUTE BOARDS?

Dispute Boards (DBs) are normally set up at the outset of a contract and remain in place and are remunerated throughout its duration. Comprising one or three members thoroughly acquainted with the contract and its Performance, the DB informally assists the parties, if they so desire, in resolving disagreements arising in the course of the contract and it makes recommendations or decisions regarding disputes referred to it by any of the parties. DBs have become a standard dispute resolution mechanism for contractual disputes arising in the course of mid- or long-term contracts.

ICC DISPUTE BOARD DOCUMENTS

ICC offers the international businesses community a set of documents providing a comprehensive and flexible framework for establishing and operating DBs in a Wide ränge of contracts in different industries. These documents comprise the ICC Dispute Board Rules, the ICC Model Dispute Board Member Agreement and the Standard ICC Dispute Board Clauses.

The Rules are designed to govern the Dispute Board proceedings.

The Dispute Board Member Agreement Covers such matters as the DB member's undertaking, the remuneration to be paid to the DB member and the duration of the agreement. The parties and the DB members are, of course, free to add to or modify the model as they may all agree. They should verify the enforceability of the agreement under applicable law and should also ensure compliance with any requirements necessary for the enforceability of the agreement.

The Standard ICC Dispute Board Clauses consist of three alternatives, each providing for a different type of Dispute Board, followed by arbitration as the ultimate recourse if a dispute is not resolved through the Dispute Board. The parties may choose whichever kind of Dispute Board is most appropriate, given the nature of their contract and their relationship. ICC does not favour any one type of DB over the others. When incorporating one of the clauses in their contract, parties are advised to verify its enforceability under applicable law.

TYPES OF DISPUTE BOARDS

The three alternative types of Dispute Board available to parties under the ICC DB Rules are as follows:

- **Dispute Review Board ('DRB')**

  The DRB issues 'Recommendations' with respect to any dispute referred to it and constitutes a relatively consensual approach to dispute resolution. If no party expresses dissatisfaction with a Recommendation within a stated time period, the parties contractually agree to comply with the Recommendation. If a party does express dissatisfaction with the Recommendation within such time period, that party may submit the entire dispute to arbitration, if the parties have so agreed, or the courts. Pending a ruling by the arbitral tribunal or the court, the parties may voluntarily comply with the Recommendation but are not bound to do so.

- **Dispute Adjudication Board ('DAB')**
  The DAB issues 'Decisions' with respect to any dispute referred to it and constitutes a less consensual approach to dispute resolution. By contractual agreement, the parties must comply with a Decision without delay as soon as they receive it. If a party expresses dissatisfaction with a Decision within a stated time period, it may submit the dispute to final resolution by arbitration, if the parties have so agreed, or the courts, but the parties meanwhile remain contractually bound to comply with the Decision unless and until the arbitral tribunal or court rules otherwise. If no party expresses dissatisfaction with a Decision within the stated time period, the parties contractually agree to remain bound by it.
- **Combined Dispute Board ('CDB')**
  The CDB normally issues Recommendations with respect to any dispute referred to it but may issue a Decision if a party so requests and no other party objects. In the event of an objection, the CDB will decide whether to issue a Recommendation or a Decision on the basis of the criteria set forth in the Rules. The CDB thus offers an intermediate approach between the DRB and the DAB.
  The essential difference between a Decision and a Recommendation is that the parties are required to comply with the former without delay as soon as they receive it, whereas a Recommendation must be complied with only if no party expresses dissatisfaction within a stated time limit. In either case, if a party is dissatisfied with a DB's determination of a given dispute, it may refer the dispute to arbitration, if the parties have so agreed, or the courts, in order to obtain an enforceable award or judgement. The DB's determination is admissible in any such further proceedings.

ICC DISPUTE BOARD CENTRE

Under the ICC DB Rules, ICC does not administer Dispute Board proceedings, but plays a subsidiary role that may cover appointing DB Members and reviewing DB Decisions as to form at the parties' request. These functions are performed by the ICC Dispute Board Centre, which is separate from the ICC International Court of Arbitration, the ICC International Centre for Expertise and the ICC ADR Secretariat.

STANDARD ICC DISPUTE BOARD CLAUSES

ICC offers parties three different kinds of Dispute Board under its Dispute Board Rules. Parties should select the clause that corresponds to the type of Dispute Board they wish to use. ICC does not favour any one of these three types of Dispute Board over the others.

While ICC recommends the use of the standard clauses, the parties should verify their enforceability under applicable law.

ICC DISPUTE REVIEW BOARD FOLLOWED BY ICC ARBITRATION IF REQUIRED

The Parties hereby agree to establish a Dispute Review Board ('DRB') in accordance with the Dispute Board Rules of the International Chamber of Commerce (the 'Rules'), which are incorporated herein by reference. The DRB shall have [one/three] member[s] appointed in this Contract or appointed pursuant to the Rules.

All disputes arising out of or in connection with the present Contract shall be submitted, in the first instance, to the DRB in accordance with the Rules. For any given dispute, the DRB shall issue a Recommendation in accordance with the Rules.

If any Party fails to comply with a Recommendation when required to do so pursuant to the Rules, the other Party may refer the failure itself to arbitration under the Rules of Arbitration of the International Chamber of Commerce by one or more arbitrators appointed in accordance with the said Rules of Arbitration.

If any Party sends a written notice to the other Party and the DRB expressing its dissatisfaction with a Recommendation, as provided in the Rules, or if the DRB does not issue the Recommendation within the time limit provided in the Rules, or if the DRB is disbanded pursuant to the Rules, the dispute shall be finally settled under the Rules of Arbitration of the International Chamber of Commerce by one or more arbitrators appointed in accordance with the said Rules of Arbitration.

ICC DISPUTE ADJUDICATION BOARD FOLLOWED BY ICC ARBITRATION IF REQUIRED

The Parties hereby agree to establish a Dispute Adjudication Board ('DAB') in accordance with the Dispute Board Rules of the International Chamber of Commerce (the 'Rules'), which areincorporated herein by reference.The DAB shall have [one/three] member[s] appointed in this Contract or appointed pursuant to the Rules.

All disputes arising out of or in connection with the present Contract shall be submitted, in the first instance, to the DAB in accordance with the Rules. For any given dispute, the DAB shall issue a Decision in accordance with the Rules.[1]

If any Party fails to comply with a Decision when required to do so pursuant to the Rules, the other Party may refer the failure itself to arbitration under the Rules of Arbitration of the International Chamber of Commerce by one or more arbitrators appointed in accordance with the said Rules of Arbitration.

If any Party sends a written notice to the other Party and the DAB expressing its dissatisfaction with a Decision, as provided in the Rules, or if the DAB does not issue the Decision within the time limit provided for in the Rules, or if the DAB is disbanded pursuant to the Rules, the dispute shall be finally settled under the Rules of Arbitration of the International Chamber of Commerce by one or more arbitrators appointed in accordance with the said Rules of Arbitration.

ICC COMBINED DISPUTE BOARD FOLLOWED BY ICC ARBITRATION IF REQUIRED

The Parties hereby agree to establish a Combined Dispute Board ('CDB') in accordance with the Dispute Board Rules of the International Chamber of Commerce (the 'Rules'), which are incorporated herein by reference. The CDB shall have [one/three] member[s] appointed in this Contract or appointed pursuant to the Rules.

All disputes arising out of or in connection with the present Contract shall be submitted, in the first instance, to the CDB in accordance with the Rules. For any given dispute, the CDB shall issue a Recommendation unless the Parties agree that it shall render a Decision or it decides to do so upon the request of a Party and in accordance with the Rules.[1]

If any Party fails to comply with a Recommendation or a Decision when required to do so pursuant to the Rules, the other Party may refer the failure itself to arbitration under the Rules of Arbitration of the International Chamber of Commerce by one or more arbitrators appointed in accordance with the said Rules of Arbitration.

---

[1] Parties may, if they wish, provide for review by ICC of a DAB's Decisions by inserting the following text in place ofthe asterisk above: The DAB shall submit each Decision to ICC for review in accordance with Article 21 of the Rules.

If any Party sends a written notice to the other Party and the CDB expressing its dissatisfaction with a Recommendation or a Decision as provided for in the Rules, or if the CDB does not issue the Recommendation or Decision within the time limit provided for in the Rules, or if the CDB is disbanded pursuant to the Rules, the dispute shall be finally settled under the Rules of Arbitration of the International Chamber of Commerce by one or more arbitrators appointed in accordance with the said Rules of Arbitration.

DISPUTE BOARD RULES

INTRODUCTORY PROVISIONS

Article 1 Scope of the Rules

Dispute Boards established in accordance with the Dispute Board Rules of the International Chamber of Commerce (the 'Rules') aid the Parties in resolving their business disagreements and disputes. They may provide informal assistance or issue Determinations. Dispute Boards are not arbitral tribunals and their Determinations are not enforceable like arbitral awards. Rather, the Parties contractually agree to be bound by the Determinations under certain specific conditions set forth herein. In application of the Rules, the International Chamber of Commerce ('ICC'), through the ICC Dispute Board Centre ('the Centre'), can provide administrative services to the Parties, which include appointing Dispute Board Members, deciding upon challenges to Dispute Board Members, and reviewing Decisions.

Article 2 Definitions

In the Rules:

(i) 'Contract' means the agreement of the Parties that contains or is subject to provisions for establishing a Dispute Board under the Rules.

(ii) 'Determination' means either a Recommendation or a Decision, issued in writing by the Dispute Board, as described in the Rules.

(iii) 'Dispute' means any disagreement arising out of or in connection with the Contract which is referred to a Dispute Board for a Determination under the terms of the Contract and pursuant to the Rules.

(iv) 'Dispute Board ('DB') means a Dispute Review Board ('DRB'), a Dispute Adjudication Board ('DAB') or a Combined Dispute Board ('CDB'), composed of one or three Dispute Board members ('DB Members').

(v) 'Party' means a party to the Contract and includes one or more parties, as appropriate.

Article 3 Agreement to Submit to the Rules

Unless otherwise agreed, the Parties shall establish the DB at the time of entering into the Contract. The Parties shall specify whether the DB shall be a DRB, a DAB or a CDB.

TYPES OF DISPUTE BOARDS

Article 4 Dispute Review Boards (DRBs)

1 DRBs issue Recommendations with respect to Disputes.

2 Upon receipt of a Recommendation, the Parties may comply with it voluntarily but are not required to do so.

3 If no Party has sent a written notice to the other Party and the DRB expressing its dissatisfaction with a Recommendation within 30 days of receiving it, the Recommendation shall become binding on the Parties. The Parties shall thereafter comply with such Recommendation without delay, and they agree not to contest it insofar as such agreement can validly be made.

4 If any Party falls to comply with a Recommendation when required to do so pursuant to this Article 4, the other Party may refer the failure itself to arbitration, if the Parties have so agreed, or, if not, to any court of competent jurisdiction.

5 Any Party that is dissatisfied with a Recommendation shall, within 30 days of receiving it, send a written notice expressing its dissatisfaction to the other Party and the DRB. For Information purposes, such notice may specify the reasons for such Party's dissatisfaction.

6 If any Party submits such a written notice expressing its dissatisraction with a Recommendation, or if the DRB does not issue its Recommendation within the time limit prescribed in Article 20, or if the DRB is disbanded pursuant to the Rules before a Recommendation regarding a Dispute has been issued, the Dispute in question shall be finally settled by arbitration, if tlie parties have so agreed, or, if not, by any court of competent Jurisdiction.

Article 5 Dispute Adjudication Boards (DABs)

1 DRABs issue Decisions with respect to Disputes.

2 A Decision is binding on the Parties upon its receipt. The Parties shall comply with it without delay, notwithstanding any expression of dissatisfaction pursuant to this Article 5.

3 If no Party has sent a written notice to the other Party and the DAB expressing its dissatisfaction with the Decision within 30 days of receiving it, the Decision shall remain binding on the Parties. The Parties shall continue to comply with the Decision, and they agree not to contest it insofar as such agreement can validly be made.

4 If any Party fails to comply with a Decision when required to do so pursuant to this Article 5, the other Party may refer the failure itself to arbitration, if the Parties have so agreed, or, if not, to any court of competent Jurisdiction.

5 Any Party that is dissatisfied with a Decision shall, within 30 days of receiving it, send a written notice expressing its dissatisfaction to the other Party and the DAB. For information purposes, such notice may specify the reasons for such Party's dissatisfaction.

6 If any Party submits such a written notice expressing its dissatisfaction with a Decision, or if the DAB does not issue its Decision within the time limit prescribed in Article 20, or if the DAB is disbanded pursuant to the Rules before a Decision regarding a Dispute has been issued, the Dispute in question shall be finally settled by arbitration, if the Parties have so agreed, or, if not, by any court of competent jurisdiction. Until the Dispute is finally settled by arbitration or otherwise, or unless the arbitral tribunal or the court decides otherwise, the Parties remain bound to comply with the Decision.

Article 6 Combined Dispute Boards (CDBs)

1 CDBs issue Recommendations with respect to Disputes,
pursuant to Article 4, but they may issue Decisions, pursuant to Article 5, as provided in paragraphs 2 and 3 of this Article 6.

2 If any Party requests a Decision with respect to a given Dispute and no other Party objects thereto, the CDB shall issue a Decision.

3 If any Party requests a Decision and another Party objects thereto, the CDB shall make a final decision as to whether it will issue a Recommendation or a Decision. In so deciding, the CDB shall consider, without being limited to, the following factors:
- whether, due to the urgency of the Situation or other relevant considerations, a Decision would facilitate the Performance of the Contract or prevent substantial loss or harm to any Party;
- whether a Decision would prevent disruption of the Contract; and
- whether a Decision is necessary to preserve evidence.

4 Any request for a Decision by the Party referring a Dispute to the CDB shall be made in the Statement of Case under Article 17. Any such request by another Party should be made in writing no later than in its Response under Article 18.

ESTABLISHMENT OF THE DISPUTE BOARD

Article 7 Appointment of the PB Members

1 The DB shall be established in accordance with the provisions of the Contract or, where the Contract is silent, in accordance with the Rules.

2 Where the Parties have agreed to establish a DB in accordance with the Rules but have not agreed on the number of DB Members, the DB shall be composed of three members.

3 Where the Parties have agreed that the DB shall have a sole DB Member, they shall jointly appoint the sole DB Member. If the Parties feil to appoint the sole DB Member within 30 days after signing the Contract or within 30 days after the commencement of any Performance under the Contract, whichever occurs earlier, or within any other time period agreed upon by the Parties, the sole DB Member shall be appointed by the Centre upon the request of any Party.

4 When the DB is composed of theree DB Members, the Parties shall jointly appoint the first two DB Members. If the Parties feil to appoint one or both DB Members within 30 days after signing the Contract or within 30 days after the commencement of any Performance under the Contract, whichever occurs earlier, or within any other time period agreed upon by the Parties, both DB Members shall be appointed by the Centre upon the request of any Party.

5 The third DB Member shall be proposed to the Parties by the two DB Members within 30 days following the appointment of the second DB Member. If the Parties do not appoint the proposed third DB Member within 15 days from their receipt of the proposal, or if the two DB Members feil to propose the third DB Member, the third DB Member shall be appointed by the Centre upon the request of any Party. The third DB Member shall act as chairman of the DB unless all DB Members agree upon another chairman with the consent of the Parties.

6 When a DB Member has to be replaced due to death, resignation or termination, the new DB Member shall be appointed in the same manner as the DB Member being replaced, unless otherwise agreed by the Parties. All actions taken by the DB prior to the replacement of a DB Member shall remain valid. When the DB is composed of three DB Members and one of the DB Members is to be replaced, the other two shall continue to be DB Members. Prior to the replacement of the DB Member, the two remaining DB Members shall not hold hearings or issue Determinations without the agreement of all of the Parties.

7 The appointment of any DB Member shall be made by the Centre upon the request of any Party in the event that the Centre is satisfied that there is a sufficient basis for doing so.

8 When appointing a DB Member, the Centre shall consider the prospective DB Member's qualifications relevant to the circumstances, availability, nationality and relevant language skills, as well as any observations, comments or requests made by the Parties.

OBLIGATIONS OF THE DISPUTE BOARD MEMBERS

Article 8 Independence

1 Every DB Member must be and remain independent of the Parties.

2 Every prospective DB Member shall sign a Statement of independence and disclose in writing to the Parties, to the other DB Members, and to the Centre, if such DB Member is to be appointed by the Centre, any facts or circumstances which might be of such a nature as to call into question the DB Member's independence in the eyes of the Parties.

3 A DB Member shall immediately disclose in writing to the Parties and the other DB Members any facts or circumstances of a similar nature which may arise in the course of such DB Member's tenure.

4 Should any Party wish to challenge a DB Member on the basis of an alleged lack of independence or otherwise, it may, within 15 days of learning of the facts upon which the challenge is based, submit to the Centre a request for a decision upon the challenge including a written Statement of such facts. The Centre will finally decide the challenge after having given the challenged DB Member as well as any other DB Members and the other Party an opportunity to comment on the challenge.

5 If a DB Member is successfully challenged, that DB Member's Agreement with the Parties shall be terminated forthwith. The resulting vacancy shall be filled following the procedure used to appoint the challenged DB Member, unless otherwise agreed by the Parties.

Article 9 Work of the DB and Confidentiality

1 By accepting to serve, DB Members undertake to carry out their responsibilities in accordance with the Rules.

2 Unless otherwise agreed by the Parties or otherwise required by applicable law, any information obtained by a DB Member during the course of the DB's activities shall be used by the DB Member only for the purposes of the DB's activities and shall be treated by the DB Member as confidential.

3 Unless otherwise agreed by the Parties, a DB Member shall not act in any judicial, arbitration or similar proceedings relating to any Dispute, whether as a judge, as an arbitrator, as an expert, or as a representative or advisor of a Party.

Article 10 DB Member Agreement

Before commencing DB activities, every DB Member shall sign with all of the Parties a DB Member Agreement. If there are three DB Members, each DB Member Agreement shall have Substantive terms that are identical to the other DB Member Agreements, unless otherwise agreed by the Parties and the DB Member concerned.

2 The Parties may at any time, without cause and with immediate effect, jointly terminate the DB Member Agreement of any DB Member but shall pay the Monthly Retainer Fee to such DB Member for a minimum of three months following the termination, unless otherwise agreed by the Parties and the DB Member concerned.

3 Every DB Member may terminate the DB Member Agreement at any time by giving a minimum of three months' written notice to the Parties, unless otherwise agreed by the Parties and the DB Member concerned.

OBLIGATION TO COOPERATE

Article 11 Providing of Information

1 The Parties shall fully cooperate with the DB and communicate information to it in a timely manner. In particular, the Parties and the DB shall cooperate to ensure that, as soon as possible after the DB is constituted, the DB becomes fully informed about the Contract and its Performance by the Parties.

2 The Parties shall ensure that the DB is kept informed of the Performance of the Contract and of any disagreements arising in the course thereof by such means as progress reports, meetings and, if relevant to the Contract, site visits.

3 The DB shall, after consultation with the Parties, inform the Parties in writing of the nature, format and frequency of any progress reports that the Parties shall send to the DB.

4 If requested by the DB, the Parties, during meetings and site Visits, shall provide the DB with adequate working space, accommodation, means of communication, typing facilities and all necessary office and information technology equipment allowing the DB to fulfil its functions.

Article 12 Meetings and Site Visits

1 At the beginning of its activities the DB shall, in consultation with the Parties, establish a schedule of meetings and, if relevant to the Contract, site visits. The frequency of scheduled meetings and site visits shall be sufficient to keep the DB informed of the performance of the Contract and of any disagreements. Unless otherwise agreed by the Parties and the DB, when site visits are relevant to the Contract, there shall be a minimum of three such visits per year. The Parties and the DB shall attend all such meetings and site visits. In the event that a Party fails to attend, the DB may nevertheless decide to proceed. In the event that a DB Member fails to attend, the DB may proceed if the Parties so agree or if the DB so decides.

2 Site visits occur at the site or sites where the Contract is being performed. Meetings can be held at any location agreed by the Parties and the DB. If they do not agree on where to hold a meeting, the location shall be decided by the DB after consultation with the Parties.

3 During scheduled meetings and site visits the DB shall review the performance of the Contract with the Parties and may provide informal assistance, pursuant to Article 16, with respect to any disagreements.

4 Any Party may request an urgent meeting or site visit outside the scheduled meetings and site visits. The DB Members shall accommodate such a request at the earliest possible time and shall make best efforts to make themselves available for such urgent meetings or site visits within 30 days of the request.

5 After every meeting and site Visit, the DB shall prepare a written summary of such meeting or site visit including a list of those present.

Article 13 Written Notifications or Communications; Time Limits

1 All written notifications or communications, including any enclosures or attachments, from a Party to the DB or from the DB to the Parties shall be communicated simultaneously to all Parties and DB Members at the address on record for each DB Member and Party.

2 Written notifications or communications shall be sent in the manner agreed between the Parties and the DB or in any manner that provides the sender with proof of the sending thereof.

3 Anotification or communication shall be deemed to have been made on the date that it was received by the intended recipient or by its representative or would have been received if made in accordance with this Article 13.

4 Periods of time specified in or fixed under the Rules shall start to run on the day following the date a notification or communication is deemed to have been made in accordance with the preceding paragraph. When the day next following such date is an official holiday or non-business day in the country in which the notification or communication is deemed to have been made, the period of time shall commence on the first following business day. Official holidays or non-business days are included in the calculation of the period of time. If the last day of the relevant period of the time granted is an official holiday or non-business day in the country where the notification or communication is deemed to have been made, the period of time shall expire at the end of the first following business day.

OPERATION OF THE DISPUTE BOARD

Article 14 Beginning and End of the DB's Activities

1 The DB shall begin its activities after every DB Member and the Parties have signed the DB Member Agreements).

2 Unless otherwise agreed by the Parties, the DB shall end its activities upon receiving notice from the Parties of their joint decision to disband the DB.

3 Any dispute which may arise after the DB has been disbanded shall be finally settled by arbitration, if the Parties have so agreed, or, if not, by any court of competent jurisdiction.

Article 15 Powers of the DB

1 The proceedings before the DB shall be governed by the Rules and, where the Rules are silent, by any rules which the Parties or, failing them, the DB may settle on. In particular, in the absence of an agreement of the Parties with respect thereto, the DB shall have the power, *inter alia,* to:

- determine the language or languages of the proceedings before the DB, due regard being given to all relevant circumstances, including the language of the Contract;
- require the Parties to produce any documents that the DB deems necessary in order to issue a Determination;
- call meetings, site visits and hearings;
- decide on all procedural matters arising during any meeting, site visit or hearing;
- question the Parties, their representatives and any witnesses they may call, in the sequence it chooses;
- issue a Determination even if a Party fails to comply with a request of the DB;
- take any measures necessary for it to fulfil its function as a DB.

2 Decisions of the DB regarding the rules governing the proceedings shall be taken by the sole DB Member or, when there are three DB Members, by majority vote. If there is no majority, the Decision shall be made by the chairman of the DB alone.

3 The DB may take measures for protecting trade secrets and confidential information.

4 If the Contract has more than two Parties, the application of the Rules may be adapted, as appropriate, to apply to the multiparty situation, by agreement of all of the Parties or, failing such agreement, by the DB.

PROCEDURES BEFORE THE DISPUTE BOARD

Article 16 Informal Assistance with Disagreements

1 On its own initiative or upon the request of any Party and in either case with the agreement of all of the Parties, the DB may informally assist the Parties in resolving any disagreements that may arise during the Performance of the Contract. Such informal assistance may occur during any meeting or site visit. A Party proposing the informal assistance of the DB shall endeavour to inform the DB and the other Party thereof well in advance of the meeting or site visit during which such informal assistance would occur.

2 The informal assistance of the DB may take the form of a conversation among the DB and the Parties; separate meetings between the DB and any Party with the prior agreement of the Parties; informal views given by the DB to the Parties; a written note from the DB to the Parties; or any other form of assistance which may help the Parties resolve the disagreement.

3 The DB, if called upon to make a Determination concerning a disagreement with respect to which it has provided informal assistance, shall not be bound by any views, either oral or in writing, which it may have given in the course of its informal assistance.

Article 17 Formal Referral of Disputes for a Determination; Statement of Case

1 Any Party shall refer a Dispute to the DB by submitting a written Statement of its case (the 'Statement of Case') to the other Party and the DB. The Statement of Case shall include:
- a clear and concise description of the nature and circumstances of the Dispute;
- a list of the issues submitted to the DB for a Determination and a presentation of the referring Party's position thereon;
- any support for the referring Party's position such as documents, drawings, schedules and correspondence;
- a Statement of what the referring Party requests the DB to determine; and
- in the case of a CDB, if the referring Party wishes the CDB to issue a Decision, its request for a Decision and the reasons why it believes that the CDB should issue a Decision rather than a Recommendation.

2 The date on which the Statement of Case is received by the sole DB Member or the chairman of the DB, as the case may be, shall, for all purposes, be deemed to be the date of the commencement of the referral (the 'Date of Commencement').

3 The Parties remain free to settle the Dispute, with or without the assistance of the DB, at any time.

Article 18 Response and Additional Documentation

1 Unless the Parties agree otherwise or the DB orders otherwise, the responding Party shall respond to the Statement of Case in writing (the 'Response') within 30 days of receiving the Statement of Case. The Response shall include:
- a clear and concise presentation of the responding Party's position with respect to the Dispute;

- any support for its position such as documents, drawings, schedules and correspondence;
- a statement of what the responding Party requests the DB to determine;
- in the case of a CDB, a response to any request for a Decision made by the referring Party, or if the referring Party has not made such a request, any request for a Decision by the responding Party, including the reasons why it believes that the CDB should issue the type of Determination it desires.

2 The DB may at any time request a Party to submit additional written statements or documentation to assist the DB in preparing its Determination. Each such request shall be communicated in writing by the DB to the Parties.

Article 19 Organization and Conduct of Hearings

1 A hearing regarding a Dispute shall be held unless the Parties and the DB agree otherwise.

2 Unless the DB orders otherwise, hearings shall be held within 15 days of the date on which the sole DB Member or the chairman of the DB, as the case may be, receives the Response.

3 Hearings shall be held in the presence of all DB Members unless the DB decides, in the circumstances and after consultation with the Parties, that it is appropriate to hold the hearing in the absence of a DB Member; provided, however, that prior to the replacement of a DB member a hearing may be held with the two remaining DB members only with the agreement of all of the Parties pursuant to Article 7(6).

4 If any of the Parties refuses or fails to take part in the DB procedure or any stage thereof, the DB shall proceed notwithstanding such refusal or failure.

5 The DB shall be in full Charge of the hearings.

6 The DB shall act fairly and impartially and ensure that each Party has a reasonable opportunity to present its case.

7 The Parties shall appear in person or through duly authorized representatives who are in Charge of the performance of the Contract. In addition, they may be assisted by advisors.

8 Unless the DB decides otherwise, the hearing shall proceed as follows:

- presentation of the case, first by the referring Party and then by the responding Party;
- identification by the DB to the Parties of any matters that need further clarification;
- clarification by the Parties concerning the matters identified by the DB;
- responses by each Party to clarifications made by the other Party, to the extent that new issues have been raised in such clarifications.

9 The DB may request the Parties to provide written summaries of their presentations.

10 The DB may deliberate at any location it considers appropriate before issuing its Determination.

DETERMINATIONS OF THE DISPUTE BOARD

Article 20 Time Limit for Rendering a Determination

1 The DB shall issue its Determination promptly and, in any event, within 90 days of the Date of Commencement as defined in Article 17(2). However, the Parties may agree to extend the time limit. In deciding whether to do so, the Parties shall

consult with the DB and shall take into account the nature and complexity of the Dispute and other relevant circumstances.

2 When the Parties have agreed to submit Decisions to ICC for review, the time limit for issuing a Decision shall be extended by the time required for the Centre to review the Decision. The Centre shall complete its review within 30 days of its receipt of the Decision or of the payment of the administrative fee referred to in Article 3 of the Appendix, whiche veroccurs later. However, if additional time for such review is required, the Centre shall notify the DB and the Parties thereof in writing before the expiration of the 30 days, specifying the new date by which the Centre's review shall be completed.

Article 21 Review of Decisions by the Centre

Where the Parties have provided for review by ICC of the Decisions of a DAB or CDB, the DB shall submit the Decision in draft form to the Centre before it is signed. Each Decision must be accompanied by the registration fee referred to in Article 3 of the Appendix. The Centre may lay down modiflcations only as to the form of the Decision. No such Decision shall be signed by the DB Members or communicated to the Parties prior to the Centre's approval of such Decision.

Article 22 Contents of a Determination

Determinations shall indicate the date on which they are issued and shall state the findings of the DB as well as the reasons upon which they are based. Determinations may also include, without limitation and not necessarily in the following order:

- a summary of the Dispute, the respective positions of the Parties and the Determination requested;
- a summary of the relevant provisions of the Contract;
- a chronology of relevant events;
- a summary of the procedure followed by the DB; and
- a listing of the submissions and documents provided by the Parties in the course of the procedure.

Article 23 Making of the Determination

When the DB is composed of three DB Members, the DB shall make every effort to achieve unanimity. If this cannot be achieved, a Determination is given by a majority decision. If there is no majority, the Determination shall be made by the chairman of the DB alone. Any DB Member who disagrees with the Determination shall give the reasons for such disagreement in a separate written report that shall not form part of the Determination but shall be communicated to the Parties. Any failure of a DB Member to give such reasons shall not prevent the issuance or the effectiveness of the Determination.

Article 24 Correction and Interpretation of Determinations

1 On its own initiative, the DB may correct a clerical, computational or typographical error, or any errors of a similar nature, contained in a Determination, provided such correction is submitted to the Parties within 30 days of the date of such Determination.

2 Any Party may apply to the DB for the correction of an error of the kind referred to in Article 24(1), or for the interpretation of a Determination. Such application must be made to the DB within 30 days of the receipt of the Determination by such

Party. After receipt of the application by the sole DB Member or the chairman of the DB, as the case may be, the DB shall grant the other Party a short time limit from the receipt of the application by that Party, to submit any comments thereon. Any correction or interpretation of the DB shall be issued within 30 days following the expiration of the time limit for the receipt of any comments from the other Party. However, the Parties may agree to extend the time limit for the issuance of any correction or interpretation.

3 Should the DB issue a correction or interpretation of the Determination, all time limits associated with the Determination shall recommence to run upon receipt by the Parties of the correction or interpretation of the Determination.

Article 25 Admissibility of Determinations in Subsequent Proceedings

Unless otherwise agreed by the Parties, any Determination shall be admissible in any judicial or arbitral proceedings in which all of the parties thereto were Parties to the DB proceedings in which the Determination was issued.

COMPENSATION OF THE DISPUTE BOARD MEMBERS AND ICC

Article 26 General Considerations

1 All fees and expenses of the DB Members shall be shared equally by the Parties.

2 Unless otherwise agreed by the Parties, when there are three DB members all DB Members shall be treated equally and shall receive the same Monthly Retainer Fee and the same Daily Fee for work performed as a DB Member.

3 Unless otherwise provided in the DB Member Agreements), the fees shall be fixed for the first 24 months following the signature of the DB Member Agreements) and thereafter shall be adjusted on each anniversary of the DB Member Agreement(s) in accordance with the terms thereof.

Article 27 Monthly Retainer Fee

1 Unless otherwise provided in the DB Member Agreement(s), each DB Member shall receive a Monthly Retainer Fee as set out in the DB Member Agreement(s). covering the following:

- being available to attend all DB meetings with the Parties and site visits;
- being available to attend internal DB meetings;
- becoming and remaining conversant with the Contract and the progress of its performance;
- the study of progress reports and correspondence submitted by the Parties in the course of the DB's functions; and
- office overhead expenses in the DB Member's place of residence.

2 Unless otherwise agreed in the DB Member Agreement(s), the Monthly Retainer Fee shall be equal to three times the Daily Fee set out in the DB Member Agreement(s) and shall be payable from the date of signature of the DB Member Agreement(s) until termination of the DB Member Agreement(s).

Article 28 Daily Fee

Unless otherwise agreed in the DB Member Agreements), each DB Member shall receive a Daily Fee as set out in the DB Member Agreements) covering the time spent for the following activities:

- meetings and site visits;
- hearings;
- travel time;
- internal meetings of the DB;
- study of documents submitted by Parties during procedures before the DB;
- preparation of a DB Determination; and
- activities in coordinating and organizing the Operation of the DB.

Article 29 Travel Costs and other Expenses

1 Unless otherwise provided in the DB Member Agreement(s), air travel expenses shall be reimbursed at unrestricted business class rates between a DB Member's home and the travel destination.

2 Unless otherwise provided in the DB Member Agreements), expenses, wherever incurred in DB work, for local transportation, hotels and meals, long distance phone, fax, courier charges, photocopying, postage, visa charges, etc., shall be reimbursed at cost.

Article 30 Taxes and Charges

1 No taxes and charges, except for value added tax (VAT), levied in connection with the services rendered by a DB Member by the country of the residence or nationality of the DB Member shall be reimbursed by the Parties.

2 All taxes and charges levied in connection with such services by any country other than the DB Member's country of residence or nationality, as well as VAT wherever levied, shall be reimbursed by the Parties.

Article 31 Payment Arrangements

1 Unless otherwise agreed, invoices shall be submitted by each DB Member to each Party for payment as follows:
- Monthly Retainer Fees shall be invoiced and paid on a quarterly basis in advance for the next three-month period.
- Daily Fees and travel expenses shall be invoiced and paid after each meeting, site visit, hearing or Determination.

2 DB Member invoices shall be paid within 30 days after receipt.

3 Failure of any Party to pay its share of fees and expenses within 30 days of receiving a DB Member's invoice shall entitle the DB Member, in addition to any other rights, to suspend work 15 days after providing a notice of suspension to the Parties and any other DB Members, such suspension to remain in effect until receipt of full payment of all outstanding amounts plus simple interest at one-year LIBOR plus two per cent, or the twelve-month prime interest rate in the currency agreed between the Parties and the DB Members.

4 In the event that a Party fails to pay its share of the fees and expenses of a DB Member when due, any other Party, without waiving its rights, may pay the outstanding amount. The Party making such payment, in addition to any other rights, shall be entidled to reimbursement from the non-paying Party of all such sums paid, plus simple interest at one-year LIBOR plus two per cent, or the twelve-month prime interest rate in the currency agreed between the Parties and the DB Members.

5 Upon signing the DB Member Agreement, the Parties shall provide the DB Member with the form of the invoice to be sent by DB Members, including the invoicing address, number of copies of invoices required and VAT number, if applicable.

Article 32 Administrative Expenses of ICC

1 ICC's administrative expenses include an amount for each appointment of a DB Member, an amount for each decision upon a challenge of a DB Member and, when the Parties have agreed to submit Decisions of a DAB or a CDB to ICC for review, an amount for each such review.

2 For each request for appointment of a DB Member, ICC shall receive the non-refundable amount specified in Article 1 of the Appendix. This amount shall represent the total cost for the appointment of one DB Member by the Centre. The Centre shall not proceed with the appointment unless the requisite payment has been received. The cost of each appointment by the Centre shall be shared equally by the Parties.

3 For each decision upon a challenge of a DB Member, the Centre shall fix administrative expenses in an amount not exceeding the maximum sum specified in Article 2 of the Appendix. This amount shall represent the total cost for the decision upon one challenge of a DB Member. The Centre shall not proceed with the rendering of its decision and the making of the challenge shall have no effect unless the said amount has been received. The cost of each decision by the Centre shall be borne by the Party making the challenge.

4 Where the Parties have provided for the review by ICC of a DAB's or a CDB's Decisions, the Centre shall fix administrative expenses for the review of each Decision in an amount not exceeding the maximum sum specified in Article 3 of the Appendix. This amount shall represent the total cost for the review of one Decision by ICC. The Centre shall not approve a Decision unless the said amount has been received. The cost of reviewing each Decision shall be shared equally by the Parties.

5 If a Party fails to pay its share of the administrative expenses of ICC, the other Party shall be free to pay the entire amount of such administrative expenses.

GENERAL RULES

Article 33 Exclusion of Liability

Neither the DB Members, nor the Centre, nor ICC and its employees, nor the ICC national committees shall be liable to any person for any act or omission in connection with the DB proceedings.

Article 34 Application of the Rules

In all matters not expressly provided for in the Rules, the DB shall act in the spirit of the Rules and shall make every effort to make sure that Determinations are issued in accordance with the Rules.

APPENDIX SCHEDULE OF COSTS

Article 1

The non-refundable amount for the request for appointment of a DB Member referred to in Article 32(2) of the Rules is US$ 2 500. No request for appointment of a DB Member shall be processed unless accompanied by the requisite payment.

Article 2

Each request for a decision upon a challenge of a DB Member must be accompanied by a registration fee of US$ 2 500. No request for a decision upon a challenge of a DB Member shall be processed unless accompanied by the registration fee. Such payment is non-refundable and shall be credited to the administrative expenses for a decision upon a challenge. The Centre shall fix said administrative expenses in an amount not exceeding the maximum sum of US$ 10 000.

Article 3

Each Decision of a DAB or a CDB submitted to ICC for review must be accompanied by a registration fee of US$ 2 500. No Decision shall be reviewed unless accompanied by the registration fee. Such payment is non-refundable and shall be credited to the administrative expenses for the review of each Decision. The Centre shall fix said administrative expenses in an amount not exceeding the maximum sum of US$ 10 000.

MODEL DISPUTE BOARD MEMBER AGREEMENT

This Agreement is entered into between:

DB Member *[full name, title and address]*, hereinafter the 'Dispute Board Member' or 'DB Member' and

Party 1: *[full name and address]*

Party 2: *\full name and address]*,

hereinafter collectively referred to as the Parties.

Whereas:

The Parties have entered into a contract dated ... (the 'Contract') for *[scope of work and/or name of project]*, which is to be performed in *[city and country of performance]*;

The Contract provides that the parties must refer their disputes to a *[DRB/DAB/CDB]* under the ICC Dispute Board Rules (the 'Rules'); and

The undersigned individual has been appointed to serve as a DB Member.

The DB Member and the Parties therefore agree as follows:

1. Undertaking

The DB Member shall act as *[sole DB Member/chairman of the DB/DB Member]* and hereby accepts to perform these duties in accordance with the terms ofthe Contract, the Rules and the terms of this Agreement. The DB Member confirms that he/she is and shall remain independent of the Parties

2. Composition of the DB and Contact Details

- First alternative: The sole DB Member can be contacted as follows: *[name, address, telephone, fax and e-mail details]*
- Second alternative: The Members of the DB are those listed below and can be contacted as follows:

Chairman: *[name, address, telephone, fax and e-mail details]*

DB Member: *[name, address, telephone, fax and e-mail details]*

DB Member: *[name, address, telephone, fax and e-mail details]*

The Parties to the Contract are those indicated above with the following contact details:

Party 1: *[name, person responsible for the Contract, address, telephone, fax and e-mail details]*

Party 2: *[name, person responsible for the Contract, address, telephone, fax and e-mail details]*

Any changes in these contact details shall be immediately communicated to all concerned.

3. Qualifications

With respect to any DB Member appointed by the Parties, the undersigned Parties recognize that such DB Member has the necessary professional qualifications and language ability to undertake the duties of a DB Member.

4. Fees

The Monthly Retainer Fee shall be *[specify currency and full amount], i. e. [specify multiple]* times the Daily Fee.

The Daily Fee shall be *[specify currency and full amount]* based upon a *[specify number of hours]-hour\ir* day.

These fees shall be fixed for the first 24 months after the signing of the DB Member Agreement and thereafter shall be adjusted automatically on each anniversary of the DB Member Agreement using the following index:

...

Expenses of the DB Member, as described in Article 29(2) of the Rules, shall be reimbursed *[at cost/on the basis of a fixed per the m of . . .]*.

5. Payment of Fees and Expenses

- First alternative: All fees and expenses shall be invoiced to *[Party X]* with a copy to *[Party Y]* and shall be paid to the DB Member by *[Party X]. [Party Y]* shall reimburse half of the fees and expenses to *[Party X]* so that they are borne equally by the Parties.
- Second alternative: All fees and expenses shall be invoiced to and paid by each of the Parties in equal shares.

All payments to the DB Member shall be made without deductions or restrictions to the following account: *[name of bank, account no., SWIFT code, etc.]*. The transfer charges shall be borne by the Party making the transfer.

All payments shall be made within 30 days of receipt by a Party of the invoice from the DB Member.

6. Duration and Termination of the Agreement

Subject to the provisions of this Article 6, the DB Members agree to serve for the duration of the DB.

The Parties may jointly terminate this Agreement or terminate the whole DB at any time by giving *[specify number]* months' written notice to the DB Member or the whole DB.

The DB Member may resign from the Dispute Board at any time by giving *[specify number]* months' written notice to the Parties.

7. Indemnity

The Parties will jointly and severally indemnify and hold harmless every DB Member from any claims of third parties for anything done or omitted in the discharge or purported discharge of the DB Member's activities, unless the act or omission is shown to have been in bad faith.

8. Disputes and Applicable Law

All disputes arising out of or in connection with this Agreement shall be finally settled under the Rules of Arbitration of the International Chamber of Commerce by one arbitrator appointed in accordance with the said Rules of Arbitration. This Agreement shall be governed by *[specify applicable law]*. The place of arbitration shall be *[name of city/country]*. The language of the arbitration shall be *[specify language]*.

This Agreement is entered into on *[specify date]* at *[specify place]*.

DB Member	Party 1	Party 2
[signature]	*[signature]*	*[signature]*

THE INTERNATIONAL CHAMBER OF COMMERCE

ICC is the world business organization, a representative body that speaks with authority on behalf of enterprises from all sectors in every part of the world.

The fundamental mission of ICC is to promote trade and investment across frontiers and help business corporations meet the challenges and opportunities of globalization. Its conviction that trade is a powerful force for peace and prosperity dates from the organization's origins early in the last Century. The small group of far-sighted business leaders who founded ICC called themselves 'merchants of peace'.

Because its member companies and associations are themselves engaged in international business, ICC has unrivalled authority in making rules that govern the conduct of business across borders. Although these rules are voluntary, they are observed in countless thousands of transactions every day and have become part of the fabric of international trade.

ICC also provides essential services, foremost among them the ICC International Court of Arbitration, the world's leading arbitral institution. Another service is the World Chambers Federation, ICC's worldwide network of chambers of commerce, fostering interaction and exchange of Chamber best practice.

Within a year of the creation of the United Nations, ICC was granted consultative status at the highest level with the UN and its specialized agencies.

Business leaders and experts drawn from ICC's membership establish the business stance on broad issues of trade and investment policy as well as on vital technical and sectoral subjects. These include financial services, information technologies, telecommunications, marketing ethics, the environment, transportation, competition law and intellectual property, among others.

ICC was founded in 1919. Today it groups thousands of member companies and associations from over 130 countries. National committees work with their members to address the concerns of business in their countries and convey to their governments the business views formulated by ICC.

www.iccwbo.org

ICC NATIONAL COMMITTEES AND GROUPS

	Founded		***Founded***
Algeria	2000	Belgium	1920
Argentina	1947	Brazil	1967
Australia	1927	Burkino Faso	1976
Austria	1921	Cameroon	1981
Bahrain	1999	Canada	1945
Bangladesh	1994	Caribbean	1999

	Founded		Founded
Chile	1993	Mexico	1945
China	1994	Monaco	2001
Chinese Taipei	1966	Morocco	1957
Colombia	1961	Nepal	2001
Costa Rica	2002	Netherlands	1921
Croatia	2003	New Zealand	1998
Cuba	2000	Nigeria	1979
Cyprus	1980	Norway	1922
Czech Republic	1999	Pakistan	1955
Denmark	1920	Panama	2003
Dominican Republic	2005	Philippines	1998
Ecuador	1987	Poland	1999
Egypt	1974	Portugal	1934
El Salvador	2003	Qatar	2001
Finland	1927	Romania	2001
France	1920	Russia	2000
Georgia	2002	Saudi Arabia	1975
Germany	1925	Senegal	1975
Ghana	1999	Serbia & Montenegro	1927
Greece	1926	Singapore	1978
Guatemala	2005	Slovakia	2000
Hong Kong, China	1998	Slovenia	2001
Hungary	1996	South Africa	1958
Iceland	1983	Spain	1922
India	1929	Sri Lanka	1955
Indonesia	1955	Sweden	1921
Iran	1963	Switzerland	1922
Ireland	1979	Syria	1988
Israel	1959	Tanzania	2000
Italy	1920	Thailand	1999
Japan	1923	Togo	1977
Jordan	1975	Tunisia	1974
Korea	1959	Turkey	1934
Kuwait	1978	Ukraine	1998
Lebanon	1973	United Arab Emirates	2003
Lithuania	1994	United Kingdom	1920
Luxembourg	1921	United States	1920
Madagascar	2004	Uruguay	1952
Malaysia	2003	Venezuela	1939

Stichwortverzeichnis

Die Zahlen verweisen auf die Randnummern